后浪出版公司

通向哲学的后楼梯

Die philosophische Hintertreppe

34位哲学家的思想和生平

34 großen Philosophen in Alltag und Denken

Wilhelm Weischedel

［德］威廉·魏施德————著　李文潮————译

民主与建设出版社
·北京·

目 录

"登堂入室"方是至友

叶秀山

哲学很难通俗，不是因为它太"上层"，而是因为它太"基础"。哲学讨论的是宇宙、人生最基本的道理，人们通常都太脱离这个"基础""基本"的道理，或者甚至忘掉了这些基本的道理，所以才觉得哲学太"高深"，"高"不可攀。哲学之所以显得"不可攀"，乃是因为它不在"高"处。因为对哲学有这种认识，所以我对把哲学通俗化的某些尝试，总是抱有怀疑态度，明知这种态度相当偏颇，但思想一时还不易扭过来。

不过，哲学的通俗化工作，中国人、外国人一直都在做，有的做得还很有成绩，这是不能否认的。譬如我们上大学时都念过杜兰特（Durant）的《哲学的故事》，还作为学英文的教材来选读过，因为这本书的英文（实际是美式英文）实在是很优美的，对中国人来说，文字的难度反倒大些。有些哲学通史，写得也是很通俗的，譬如改革开放后商务出版的梯利的《西方哲学史》，非常简明，连英文写得都十分简练，用这本书来学哲学史结合着学英文，对中国学生来说，不失为很好的教材。

我没有统计，只是感觉到，通俗工作做得不好的，也很不少。许多年前在旧书店看到一本把康德《纯粹理性批判》进行通俗改写的德文书，就有这种感觉。康德的《纯粹理性批判》当时就被认为很难读，因此才有人来做这个通俗工作，篇幅不大，我稍许读了几页，觉得很不合康德的思路。其实，除了专门的研究著作，真正把康德《纯粹理性批判》解释得比较切实的，还要数英国斯密那本释义，但这个释义也不是普通意义上的"通俗"工作。

那么，用别的方法来提高读者对哲学的兴趣如何？譬如配上插图——这是中国某些学者做了的，又譬如多谈些哲学家的生平轶事——这是德国魏施德先生在这本书中所做的工作。

魏施德先生写这本书的立意是要努力使"哲学"——以及它的作者都更加有趣，更加轻松，所以他的书起名叫《通向哲学的后楼梯》。"后楼梯"与"后门"相通，西方也并不是每家都有，许多年前，我在美国住的那家就没有；现在我女儿的房子是有的。推测起来，"前门"是接待客人的；而走"后门"，一般都是家人或者非常亲密的朋友，可以熟不拘礼地通行无阻。能进出"后门"的人，对于这家的主人——譬如哲学家，自然是很熟知的。

于是，魏施德先生如数家珍地谈论了他所熟知的从泰勒斯到维特根斯坦三十多位哲学家，每位都尽量介绍他的生平事业、生活习性，包括一些一般不太注意的有趣的生活故事，并从这里引入他的哲学思想的介绍——当然也是用尽量轻松、有趣的笔法来介绍其哲学思想。就这个宗旨来说，魏施德先生的工作是很成功的。我们看到，魏施德在每位哲学家后面都附上一个有趣的副标题，如苏格拉底叫"烦人的提问"，奥古斯丁叫"浪子回头金不换"，康德叫"准时的哲学"等等；从译笔行文来看，译者大概也尽力忠实于原文的趣味性、可读性，读起来真的非常轻松，可以想见，原文一定是非常优美的德文，如果找来对照着译文读，仍不失为既学哲学、又学外语（德语）的好读本。

读这本书，还可以纠正我的另一个偏向，因为我一直不很重视哲学家的传记材料。我为这个偏向找了一个理由：哲学是最普遍的学问，思考的是宇宙、人生的大义，哲学家的个人经历对他的哲学思想的影响，相对较少。这里所谓"相对"，是相对于艺术家、文学家而言，他们要更多受个人具体经历的影响，而哲学家则倾向于普遍地思考问题，个人色彩比较少。这个理由，也不是毫无道理，只是比较忽略哲学家也是人，他的思想，无论怎样"普遍"，也要受时代的影响，其中也包括生活在时代中的个人经验的影响，这是无可否认的一面，魏施德先生把这一面着重揭示出来，也是很有价值的，而不仅仅是为了有趣、生动才这样做的。

我们还应该看到，有些哲学家的个人经历对他的独特哲学思想的形成影响相当大，譬如魏施德书中说到的克尔凯郭尔，如果不是他有那种特殊的生活环境和经历，他对"生存"的本质的体会，就不可能如此深刻，因而是否能够把"生存"提出来与谢林、黑格尔的"绝对理念"抗衡，就很难说了。

康德应是受他个人生活影响较少的哲学家，他足不出城，交往不多，整日沉浸于做他的哲学建构工作；然而如果我们考虑到他的虔诚的宗教感情，就会体会到他的全部哲学工作都在努力从哲学理路上来"化解"宗教问题，使这些问题在哲学的思想系统中有恰当的位置，因而他的工作不限于《纯粹理性批判》，而这个第一批判之所以酝酿许久而匆匆出版，正说明他老先生是把三个批判的思路都理顺了以后才出版他第一部批判的。

康德的第一批判，一方面固然是批判怀疑主义，要为科学知识找出必然性的基础，但同时也是为了"审批"科学知识的"权限"：理性只能在"经验"领域里为科学立法，而超出这个范围，则是形而上学失误的地方。康德说，他要"限制知识，为信仰留出余地"。这句常受到批判的话的意思是：从形而上学不能"推"出"神""自由"和"不死"，形而上学不能"证明""神"存在，因为凡"存在"都只能是经验的、综合的，但"神"不存在于经验之中。

康德当时说"形而上学"——包括"本体论""宇宙论""自然神论"都不能证明"神"之存在，这需要有相当的勇气，因为自古以来，从希腊的亚里士多德，经由安瑟姆、托马斯到斯宾诺莎等等，都是用形而上学来"证"神的，但康德说不行，把传统的理论否定了；那么，哲学能不能"证"（推论、讨论）神的问题？康德说，可以，但不是形而上学，不是用"元物理学"的方法，而是用"实践理性"——"元伦理学"的方法，则哲学可以"证"（设定、推断）神。这是他在《实践理性批判》里所做的工作，但希腊哲学没有做这个工作，基督教也只在宗教层次上做了奠基工作，康德则把这个宗教的神的问题，从"理性"——"实践理性"哲学的层次上加以审批，在理路上打通了，为哲学开出了新局面。康德这个工作的意义，一直到20世纪60年代以后，才逐渐被人们认识，此后只要注意到这层意思，再读康德的书，在理路上把握起来，则并不很难。

　　这里之所以要谈到对康德的理解，是想进一步说：有各种方法可以使哲学通俗起来，魏施德在哲学家的生活和文字的趣味性、轻松性上做了不少努力，做得很成功，我想补充的是，如果能在理路上贯串起来，则可由形式的通俗进入实质的通俗。当然，并不是说魏施德这本书在理论上没有下功夫，实际上他努力把某些深奥的理论用平常、轻松的语言表达出来；我只是想强调这方面的重要性。在我看来，哲学的通俗性，主要在于理路上的"通"，至于"俗"，也主要是说哲学的问题原本就在"日常经验"（俗）之中，"日常经验"、"俗"到了极处，就会产生"超越"（飞跃），先是内容，然后才是表达形式问题。哲学乃是"通学"，"条条道路通哲学"，物理学"通"哲学，伦理学也"通"哲学，哲学讲的是"融会贯通"——前面说康德在完成两大批判之后，还要有第三批判，这个《判断力批判》，乃是前两大批判的"融会贯通"。

　　哲学不仅与其他学科、其他科学相通，而且各哲学家思考、研究的"问题""学说""思想"也相通。"通"不等于完全相"同"，"君子和而不同"，仁者见仁，智者见智，"不同"和这个"者"——受时代、社会、个人条件影响的"不同"的"者"，有很多的关系；但"不同"却可以"通"，或者说，因有"不同"才有"通"的问题，"通"就是"和"。

西方人很重视"不同"，在思想、理论上注重"批判""创造"，这本也是哲学之本性。哲学不能像其他学科那样作为现成的"知识"来普及，哲学家、哲学著作都要求有自己的独创性，都要批判前人的理论、思想，提出自己独特的学说、思想，才能自成一家；但自己提出的学说的独特性，也要在和他人或别的哲学家对话、讨论的基础上产生出来，而不是闭门造车。每个人都有自己独特、不可替代的生活经历，但并不能说，每个人都在同等的意义上是哲学家。哲学家需要哲学史，魏施德这本书说的正是历史上一个个的哲学家，实际上同时也是一本哲学史。

魏施德先从泰勒斯说起，这是公认的西方哲学的创始者，然后讲到巴门尼德、赫拉克利特，至苏格拉底、柏拉图、亚里士多德，经伊壁鸠鲁、普罗提诺进入中古奥古斯丁、安塞尔谟到托马斯，有历史顺序，这个顺序不能打乱，亚里士多德不能在柏拉图前面，这不仅是个史实问题，也有个理路问题，因为亚里士多德的学说建立在总结从泰勒斯起的希腊古代哲学基础上，没有"自然哲学"阶段的始基，没有巴门尼德的"存在"，没有柏拉图的"理念"，出不来亚里士多德的"实体"；由亚里士多德的"实体"到普罗提诺的"一"，也是历史过程；普罗提诺的"太一"（一）不能在柏拉图之前，因为这个超越存在的"至善"是柏拉图先提出来的，没有柏拉图的理论准备，出不来"至善"的超越性，而柏拉图这种超越性，又是和苏格拉底"把哲学从天上拉回人间"（西塞罗语）、"认识你自己""美德即知识"这些思想分不开。像"始基论""存在论""理念论""实体论"……这些理论倒未必一定由谁提出来，但这些"理论"自身有一个理路——用哲学的行话来说是有"内在必然性"，这是不能错乱的。同样，我们不该指望古代希腊就能有像康德那样把自由提到核心地位的哲学体系出现，因为哲学意义上的"自由"是基督教宗教思想长期传播逼出来的哲学问题，在古代希腊没有那样突出，他们集中思考的是"必然"问题，而阿那克西曼德的απερον（无定），并没有与自由问题真正沟通起来，直到康德才系统做了这个工作。

当然，哲学史的发展常有这种情形：前人已蕴含了后人的思想，后人开发了前人的思路，譬如魏施德书中说亚里士多德思想时提到"逻各斯"其实在赫拉克利特那里谈得就很多，不过亚里士多德是把它逻辑（Logic）化了，提出了形式推理的问题，显然在某个方面大大推进了这个思想，但也失去了赫拉克利特那种普通超越性的"道理"意义，而这种意义，又被后来的普罗提诺，以至近代的黑格尔注意到，阐发出来，这种新阐发出来的"逻各斯"，和赫拉克利特、亚里士多德不可同日而语，但道理的顺序是相通、相承的。

从这个意义来看，魏施德这本书是让人重视哲学史的学习，它告诉人，不仅这些哲学家像普通人一样有许多趣闻趣事，而且他们的工作——"哲学"，同样也很有趣。读他们的书，学习哲学的历史发展，本不是枯燥无味的事。"哲学"的思想、思考本身就有魅力，才赢得了一代又一代人不知疲倦地去研究、思考——为伊消得人憔悴，犯个错误也是值得的！

"思想"本身就有吸引力，读历史上一代一代哲学家的书，就是体会他们如何一个一个地被"他人"（其他哲学家、前辈哲学家）所吸引，而自己又如何力图吸引别人——同辈、后辈的哲学家。那么，读哲学书是不是就仅仅为了被吸引、被征服，而准备当俘虏呢？当然不是。我们说，哲学书有思想的魅力、吸引力，正在于它能引起你自己思想的兴趣，而实际上，真正的"被征服者""俘虏"，都是被剥夺了思想的权力和兴趣的，因而不是被吸引，而是被压制的。在这个意义上，"被征服者"和"征服者"是不平等的，而"读者"和"作者"的地位在原则上是平等的，大家都以探求真理为目的，而探求真理则是从古代希腊以来奠定了的哲学的崇高使命，写书的如此，读书的也是如此。

　　这样，读哲学书，固然是学习，但同样也是交谈、讨论，需要友谊、理解和讨论的态度。读哲学书，是在作者引导下，把他想过的问题，用读者自己的心思"重新"想一遍（或多遍）。作者在书里写下的"话"，不是对牛弹琴，而是调动读者思考，读者"跟随"他的思路，把他走过的历程，再走一遍，这就叫作"重新"，因为这条路读者尚未走过。或者还想再走，作者来指引你，等你读者自己走了一遍或多遍后，读者的体会不会和作者完全一样，或许你在同一条路上有新体会，或者你还会发现一些新道路。如果你也是做哲学的，你会有自己的书问世，前一本书的作者理应拍手高兴，因为他作为"引导"的作用，就在于"引导"读者自己去思考、发现、创造，如今真有了新思想出现，应该共同欢庆，庆祝在哲学探索的道路上，又多了同道、朋友、知己。

　　我们通常说，"读书"如"交友"，是读者与作者的交谈；就哲学或其他学术领域来说，"交友"则离不开"读书"，只是书有各种读法，"交友"也有不同方式、不同层次。魏施德先生为我们提供了比较愉快、轻松的方式、方法：从"后楼梯"的"后门"进去，可以不拘一格开怀畅谈。就我自己的经验来说，我常常想象把这些大哲学家请到我这个小书房来，和他们交谈——从图书馆借回他们的著作，认认真真、有时是恭恭敬敬地读。所以别看我这个小书房不起眼，我也请到过从泰勒斯以来的许许多多大哲学家，承他们盛情，一谈就连续好几个月、甚至好几年，所以我很喜欢这间小屋子，真可谓"往来无白丁"。

　　无论前门、后门，进门了以后是要交谈的，要听主人谈他关于哲学的所思、所想，有时你也要插上几句，说你自己的想法——所以书上有许多批批点点。这样，无论前门、后门，只在"过道"里不行；能进出后门可谓"熟知"，但黑格尔说"熟知"未必"真知"，要想"真知"，总是要"登堂入室"，坐下来仔仔细细、认认真真地用心"交谈"，这样的朋友，才是"至友"，才是

"知己"。不要看魏施德先生的书从"闲谈"入手，他在谈到各位大家的哲学思想时，不认真读他们的书是写不出来的。

1997年1月27日于
中国社会科学院哲学研究所

序言

通往哲学的两道楼梯

住房背面的楼梯不是进入居室的常用之路。它不很明亮，不很整洁，不像前门那样庄严。它给人的感觉是：荒凉、光秃，有时还有点零乱破落。但是走这条路，无须穿戴特别漂亮，完全可以随便些。它和走前门一样，同样可以见到楼上的主人，两者殊途同归。

接近哲学家时，当然可以庄严一点：踩在整洁狭长的红地毯上，沿着擦得发亮的扶手拾级而上。但是，哲学也有一道后楼梯。拜访哲学家时，也同样可以随便一点。幸运的话，碰到的哲学家也很随便，如果他们没有恰恰站在前门楼梯的顶端等待一位高贵的客人的话。走这条路，没有庄严的场面，无须故作高雅。见到的哲学家，也许是真正的，和我们一样的人。他们有人的优点，也有人的缺点。同时又有那么一点点伟大、令人肃然起敬的地方。他们是人，却总是企图超越纯粹的人生。如果见到他们，这段路就没有白走，但我们也不能因为使用后楼梯，就可以继续不拘礼节。现在，该和哲学家进行一场严肃认真的谈话了。

有些人主张"哲学的声调应该高贵严肃"，如果他们不认为拿起这本书会有损于他们的尊严，也许会严厉谴责作者的这种做法。没有人阻止他们使用通往哲学的大门。在迄今为止发表的几本著作中，作者自己也这样做了。他这次使用了后楼梯，只是因为走这条路可以避免走大门时必然带来的某种危险。这就是，拜访者可能会意外地停留在用来装饰大门、前庭和楼道的吊灯下，停留在地图前和雕刻着神像的柱子旁，而未能登堂入室。后楼梯没有装饰，没有任何可能分散拜访者注意力的东西。因此，有时它倒能更直接地把我们带到哲学家的家里。

泰勒斯

哲学的诞生

　　人到暮年，特别是预感到生命快要结束的时候，也许会在某个宁静的时刻，回想自己的童年。哲学也是如此。到现在它已经两千五百多岁了，预言它行将就木的也大有人在。今天从事哲学研究的人，一定会觉得这是一件艰难、有点老态龙钟的事业。从这种感觉中会产生回忆往昔与寻根的欲望。抚今追昔，感慨万端：在那个年代，哲学曾年轻力壮，充满活力地活跃于现实之中。

　　然而，谁要追究哲学的诞生之日，便很容易陷入非常尴尬的处境之中。对精神方面的变化，并没有专门的户籍登记处记载每件事发生的准确时间。哲学是什么时候问世的，谁也说不清。她的童年消失在远古时代的茫茫黑暗之中。

　　一种古老的传统告诉我们，哲学是从泰勒斯（Thales）开始的。他是位贤者，家住古希腊小亚细亚地区的贸易城米利都。据说他生于公元前6世纪，他是人类历史上第一个研究哲学的人。但对这一点，也不是所有学者都表示赞同。有人指出，在古希腊几位早期诗人的作品中，就已能找到哲学的萌芽。因此他们称赫西俄德或者荷马为哲学之父。其他人则认为更早，说早在希腊人步入人类历史之前，在亚洲民族中已经产生了哲学。

　　比这更激进的，则是18世纪初的一位学者，柏林科学院院士，名叫雅各布·布鲁克尔。按照当时崇尚拉丁语的风尚，他自称雅各布斯·布鲁克鲁斯。他用拉丁语写了一部哲学史，洋洋洒洒，名叫《哲学批判史——从人类摇篮到当代》。如果我们相信这位学者，哲学起源就可以追溯到人类历史的最早期——摇篮时代，或把这个拉丁词翻译一下，人类的襁褓时代。这本书原版第一编的封面上印着一幅画：一派洪荒时代的风光中，站立着一只狗熊，优哉游哉地啃着自己的左掌。图上方的标题是ipse alimenta sibi，翻译成汉语便是：自食其果。意思大约是：哲学不需要别的养料，也不需要其他科学和艺术为前提，它以自己为满足，独立存在。简言之，哲学从自身产生，所以在人类还处于襁褓之时，哲学已经问世了。因此，雅各布在探寻哲学的起源时，就必须不断地向前追溯：从希腊追到埃及，从埃及到巴比伦，甚至到《圣经》上所说的洪水爆发之前，即人类刚刚开始学步的夏娃与亚当时代。但雅各布的探根寻源并未到此为止，他甚至要研究，是否早在人类产生之前，天使和魔鬼之中已有了哲学家。当然，经过一番仔细的研究之后，雅各布得出结论：无论天使还是魔鬼都不是哲学家。再认真推敲一下，他觉得亚当及其子孙也不可靠。他们身上虽然不难找到哲学火花的痕迹，但要给他们披上哲学家的外衣，单靠这一点还不够。亚当嘛，雅各布说他根本不可能有时间进行哲学思考。那些被迫为温饱操劳的人，或者像圣经上所说，只有辛勤劳作才能有饭吃的人，晚上并没有精力思考深奥的哲学问题。

伟大的亚里士多德是第一个写哲学史的人。他也是这样认为的。他说，人的基本欲望得到大体满足，有了闲暇，科学与哲学才能产生。这种情况最初是在埃及的祭司阶层中出现，因此他们才发明了数学和天文学。本来意义上的哲学，则从希腊人才开始。当然是那些颇有闲暇的希腊人。这种闲情逸致最早只有富裕的城邦米利都的大商人才能享受，这个人就是泰勒斯。此后，人们便认为泰勒斯是哲学的鼻祖。

关于他的生活及性格，我们当然所知不多。亚里士多德认为，他是一位聪明的、几乎可以说狡猾的商人。有一天，他发现当年的橄榄将会大丰收，便提前把所有的榨油机买了下来，橄榄收获时又高价出租给别人。是否确有其事，谁也没有把握。确凿无疑的是：泰勒斯研究过政治，后来又研究过数学和天文学。在天文学领域，他成了名人，曾准确计算出将要出现的日食的时间。老天助兴，到了那天，太阳果真变暗了。我们时代的历史学家曾以此为基点提出哲学的确切诞辰。他的结论简明扼要：希腊哲学始于公元前585年5月28日。这恰恰是泰勒斯计算出发生日食的那天。当然人们会询问，哲学和日食到底有什么关系？总不至于说哲学历史本身就不是光明的历史，而是日食的延续吧！

根据所有的推测，泰勒斯是真正的智慧之人。也就是说，他不但思想深刻，而且精于世道，了解生活的哲理。古代人描绘的许多轶事证明了这点。母亲劝泰勒斯结婚成家，他回答说："来日方长，何必着急？"过了几年，母亲再次急不可待地劝他，得到的回答却是："去日不可追，为时已晚！"另外一则故事更令人回味。有人问泰勒斯为什么不想养孩子，他回答说："吾爱吾子之故也！"

有人也许认为，在婚姻及生儿育女这些事上，小心谨慎倒也值得赞扬，但并不能因此就把这个人看成哲学家！柏拉图撰写的有关泰勒斯的故事，才带有了些真正的哲学味。泰勒斯有次正在观察天象，双眼朝天，全神贯注，不小心掉进身边的水沟。据说有位幽默敏捷的色雷斯妇女曾讥笑他，说他想了解天上的事，却不知道自己脚下的是什么。哲学家掉进水坑当然是件令人难堪的事，但柏拉图笔锋一转，赋予这件事非常严肃的意义："这个讽刺嘲笑针对的是所有生活在哲学之中的人。这种人并不了解眼前的事情，也不熟悉他们的邻居。他们不但不知道自己在干什么，甚至也不知道自己究竟是人还是其他别的什么生物。如果要他们在法庭上或其他场合讲讲自己眼前是什么东西，那只会引起哄堂大笑。且不只是色雷斯人笑他，其他人也类似。由于没有经验，他们会掉进水沟，或者陷入同样窘迫的处境。他们笨拙迂腐，甚至使人感到幼稚愚蠢。"但这并不是全部，关键性的句子在后面："他们关心的是：什么是人？和其他生物相比，人应该干什么？应该忍受什么？他们坚持不懈地研究这些问题。"这样，事情的本质就变了。柏拉图要说的是，如果牵扯到正义以及其他人生的核心问题，普通人不知所措，要露怯出洋相。这时，哲学家的时刻就到来了。

现在我们便可理解，为什么柏拉图、亚里士多德以及后来的许多人恰恰把米利都的泰勒斯称为第一位哲学家了。泰勒斯关心的不是事物的表面，而是事物的本质。他要搞清楚的是：高山、动物、植物、风云、星体、人、人的行动与思想等等，这些以各种不同形体存在于世界上的东西究竟是怎么回事？所有这些的本质到底是什么？进一步说：它们从何而来？怎么来的？什么是这些东西的起源？那个包罗万象使所有这些能够产生、存在、发展的东西到底是什么？这些就是泰勒斯关心的基本问题，尽管他的原话不是这么说的。他第一个提出了这些问题，因此他当之无愧地成了哲学的创始人。从他之后，直到今天，探索事物的本质与起源仍然是哲学的中心任务。

当然，泰勒斯对这些问题的回答很奇怪。据说，他认为水为万物之源。这是怎么回事？难道我们眼前的所有东西，千奇百怪的形态，无数高耸入云的大山，闪烁的群星，可爱的动物，我们自己，还有位于我们的身体之中的精神，全是从水变来的？它们在本质上无非是水？初期阶段的哲学，真是莫名其妙的学问！

基于这种思想，人们必然把泰勒斯看成彻头彻尾的唯物主义者。水，一种物质，成了万物的本原；这位哲学家要从物质出发引申和解释所有的现实存在。这种评论，我们可以在某些哲学历史教科书中读到。而且还常常补充：泰勒斯当然还只是相当原始朴素的唯物主义者，因为对现实存在的原始组成的研究根本没有证实他的观点，而且，世界的原始组成这个问题也太复杂了，并不是用水是万物的本原这个假设所能解决的。泰勒斯是唯物主义者，但他的假设已经过时，无须再认真对待。

这种流行观点所包含的对早期哲学的蔑视态度倒值得怀疑。

简单地把水是万物的本原这句话理解为唯物主义世界观的表示，是否就正确地理解了这句话呢？如果同时再想想泰勒斯的另一句话，那这种怀疑就更有道理了。因为这句话根本是反唯物主义的："万物充满了神灵。"现在的问题，显然不是用某种原始的物质解释所有的现实存在。现在的意思是：我们眼前看到的这个可见世界，是神灵存在的地方。如果有人认为，他周围的一切只是简简单单的事物，他就没有完全理解这个世界。人应该看到神灵主宰所有事物，这才是事物的本质。

在这两句论水与论神灵的话中，泰勒斯的看法是否自相矛盾互相排斥呢？因为它们显然是对立的。现实要么是纯粹的物质，要么是充满神灵的生命体。如果这种"要么……要么……"是绝对对立的，那真理又在哪一方呢？这个问题，牵扯到对世界本原的解释，直到今天，还没有完美的答案。当代的哲学争论仍然紧紧围绕这个关键问题：我们应该从纯粹的物质观点出发解释世界呢，还是应该承认事物只是更深层的东西的外在标志？世界表现为自在的神灵法则，还是全能的上帝创造的？

泰勒斯这位哲学祖师爷的观点到底是什么呢？真的像上面所说的，他只是简单地把两句话放在一起，而没有发现二者之间的矛盾与对立？抑或他的万物源于水本来就是和第二句相互联系。这种矛盾之所以产生，也许只是由于我们按照现代科学理论解释了水是万物之源这个观点，把水看成了原始的物质元素，因而也就未能按照当时的真实意义去理解它。问题很明显：今天某种自然科学理论是否真的和公元前6世纪时人们对自然的看法恰恰相符呢？看来，这里必须首先探讨泰勒斯所说的水为万物之源到底是什么意思。

亚里士多德对泰勒斯哲学的描述，可以帮助我们进一步认识这个问题，尽管亚里士多德自己也不知道，这位祖师爷要说的到底是什么意思。因为不管怎样，泰勒斯到亚里士多德之间相隔三百年。亚氏认为：泰勒斯讲这句话时肯定想到了俄刻阿诺斯，那条在古代传说中被看作万物之父的环绕大地日夜奔流不息的古老的长河。还有传说讲，众神起誓都要呼喊斯提克斯，即神话中将生界与阴间分开的那条冥河的名字。亚里士多德推测，泰勒斯说这句话时，也许想到了这个传说。亚里士多德还说，誓言是最神圣的。亚氏解释这句话时想到的首先是那些古老的神话，即关于俄刻阿诺斯和斯提克斯这两条大河的神秘传说。亚里士多德的解释是什么，现在已经很清楚：泰勒斯讲到水时，想到的并不是原始物质，而是原始起源所具有的那种神秘的巨大力量，想到的是这种开天辟地的神性。这样，第二句话和第一句话便可天衣无缝地相互联系起来。它的意思是：万物有神灵。当然不是说这部分是阿波罗，那部分是宙斯，而是说所有存在都由神灵的力量统治。我们进行哲学思考，不能把世界看成各种事物的简单堆积。统一的法则（即伟大神灵）统治着世界，一切事物的产生与存在都依赖于它。

但是，泰勒斯为什么恰恰在水的运动中看到了神圣的万物之源呢？亚里士多德猜测原因在于，正是由于水的滋润，世界万物才具有活力而能够生存。神圣的万物之源也是如此。它和水类似，渗透在万物之中，赋予万物以生命。因此，水为万物之源的意思是：在所有现实存在中，有神灵的力量在起作用。它如同传说中的古老大河，具有原始的巨大威力；如同维持生命的水，渗透在万物之中。

我们弄清这一点，对理解早期哲学的本质具有决定性的意义。它说明，哲学的发端并不位于某种简朴的自然科学问题与理论之中。它的核心推动力是：在神话变得暗淡无力的时代，继续探索神话所要解决的问题。当然是通过另外的方式，即探寻万物的起源及起源的神性。

哲学思辨在初期继承了神话中的什么呢？不是别的，正是泰勒斯通过他那两句神秘的格言所要表达的：可见的世界有更深层的原因。这也正是希腊神话所要告诉我们的，因为如果把这些神话中关于某个被称为神的怪物的传说简单地看成稀奇的天方夜谭，我们对这些神话的理解就未免太肤浅了。希腊人说到他们的众神时，实际上指的是位于现实存在背后的深层原因。他们认识到了矛盾与斗争贯穿于现实存在的各个方面，便将这种矛盾的普遍存在命名为战神阿瑞斯；他们感觉到午间具有神魔一般的寂静，便将这种寂静命名为自然神潘。通过这些神话，希腊人要表示的是：现实的根基位于神灵之中，神灵的存在才是现实的真实存在。

哲学的起源就是在这一点上和神话联接起来的。但哲学显然又不能接受神话式的解释，因为在那时，人们已经对宗教式的答案产生疑问，并且发现了人必须自己提出问题，自己进行深入思考。哲学就是在这个时刻产生的。它要通过提问与思考继承神话与宗教中掩藏的真正的东西。在这种情况下，哲学发现了所有的现实存在不仅有表面，在其背后还有更深的存在。

从此以后，哲学便开始狂热地、不懈地研究这个问题。就是到了今天，哲学的处境仍与其开始时没有什么两样；就在今天，哲学仍然处于与宗教的争论之中；就在今天，也恰恰在今天，哲学面临着一场挑战，面临着用纯粹的现实的观点解释这个问题的危险。按照这种解释，世界上除了物质之外一无所有。如果哲学接受了这种解释，那她便失去了自己在初期时所独有的探根寻源、毫不妥协地寻求更深原因的特点。如何保持这一点，同时又不拜倒在某种单纯的信仰脚下，而是不断用探索的精神解释世界的起源仍然是哲学的首要任务。

当然，这是一项伟大的、艰难的任务，因为第一眼看去，世界并没有显示出它是源自于某个神灵的。相反，我们首先看到的，倒是一场生与死、产生与消亡之间的可怕的抗争。面对这些，我们怎能相信一个如此矛盾的现实竟是源自于被我们看成是永恒的、超越了生死的神灵呢？永恒怎能是暂时的原因呢？

哲学思辨正是从这里开始的。美丽壮观的现实总是处于死亡与虚无的威胁之下。这是希腊人刻骨铭心的经历，同时也是希腊人更深层的痛苦。但是，面对这些，希腊精神没有停留在默默的绝望之中，它狂热地，苦苦思索着，试图从神灵的角度出发，进一步理解这种可怕、生生灭灭的现实。

初期的希腊哲学思辨就是围绕这个大问题展开的。泰勒斯从水的运动中看到世界起源于神灵，就是为了回答短暂的现实源自永恒这个问题。水总是水，尽管水的形式不断变化：时而化为蒸汽，时而结成冰雪；这里是小河，那里是海洋。它以各种不同的形式变换自己的外表，但在本质上却总是同一个东西。神灵也是如此。它是永恒的，本质不变，形式上却又处于无穷的变化之中。正因为如此，它才能成为一切生生灭灭的事物的起源，成为世界的根基。

泰勒斯的高足阿那克西曼德更进一步地探讨了这个问题。他的著作只有很少的残篇流传下来。如果这些残篇可信，阿那克西曼德研究哲学时的出发点正是生生灭灭这种现象。事物产生，又重新消亡；我们来到人世，又必然死去。整个世界就是可怕的、生死交替的大战场。人应该怎样解释这一切，而又坚信现实存在基于永恒的神灵呢？

阿那克西曼德在进一步的思考中得出了非常伟大的解释。他认为事物消亡并不是偶然的，而是对某种罪的忏悔和抵偿。人的死亡也是如此。这个罪过是什么呢？它就是：每个事物都渴望超越自己特有的界线而希望滞留在存在之中。这样，它便损害了别的事物，因为它占据了它们的空间，进而使它们不可能产生。在阿那克西曼德看来，整个世界就是争夺生存权的战斗。停留的事物总是设法阻碍将要到来的，由此它们便犯了罪，统治世界的必然性便促使它们消亡，为新的事物创造空间。

世界就是如此。但阿那克西曼德还从更深的角度说明了这个问题：这种罪在本质上并不是一个事物对其他事物的损害，而是对原始的神灵的损害。如果万物来源于此，这个原始的神圣起源就应该是不断的、具有创造力的活力，或者就像阿那克西曼德所说的那样，是一个无限。如果现在事物要停留在存在之中，阻碍其他事物产生，那就等于说无限就会停滞死亡，就会失去其本质的特点，即创造性、不断产生新事物的特点。事物必然消亡这一现实是令人不解的现象，最终从神灵出发得到了解释和辩护。硬要停留的事物必然消亡，以便无限能够永保自己的活力。

暂时性是哲学思考及人生中最大的谜。它的价值和意义来自具有创造活力的无限性。这是阿那克西曼德哲学中最深刻的思想："无限是万物的本原。事物来自何处，也必然消失在何处。按照时间的安排，它们对各自的错误进行忏悔与补偿。"

当然，哲学在后来的发展中并没有将泰勒斯和阿那克西曼德的解释看成是唯一有效的答案。相反，哲学在不断寻找新的答案，但最初提出的问题并没有变。因此，每遇决定性的转折时刻，哲学总是一再回顾自己的开端，重新直接提出现实存在的绝对根源及暂时来自于永恒这个问题。哲学当然也观察世界，观察事物和人生，但它最终要寻问的，则是世界的深层原因。

如果想一想，从第一位形而上学家泰勒斯以来，哲学的思考总是围绕万物起源这个问题。像泰勒斯这类人，有时会对其他事物漠不关心，这也不是什么值得大惊小怪的事情。如同泰勒斯，他们有时会看不到明明摆在脚边的水坑甚至掉到里面。色雷斯妇女要嘲笑他，就由她去吧。但谁要是不敢冒险地放弃自己脚下这块土地，不敢大胆地希望得到一块更深、更坚实的安身立命之处，他就永远不会理解哲学研究从一开始就具有崇高意义。

巴门尼德与赫拉克利特

相反的孪生子

按照通常的看法，哲学在其初期就已有两种互相对立的观点，这就是存在与运动的对立。据说这一对立还决定了后来整个哲学的发展。此外，人们还习惯于将这两种对立的观点分摊到早期的两位哲学家头上。他们是巴门尼德（Parmenides）与赫拉克利特（Heraklit）。按照这种看法，巴门尼德是存在说的代言人，赫拉克利特则是运动说的祖师爷。但是，真的有必要把这两位哲学家划为两类对立起来吗？哲学真的就是以这种标语口号式的方式开始的吗？

这两位哲学家究竟是谁呢？关于他们的情况我们知道得很少。关于巴门尼德的就更少了。据说，巴门尼德的老师是诗人和哲学家色诺芬尼，色诺芬尼一生四处漫游，直到晚年还在各个城邦的宫廷演唱哲理诗歌。除此之外，我们几乎只知道生于公元前6世纪，出生地是意大利南部的爱利亚，也可能是在那儿死去的。据古代学者记载，他虽然出身豪门，却与"出身贫穷，思想高尚"的人结为好友。据说，他还是个政治家，制定过法律。在这方面，我们没有确切的证据。还有人说他在埃及学过逻辑与天文。这就更难肯定了。比较可信的是，他也许去过雅典。据柏拉图讲，他曾在雅典和苏格拉底辩论过。只有一点肯定无疑，这就是他的学生们非常能干。能说的也就这些了。记载他生平的作品少得可怜。对于一位把现实归结为纯粹存在的哲学家来说，这也是颇具特色的。他对未来哲学的意义也正在于他的这个观点。因此柏拉图称他是"巨人"，一位"很有原始深度的思想家"。

和巴门尼德相比，对赫拉克利特的生平事迹，我们知道得相对多一点。他比巴门尼德小，住在小亚细亚的以弗所，特别关心政治。古代还有人说他甚至和波斯的大流士国王通过信。无论出身还是思想，赫拉克利特都是高贵的人。据说，他曾拒绝接受世袭的祭师职位，但信奉贵族统治，特别是他在政治方面的好友赫尔谟多洛斯被流放以后。此外，他极其蛮横地反对民主政体。面对贵族政治的没落，他认为最有效的办法是所有公民都应该上吊自尽。因此，他宁愿在阿尔忒弥斯的神庙里和小男孩玩投骰子游戏，也不肯在民主政体下从事政治活动。据说，他最后对人类也感到厌恶，并因此隐迹山林，在那儿靠吃野草野菜度日。他当然适应不了这种生活，因此还患上了水肿病。医生们爱莫能助，他便试图用自己的土办法战胜病魔。所用的药物是牛粪。具体如何治法，讲法不一。有人说他把牛粪盖在身上，然后晒太阳。这种疗法很残酷，他也因此悲惨地死去了。另一种说法更玄乎，说他如此这般把自己包在牛粪里以后，不明真相的狗以为是个动物尸体，所以就连皮带骨头把他吃掉了。这一切当然都不可靠。可以肯定的是，他大约是60岁时去世。另外，古代学者一再强调，还有一位名叫赫拉克利特的，是个职业小丑。人们切记不可把二者混淆。

再回到巴门尼德吧。他本来是个诗人，用诗的形式表达他的哲学思想，也写过一些带有诗意、富有哲理的梦幻式的作品。他的一首寓意诗就是这样开头的，讲的是某个"智慧之人"的故事。这个人坐在"太阳神的女儿们"引导的车上，离开"黑夜之家"，在人们常走的道路旁边前进。这时，"白天黑夜两条路的大门"被打开了，大门的钥匙由正义女神提克保管。最后，他到了另外一位女神那里，女神告诉他，什么是真理，什么是假象。这里通过诗的形式所表现的，显然是一位从事哲学思考的人的故事。他走出无知的黑夜，沿着自己的路，不为人们所理解，去寻找真理。他战胜了困难，通过了关闭的大门。就真理而言，也不是他自己发明的，而是女神亲口告诉他的。这正是希腊哲学思辨的基本特征。真理并不是通过艰难的苦思冥想所能得到的。真理本来存在，以特有的方式表现出来。人的任务只是动身去寻找真理，并通过观察听闻获得。

但是，什么是这种哲学真理呢？巴门尼德先列举了几种"大多数人的看法"，然后通过对比表达了这种真理。第一，人们通常认为各具特性的单一事物就是真正的现实，从而忽略了整体。而只有位于整体之中，单一事物才能够独立存在；第二，人们通常认为世界是互相对立的东西之间的矛盾，从而忘记了所有的矛盾之中还有统一。只有以统一为基础，对立才能产生。另外，巴门尼德还按照这种通常的看法，把现实世界的对立状况归结为基本的对立，即白昼与黑夜，或者说光明与黑暗的对立，女性代表白昼与光明，男性代表黑夜。后来的德谟克利特对女性就没有这么殷勤了。他纠正巴门尼德说，准确来说，应该是男性代表光明。这只是个插曲。接着说吧。第三，人们通常将处于消亡或形成之中的暂时性的东西看成是本来存在，从而没有看到存在同时还包括虚无，而且在以上三个方面虚无都存在。无论何处，人们所认为的现实都是存在与虚无的结合。单一的东西能够存在，只是因为另一个单一的东西没有存在。在矛盾中，事物互相否定。消失的东西，就是过去没有，将来也不会再有的东西。因此，着眼于存在与非存在（即虚无），人们通常的看法是自相矛盾的。正因为如此，他们所说的存在的东西并不是真正的存在，而只是过眼云雾，只是表象。哲学家必须看穿表象，争取窥见现实存在的真谛。

这时，与赫拉克利特一样，巴门尼德也处于岔路口，有三条路可走。第一：他可以沿着普通人的这条路走下去，得到自相矛盾的真理。这条路是"什么也不知道的凡人大摇大摆走过的路"。但哲学家却不能对存在与虚无之间的矛盾视而不见。他不能承认，那部分并不存在的东西就是真正的存在。因此，巴门尼德告诫我们不能逃避现实："不能让思想沿着这条路去寻找真理。习惯也不能将你逼上这条路。不要相信没有目光的眼睛，不要相信轰轰隆隆的耳朵，也不要相信叽叽喳喳的舌头。"谁听从了这个告诫，他就会超越存在与虚无之间的对立。对他来说，"产生已经消失，消亡已不产生"。

第二条路的方向是，在存在与虚无的矛盾中倒向虚无，认为不存在的才是真正的存在。后世有些思想家选择这个方向，但巴门尼德却认为此路不通。因为虚无是无法被认识的，无法被表达的，因而也是不真实的。他告诫说："也不要使你的思想走上这条路。"

前两条路都被否定了。对于理智的哲学思考来说，只有第三条路可走。这就是动身去寻找真正的存在！"现在剩下的，就是寻找存在的道路。"因此，巴门尼德在哲学上的真心表达的是："存在存在着。"听起来，这确实有点玩弄辞藻，但其含义却很丰富。存在这个概念说的是具体的事物消亡在虚无之中以后依然存在的东西，指的是普通人所认为的存在消失以后还存在的本来存在，指的是唯一、单独、真正的存在。

现在，巴门尼德才开始说明这种唯一真实的东西是什么。他列举了它的几个特征。首先，它与有限的存在不一样，不会分裂为纯粹单一的事物。它自身是一。此外，它不知对立与矛盾为何物，自身和谐不可分。最后，它没有永远运动的特点，自身是不动的、永恒的。巴门尼德的这个思想，开辟了哲学中形而上学的先河，对后来的整个哲学的发展产生了重大影响。因为巴门尼德非常明确地指出：谁要寻找真正的存在，就不能单纯停留在包围我们的现实之中，不能死守暂时性的事物，必须看到永恒的、位于所有现实存在之上的这个唯一的真实的存在。巴门尼德坚决、毫无置疑地表达了这个思想，这正是这位早期思想家的真正独特之处。

这种哲学观点非常伟大，同时又非常极端，因而难以持久。具体的现实存在不能如此粗暴地被弃之不顾，不能为了所谓纯粹的存在而将它们推入虚无的深渊。具体的现实将要重新获得自己应有的地位与权力，抛弃现实世界毕竟不可能成为哲学的终点。巴门尼德的伟大同代人，即赫拉克利特的学说，已经对此有所表现。

早在古代，人们就说赫拉克利特"深奥难懂"。苏格拉底曾从戏剧家欧里庇德斯那里借了赫拉克利特的书。他说，这本书太深奥了，需要像一个得洛斯岛上的潜水者那样潜入其深渊才能看懂。赫拉克利特的作品只有一些残篇流传了下来。尽管晦涩拗口，其作用仍然不可低估。黑格尔认为："思想深邃的赫拉克利特将哲学的开端推向完美。"尼采也同意黑格尔的看法。他说："赫拉克利特永远不会过时。"

和巴门尼德一样，赫拉克利特也反对世俗的看法。他说，那些受习惯束缚的人"既不会听，也不会说"。"给他们讲话，他们并不懂，却以为能理解。"哲学家不能用世俗的眼光看世界。他知道事物的真相，因为他掌握看待世界的方法，能理解，会思考，善判断。

赫拉克利特批判世俗的看法，并且把这种批判运用到对时代的批判之中。他指责诗人赫西俄德、哲学家普罗塔戈拉和色诺芬尼，说他们什么也不懂，却自以为学识渊博。"博学不能帮助人们真正地理解事物。""就连最有名的人看到、记载的也是事物的表面现象。"他甚至采用写轶闻的方式，讽刺荷马也自诩博学："在认识显而易见的现象时，人们往往弄错，就像荷马那样。他比所有的希腊人都聪明，但捉虱子的孩子们却捉弄了他。他们对他说：我们放弃看到、捉到的，我们捕捉看不见、捉不住的。荷马听后不知所云。"知识是如此，对宗教的看法也是如此："他们朝着神像祈祷，如同一个人和一座房屋说话那样。他们并没有认识到神与英雄的真正本质与真实存在。"简言之，到处都缺乏洞察力，缺乏逻各斯。

当然，普通人也可能占有真正的认识，因为逻各斯非常奇怪地也存在于普通人的灵魂之中。"他们总和逻各斯打交道，但却生活在矛盾之中。"因此，人如同处于睡眠之中，哲学家的任务就是唤醒他们。

"逻各斯为灵魂所固有",这是赫拉克利特的看法。通过这句话,在哲学史上,研究者的眼光第一次投向了人的内心世界。赫拉克利特所说的"全面研究自我"就是这个意思。当然这里所说的"内心世界"完全是希腊式的,它不是现代人那种对自我心理解剖的好奇心,也不是奥古斯丁所讲的人的内心中最秘密的"灵魂冲动"。它的本来意义是,通过研究自我探讨人是怎样在自我之中找到对现实世界的真正理解的。内部世界是指向外部世界的。此外,这个发现还有更深一层的意义。观察内心世界时,赫拉克利特看到了,自我本身是博大深远、无法窥测的:"你可以采取各种不同的方法,试图走每一条道路,灵魂的界线是永远找不到的。灵魂的逻各斯就是如此地深奥。"在哲学史上,精神第一次表达了对自己的惊奇与诧异。

但是,赫拉克利特并没有因此忽视他那个时代的主要哲学任务,即探究所有存在的本质。他将在所有存在中起主宰作用的那个东西称为"自然",并且说了一句令人沉思的话:"自然喜欢掩盖自己。"位于万物之中的自然,并不是公开的、显而易见的。它将自身掩盖起来,因此必须通过哲学思辨的威力揭开它的面纱。但自然掩盖在什么之中呢?在现实之中。照此看来,现实是以时隐时现的方式表现自己的本质的。因此赫拉克利特认为现实具有歧义性。它一方面显示主宰自身,同时又将它掩盖起来。现实的这种矛盾性是怎么回事呢?

和巴门尼德一样,赫拉克利特也看到了现实本身充满了矛盾。他详细列举了这些矛盾,如"白天—黑夜,冬天—夏天,战争—和平,富裕—贫穷,死亡—永恒"。单一事物中也有这种对立性:"海水最干净,同时又最脏。鱼可以喝海水,并且有益于鱼的健康;人不能饮用海水,海水对人体有害。"特别是河流最能充分地象征这种到处可见的矛盾与对立。"进入同一条河流的人,面对的却总是不同的水。""我们步入同一条河流,同时又不是同一条河流。""我们是,我们又不是。"世界是分裂的、矛盾的。赫拉克利特以战争为例表达了这种所有存在显示出来的对立性："战争是万物之父，万物之王。它使有些变成神，有些变成人。使一部分沦为奴隶，另一部分成为自由民。"一句话：世界充满了矛盾与对立。

我们可以想起，巴门尼德也以类似的眼光看待现实世界。这个看法促使他将世界当作纯粹的假象而弃之不顾。与巴门尼德不同，赫拉克利特坚信：世界充满了矛盾与对立，但又不能简单地被抛弃，因为我们就生活在这个现实之中。哲学家也不能把这个现实看成是暂时的。他必须着眼于最终统治现实的那个东西对这种对立性做出更深的解释。

赫拉克利特选择了这条路。他清楚地看到，对立并不是结果，对立的各个环节都是先后相互联系的。譬如生与死之间有内在联系。人也是如此。"活着的时候人已接触死亡，醒着的时候就已接触睡眠。"按照同样的意思，古代有人曾说赫拉克利特的主张是："通过相互对立，所有的事物都相互结合。"另外，赫拉克利特也看到了，对立总是相互转换的："冷变热、热变冷，潮湿变为干燥，干燥变得湿润。"更深一点："不朽的恰恰是非永恒的，非永恒的也许是不死的。它们相互经历自己的死亡，牺牲自己的生命。"因此，整个世界是一场变化的周而复始的循环。"对灵魂来讲，死就是变为水；但对水来说，化为土就是死。然而，水又是来自于土地，灵魂来自于水。"最后，赫拉克利特为这种无穷无尽的变化找到了伟大的象征："整个世界如同一场大火。燃烧起来又熄灭，再燃烧，再熄灭。周而复始，无限循环。"

但是，这并不是赫拉克利特的最后结论。他进一步发现，对立的相互联系显示了更深的、主宰这些对立的统一体。因此，赫拉克利特并不是传统看法所讲的那样，是和主张存在论的巴门尼德唱反调的宣扬纯粹运动论的哲学家。他也进入了运动的背后，看到了存在这个层次。所以，着眼于现实的对立与分裂，赫拉克利特说道："看不见的和谐比易见的和谐更强大。"或者："相互分离的事物结合在一起，最美妙的和谐产生于差异。"最后，他用简单的一句话概括了这一思想："万物为一。"这样，赫拉克利特便令人惊奇地来到了巴门尼德的身旁。尽管如此，区别还是存在。赫拉克利特看到了"一"，但他并没有像伟大的同代人巴门尼德那样，把多样性当作无关紧要的假象抛弃。运动变化被纳入存在之中："万物之中产生统一，统一产生万物。"所有的变化，总有单一的东西被表现出来。因此赫拉克利特说，单一"位于不断的变化之中"。单一是统一体，它在富有生命力地发展自己，同时又将发展变化重新收回到自己本身之中。四分五裂、变化万千的世界中，单一是其更深层的真实存在。

回过头来，再看看本章的标题，我们便可发现：巴门尼德和赫拉克利特确实是精神上的孪生子，因为他们最终关心的都是那个真正、唯一、包括了整个现实的存在，他们俩并不完全对立。尽管如此，他们还是有不同的地方。巴门尼德为了纯粹的存在不惜放弃全部的现实，赫拉克利特却抢救了充满矛盾的世界，将它纳入富有活力的单一之中。这样，这两位早期的哲学家便代表了形而上学思辨的两种基本可能：忘乎一切地沉溺于对绝对的窥视之中，或者从绝对出发解释谜一般的现实。后来的哲学史中，这两种可能将以无穷无尽的变化形式不断出现。

苏格拉底

烦人的提问

如果有人要从后门上楼拜访苏格拉底（Sokrates）先生，开门迎接他的，很可能不是苏格拉底，而是他的妻子克姗提帕。这甚至是显而易见的，因为苏格拉底经常出门不归。另外，就事论事，由他妻子开门也并非毫无道理。如果说在众多哲学家中，苏格拉底赫赫有名，那么在所有的哲学家夫人中，克姗提帕也绝非无名之辈。我们当然可以说夫贵妻荣，克姗提帕有名是沾了苏格拉底的光。但事实也可能完全相反。苏格拉底也许不会成为苏格拉底，如果他没有娶克姗提帕为妻。起码尼采这位颇具心理学嗅觉的哲学家是这样看的："苏格拉底找了他所需要的夫人。……事实上，克姗提帕强迫他在自己所从事的奇怪职业中越走越远。"

果真如此吗？如果我们可以相信古代的记载，那克姗提帕所做的却完全相反：她使出浑身解数，使自己的丈夫难以从事他那所谓的"职业"。在家里她闹翻天，当丈夫实在忍受不了，要出门会见他的朋友时，她又怨言冲天。时而将污水从窗口泼下，倒在苏格拉底的头上；时而还尾随着他，在大庭广众之下，将他的衣服扒下。

哲学家的朋友们怒发冲冠，称克姗提帕是个前所未有、后世不二的"无法忍受"的泼妇。而苏格拉底却始终保持哲学家特有的沉着与冷静，对这类发生在家庭内外的阵阵狂风暴雨逆来顺受，甚至不乏幽默。污水浇到他的头上时，苏格拉底只是说："我不是早说过嘛，克姗提帕见风便是雨。"天资聪颖的小青年阿尔喀比亚德有次说："克姗提帕大喊大叫，骂不绝口，实在令人讨厌。"苏格拉底回答说："你不是同样可以忍受鸭子的呱呱乱叫嘛！"另外，苏格拉底还认为，和蛮不讲理的女人生活也有好处。因为谁要是能和克姗提帕打交道，他就能够与其他所有人和睦相处。

苏格拉底对自己的处境并不感到怎么凄怆，而后来的传记作者们却很同情他。为了让他也享受爱情的温暖，他们杜撰了非常可爱的故事。雅典城经过战争的洗劫后人丁剧减，因此市民大会决定每个男人可以有两个妻子。在这种情况下，苏格拉底便遵纪守法，结了第二次婚，娶了芳名为米特璐的妙龄女子。这个故事显然是子虚乌有。但假如确有其事，苏格拉底先生会有何高论呢？有一次，某人对自己是否应该结婚拿不定主意，便来请教苏格拉底。得到的回答是："不管你干什么，事后总是会后悔的。"

再说克姗提帕吧。她骂来骂去，结果是什么呢？不是别的，只是苏格拉底更乐意离开这个不和之家，更急切地寻找朋友们进行他的哲学辩论。这样苏格拉底才成了苏格拉底，因为他是雅典人，这个城市崇尚公共生活。谁要想得到承认，就必须在公共场合登台露面。如果苏格拉底把自己关在书房里，闭门造车，他就永远不会成为有名的苏格拉底。这样，克姗提帕的用意倒起到了相反的作用。在她的行动中，用黑格尔的话说，有某种"理性的狡计"在起作用。任何意在阻止这位哲学家进行哲学思辨的举动，反而会使他更加热衷于哲学思辨。如果克姗提帕以为她的阵阵雷雨会阻挡苏格拉底，她就错了。尼采非常精辟地指出："克姗提帕把家搞得不成家样，屋子不成屋相。但实际上，她这样做反而使苏格拉底更加热衷于他那独特的职业。"

苏格拉底不着家，在外面干些什么呢？单从表面看，他无非是逛逛市场，看看体育比赛，与碰到的人乱扯一通，似乎是个地道的游手好闲之徒。而使克姗提帕感到恼火的正是这一点。他不去挣钱养活家庭妻儿，不愿发挥从父亲那里学来的雕刻手艺，一句话：

不愿过正儿八经的公民生活，而是整天跑来跑去，和所有的人谈一文不值的事。也许他有时会像有些人所说的那样在大街上捡到钱币，并可以用这种非常少见的收入贴补家用，但这毕竟和从事正式的职业是两回事。他穷得连一双鞋也买不起，以至喜剧大师阿里斯多芬后来干脆让他赤脚登上舞台。就他自己而言，这种知足常乐的超然态度还凑合，但面对市场上各式各样具有诱惑力的商品，总不能要求身无分文的女人也像他那样沉着冷静吧。他说过："我不需要的东西，何其多也！"但我们总不能要求克姗提帕也从哲学的高度出发，和他一样认为"无所求者，离众神最近"吧！

令人感兴趣的是，苏格拉底并不是那种天生懒散的游手好闲之辈。他狂热地坚持体育锻炼，甚至还精于舞蹈。当然如同人们传说的那样，他这样做的目的，仅仅只是为了健康的缘故。后来有学者还称赞他"体质健壮"。总之，苏格拉底也许是天生从事男子汉事业的人，而最适宜于男子汉的便是驰骋疆场。苏格拉底当过普通的士兵。人们说他能神奇般地承受难以想象的劳苦。天寒地冻，别人把身子裹得严严实实，苏格拉底却光脚在冰上走。有一次，战友们大多丢盔弃甲，仓皇逃窜，苏格拉底却作为唯一的士兵站在将军身边，沉着喊道："不要慌张，环顾四周，分清敌我！"

当兵时，苏格拉底的怪脾气就很引人注目。曾和他并肩战斗过的阿尔喀比亚德说："一天早晨，苏格拉底站在一个地方思考着什么，看来没有结果他不会动身的。中午时分，大家都感到好奇，说苏格拉底从一大早就在那儿站着。到晚上了，几个年轻人吃过饭后，就把被子搬到外边来——当时是夏天——一是为了乘凉，二是为了看看他是否会彻夜站在那里。而苏格拉底呢？他果然站了一夜，直到次日清晨太阳出来了才离去，还对着太阳祈祷。"这就是战争中的苏格拉底。和平时代，这种勇敢气概和男子汉魄力很难被人发现。所以现在的苏格拉底，至少在克姗提帕眼里，只不过是个无用之辈，一个喋喋不休的饶舌者。

当然在苏格拉底看来，讨论正是从事他这种职业的唯一手段。

只要在大街上看到一个人，他就会走上前去和对方攀谈，而不管对方是个政治家还是修鞋匠，是位将军还是个赶毛驴的脚夫。他显然以为，他所说的与每个人的利益息息相关。而他要说的，便是急不可耐地向每个人指出：人生最重要的莫过于正确的思考。正确的思考则意味着一个人首先要知道，他自己在讲什么。也就是说，一个人首先应该认识自己。苏格拉底认为，真正地认识自己，有自知之明，应该是人的特点之一。根据柏拉图的记载，很有威望的尼西阿斯将军曾经非常生动地描述了苏格拉底向他指出："我觉得你并不知道一个人接近苏格拉底并开始和他谈话时的情形。不管这个人先谈起任何别的什么事情，最终他还是被苏格拉底牵着鼻子走，被迫对自己的生活做出反省与解剖，谈谈他现在是如何生活的，原来又是怎样生活的。"就像对待尼西阿斯那样，苏格拉底用同样的方式去询问每个人，看看他们是否知道自己在讲什么。他先去问口口声声讲"虔诚"的人，又去问总是口不离"勇敢"的人，再去问声称精通国家事务或者掌握修辞演说技巧的人。这些人只要和苏格拉底交谈，他们很快会认输。苏格拉底用他那特有的反讽与辩证手法向这些人指出，他们虽然如此自信，但实际上却什么也不懂。他们最不了解的，便是他们自己。

对被问者来说，这当然总不是什么舒服的事。歌德与席勒合著的《讽刺诗集》里有两行短诗，影射了有名的德尔菲神庙论苏格拉底的神谕："神谕者曾称你是最智慧的希腊人，是的！但也许最智慧者往往也最烦人。"歌德和席勒的诗是有道理的。根据有些记载也可看出，苏格拉底常常受到雅典人的蔑视与嘲笑，有些人对他甚至拉拉扯扯，把他的头发和衣服弄脏弄乱。谁乐意让别人指出自己的无知呢？何况还是在大庭广众之中。只有少数几个纨绔子弟忠实于他，跟随他在城中漫游。其他人，特别是那些有声望的公民，则不想与他有什么牵连。诗人就是这类市民的代言人。他们称苏格拉底是"梦想改造世界的牛皮家"，"吹毛求疵的发明家"，"不惜嗤之以鼻的人"和"谎言专家"。他们讽刺他"夸夸其谈，言之无物"，"无谓地牵强附会"，指责他"非难挑剔，节外生枝"。

然而，诗人们不懂，大部分雅典人也没有看到的是：这位被尼采称为"伟大的乖僻之人"根本不是为了争论而争论，也不是为了通过辩证使用论据与反论据而使自己立于不败之地。苏格拉底所追求的，是真理。他为此询问别人，为此和他人争吵，到了走火入魔的地步。临死前，他还对他的朋友克力同说："我们根本用不着考虑别人会怎样评论我们。我们所感兴趣的，是那些自以为了解正义与非正义的人说了些什么。我们追求的是真理。"他还说："我要不惜一切代价，弄清人和人的未来命运到底是怎么回事。"他认为，知道这点至关重要，决定影响一切。在雅典法庭上的辩护词中他公开承认："只要我还活着，只要我还有能力，我就要永不停息地进行哲学思考，就像我已习惯的那样。不管碰到你们中间的哪一位，我都将劝诫他，揭露他的无知。我将告诉他，好人啊，你是雅典人，这座最伟大、最有智慧与权力的城市的公民。但你却处心积虑，整日为更多的金钱、荣誉和名利奔逐，而不去追求知识与真理，不管灵魂的完美与高尚。对此，你应该感到羞愧。"他还说："每天讲述道德，听我在辩论中反省自己，揭露别人，这是人类最大的运气。对人来说，不经反省的人生是不值得过的。"

这就是哲学家苏格拉底所追求的。只有朋友们对他的苦心孤诣能有所了解。色诺芬是颇有学者风度的将军，他曾经写道："苏格拉底谈话的内容总是围绕着人生这个主题。他探求什么是善，什么是恶，什么是好，什么是坏，何谓正义，何谓非正义，何谓理智，何谓疯狂，什么叫勇敢，什么叫怯懦，何谓国家，何谓政治家，什么叫对人的统治，什么人是统治人之人。他还追问其他类似的一切。他坚信，只有了解这些人，才是真正的正直善良的人。"

阿尔喀比亚德的描述更感人。他写道："如果有人听苏格拉底讲话，那么，开始时他一定会觉得这些话很可笑。他的讲话在表面看来全是由名词和动词组成，好像是被严严实实地裹在山林怪神萨梯尔的毛皮中。他讲负重的驴、铁匠、皮匠，好像总是用同样的东西表示同样的意思，以至于每个没有经验和笨拙的人都会嘲笑他。但如果一个人能体会到这些讲话中所显示的深刻道理，进而倾心听他讲话，那么，他首先就会发现，这些话都包含各种意义。然后他便会认识到，这些话非常神圣，比其他任何言语更含有道德的尺度，包括了大部分，或者精确地说，全部的东西。而每位追求美和善的人都应该思考这些东西。"

苏格拉底烦人地问来问去。他为什么这样做呢？目的是什么？没有别的，就是要使人们知道，为了真正做一个人，应该怎样处世行事。正确的思考服从于正确的行动。在苏格拉底看来，和其他历史时期相比，他所处的时代更需要这一点。他意识到，种种迹象表明希腊人的生活已走向没落，他的时代已处于一种无可奈何花落去的危机之中，希腊精神文化的危机已经来到。他对此感到担心和害怕。他向朋友和学生们指出了这一点。柏拉图受到了他的影响，在一封信中写道："我们的城邦已经不按照祖先的道德风尚和建制来统治了……现在所有城邦都管理得很糟，因为法律正处于无法医治的病态之中。"

正因为苏格拉底看到了这一点，所以他才急切地提醒人们，现在是老老实实重新严肃认真思考问题、提出问题的时候了。因为提出问题便意味着不再沉溺于幻想，意味着有勇气面对真理，尽管真理令人痛苦。正是这种走向极端的提问热情，这种对时代危机感的洞悉，这种对人生的理解与认识，使苏格拉底获得了弟子们的深厚爱戴。在这方面，最感人的例子是年轻的阿尔喀比亚德的一段话。柏拉图在《会饮》中记载，阿尔喀比亚德曾把苏格拉底与吹笛子的半神玛息阿斯作了比较。他说："半神利用口的力气，通过乐器使人着迷。……苏格拉底和他的区别仅在于，苏格拉底不用乐器，而单单使用赤裸裸的言辞达到了同样的效果。……不管什么人，女人，男人或者儿童，听到他的讲话或者听任何无论多么渺小的人转述他的话，都会感到如醉如痴，不能自制，深深地被吸引住。你们这几位呀，如果你们不以为我喝醉了，我就可以起誓，告诉你们我自己过去和现在是怎样为苏格拉底的话而感到陶醉，感到痛苦。因为听他讲话时，我的心比那些疯狂的歌唱者的心还要跳得快。听着他的话，我热泪滚滚。我也看到了，许多人和我一样地受到感动。……苏格拉底和玛息阿斯一样，他常常使我觉得，如果我还像现在这样活下去，简直就不值得再活下去。……因为他迫使我不得不承认我还有许多不足之处，而在从事雅典人关心的政治事务之后，我更加放松了对自己的反省。听他的话如同听到塞壬的歌唱，我得使尽全力捂住自己的耳朵，准备逃走。不然我会坐在他的身边一直到老。可能没有人想到我会在某人的面前感到羞愧，但就在他面前，我会感到无地自容，因为我知道我摆脱不了他的魅力，必须按照他的要求行动。……所以我只好逃跑。我有时候甚至希望他不再活在人世。但我知道，如果这样的话，我会更伤心，更悲痛。我根本不知道，我应该怎样对待这个无法抗拒的人。"

　　这就是苏格拉底对年轻人的魔力，阿尔喀比亚德只是其中之一。这种魔力产生的原因自然是无法解释的，因为苏格拉底对弟子们关心的问题以及由他自己挑起的问题从来不给出直截了当、无懈可击的回答。而这些正是这些年轻人希望得到的。相反，他总是刚把他们引入问题的迷宫，便中止谈话，让他们自己去思考。和他的谈话对象一样，他也说不清楚他们所探讨的诸如善、正义、正确的行动这些东西到底是怎么回事。如果有人非要拉住他不放，他就公开承认自己无知。这是真话，并非儿戏。后来在法庭上，他讲了自己在这种场合的想法："当我离去时我在想，和刚才那位和我谈话的人相比，我似乎知道得更多一点。因为我俩都不知道什么是善，什么是正义，而他以为自己知道，实际上却不知道。我自己呢？我不知道，也认为自己不知道。我好像比他知道得多些，只是因为我知道自己无知。"

　　苏格拉底能够如此地影响年轻人的秘密正在于此。他毫不掩饰，公开承认自己无知。他善于自觉把自己摆在普通人的境遇之中，当然也就可能总在无知的迷宫中徘徊，对有些问题无法给出回答。苏格拉底要求他的学生也要有同样的勇气，所以才赢得了他们的尊敬与爱戴。

当然，他这种方式方法会使别人感到讨厌。他们问：这个人为什么要如此急不可待，厚颜无耻地指出我们无知呢？而他自己什么也不知道，这不是十足的骗子行为吗？还有：如果苏格拉底将大家都知道的，被看作天经地义的事情说成是值得怀疑的，他不就是在带头反抗现有的道德精神标准吗？现有的生活与国家政权不正是牢固地建立在这些标准之上吗？他这种蛊惑人心的提问不是明明要推翻岌岌可危的宗教信仰吗？最后，如果这个自己也不知道何者为善的人在其周围集中了大批着了迷的年轻人，他不就是将青年引入歧途的危险人物吗？雅典人绞尽脑汁，要干掉这位有嫌疑的公民。他们提出诉讼，控告他不敬神，蛊惑青年。

这个历史事实提出了很严肃的问题。触及哲学的本质。因为哲学思辨本来就是怀疑，就是提出问题。哲学家哲学味越浓，他提问题时就愈激烈极端。然而，现存的东西只要受到怀疑，同时也就受到了损害。因此，现实存在的维护者总是使出浑身解数，要求哲学家闭嘴，不许他们提出那些使人不安的问题。我们能怪罪这些人吗？但不管怎样，如果现实已经名存实亡，就像苏格拉底所处的时代那样，要人们视而不见也无济于事。在这种情况下，办法只有一个，就是鼓足勇气，面对残酷的现实。雅典人缺乏这种勇气。他们没有看到，苏格拉底正是通过这种激烈的提问在为未来准备条件，创造合适的土壤。这是他们的历史罪过。

对苏格拉底的控告成立了，本也是意料之中的事情。苏格拉底也没有试图使法官们同情自己。相反，他的申辩更加激怒了他们。当人们指责他提的问题不合正统，他丝毫没有悔过的样子，反而大胆地坚持认为他所做的一切，都是受阿波罗神的委托。他还补充说："我认为，我在你们的城邦中为神服务，这是你们的福气，你们没有比这更宝贵的财富了。我所做的，无非是游来逛去，告诫你们中间的年轻人和老年人，要他们不要为物质和金钱奔波，而要关心灵魂，尽可能使自己成为高尚的人。……如果你们杀死我，再要找一个像我这样的人就很不容易了。也许听来好笑，但我还是要说，我是神派到这个城邦来的。这个城邦如同一匹高大优良的马。然而正因为大，所以它才更懒惰，更需要牛虻来刺激鞭策。我觉得，神派我来，就是要我不停唤醒你们中间的每个人，说服他，提醒他。"被告人如此趾高气扬，自命不凡，法官们的愤怒也就可想而知了。更有甚者，苏格拉底建议，人们不应该惩罚他，而应该像雅典人礼遇最高贵的客人那样，请他到市政厅美餐一顿。在这种情况下，法庭判他死刑。似乎也是不可避免的了。

　　判决宣布以后，人们才真正看出，苏格拉底献身哲学的勇气与力量来自何处。有人劝他逃跑，朋友们把一切都准备好了，却遭到他的拒绝。他说，一个人一生效忠城邦，为城邦做好事。现在因为有不愉快的事，就拒绝服从法律，这是不合正义的。他还说，他很清楚，违犯法律的行为是卑鄙、可耻的。自己的一生都以此为标准。原先政府想让他负责抓捕政敌，他拒绝了这个无理要求。某次海战之后，雅典法庭要判处所有参战将领死刑，当时他是唯一投反对票的人。现在面对死亡，他也可以毫不动摇地说，如果人们认为稍微有用的人就可以在生死关头动摇，那是非常错误的。人们在行动时，应该首先考虑，他所做的，是正确的还是不正确的，是善人所为还是恶人所干。人为什么绝对不能干那些非正义、不道德的事呢？苏格拉底这位知道自己无知的人无法证明这一点。在他看来，这根本也无须证明。这种信仰的根基比所有编织得眼花缭乱的理论都要深刻得多。这就是后世称作的心灵的信仰。苏格拉底以及他的弟子能够产生巨大影响的秘密也在于此。就像尼采说的，单凭这一点，苏格拉底成了"所谓的世界历史的旋风和转折点"。在人类历史的危机时刻，所有传统或自以为毫无疑问的东西总是遭到破灭，但有一点却是无法毁灭的，这就是人应该无条件地坚持正义。它位于人的灵魂深处，因而也是无法毁坏的。这是苏格拉底的伟大发现。他至死服从了这个信仰。为了它，他没有逃避命运的迫害。也正因此，才使苏格拉底的形象，千百年来，直到今日，仍然是哲学思辨的楷模。

苏格拉底将心灵的呼唤最终归结于神的命令。也许在这一点上，他也是对的。他自己曾说，我不但知道什么是合乎正义的行动，而且知道我们的每个行动是否合乎正义，不管这些行动多么渺小，涉及日常生活中多么平凡的事情。他还说，他能够把握这一切，因为他心中总有一个声音伴随着他，以警告的方式告诉他什么是正确的。他称这个声音为精灵，指出这个声音来自神。因为在他看来，精灵是神与人之间的中介。他询问自己的同伴，揭露他们的无知，认为这是神委托给他的神圣使命。他对自己的死亡也是这样理解的："谁如果把自己放在某个位置，并坚信这是最好的地方，我认为，他就必须不顾一切危险，坚守这个位置。除了担心蒙受耻辱，他无须考虑死亡和其他任何危险。你们这些雅典的男子汉，我认为，我坚信，神将我放在这个位置上，是为了让我献身哲学思辨，为了让我思考自己和思考他人。如果我现在由于害怕死亡或者因为别的缘故而自动离开我的阵地，我的行动不就有点太奇怪了吗？"苏格拉底端起了毒杯，非常坦然。他坚信完全可以将自己的命运托付给神。他的申辩是这样结束的："现在我们都该走了。我去死，你们去活。到底谁的去路更好，除了神，谁都不知道。"

柏拉图

哲学之爱

日常生活中，如果有人提到柏拉图（Platon）这个名字，多半指的是"柏拉图式的爱"。这种爱强调的不是感官的欲望与享受，而是精神上的爱慕，建立在对对方人格的尊重之上。但如果再追问，为什么人们恰恰把这种爱称为"柏拉图式的爱"，答案就不那么简单了。我们甚至会觉得，将这种爱和这位哲学家的名字相联系，简直是有点张冠李戴，风马牛不相及。

因为，不管打开柏拉图的任何著作，都找不到对女性的溢美之词。相反，柏拉图声称，就道德而言，女人远远不如男人。她们比男人懦弱，因而也比男人阴险、狡猾。他认为女性轻浮，容易激动，容易发怒，喜欢骂人，同时还胆小、迷信。这还不够。柏拉图甚至断言：不幸成了女人肯定是神的惩罚。因为只有那些在生活中不能自制、胆小怕事、没有正义感的男人们，死后才投胎转世为女人。

如此蔑视女性的人，在婚姻问题上，当然也不会非常重视细腻的感情冲动。事实正是如此。柏拉图不是从男女双方互相爱慕、共同创造生活这个角度看待婚姻的。他认为，将女人和男人带到一起的，不应该是爱情。婚姻的目的是生育，婚姻的任务就是生育尽可能强壮健康的后代。因此，使合适般配的男女成为夫妻，应该是城邦的义务，城邦应该干涉过问此事。男人在战争中表现勇敢，作为奖赏，城邦将女人分配给他们。更激进地说，应该把女性看成是男人们的公共财产。这样看来，柏拉图所理解的婚姻，恰恰不是以精神的和谐与爱慕为基础的。

当然，在当时的希腊，还盛行着另外一种爱情。和男女婚姻相比，它给细腻的精神之爱提供了更合适的场所。这就是老人对男童的爱慕。今天人们喜欢用怀疑的眼光看待这种关系，但在柏拉图时代的希腊，城邦政要或将军对漂亮的男童感兴趣，却几乎是时髦的风尚。

柏拉图叙述了他的老师、伟大的苏格拉底在这方面的情况。据说，苏格拉底特别喜欢和青年男子交往。他曾承认他一是钟情于哲学，二是爱上了阿尔喀比亚德，雅典城中出众的天资聪颖的神童。还有，卡尔米德是公认的雅典青年中最漂亮的一位。有一天，他坐到了苏格拉底的身边，苏格拉底回忆当时的情景说："我当时感到很窘迫。我原以为我会非常镇静，和他谈话也会很轻松。但是出乎预料，我感到不知所措，真有点如坐针毡之感。"

苏格拉底和青年男子的关系并非一般的恋爱关系。从柏拉图的叙述中，我们可以看出所谓的"柏拉图式的爱"到底是什么意思。《会饮》中有一段年轻的阿尔喀比亚德评论苏格拉底的话。柏拉图写道：雅典城中颇有影响的思想家中有人在悲剧大赛中获奖，大家聚在一起庆贺。酒过三巡，气氛热烈，争论不休。在座者竞相歌颂爱神若斯。这时，阿尔喀比亚德扶着一位吹箫女的肩膀走了进来。酒后吐真言。阿尔喀比亚德讲出了平常总是当作秘密而不愿泄露的事情："你们知道，苏格拉底喜欢漂亮的青年男子，总是围着他们转，被他所吸引"，但实际上，"他感兴趣的并不是他们中间某人是否漂亮，……是否富有，或者具有别的某种受人称赞的优点。我向你们保证，他认为这些都没有价值，也认为我们本身并没有什么了不起。他的整个一生，都是在讽刺和嘲笑他人中度过的。"阿尔喀比亚德接着说，他自己的经历就是这样："我原以为他是喜欢漂亮、潇洒。对我来说，这也是一个意料不到的收获，一件求之不得的特别幸运的事情，因为如果我完全服从苏格拉底，我就可以听到他所知道的一切。我觉得自己很漂亮，所以有一次我就把仆人打发走了，只留下苏格拉底和我两个人。在此之前，我还没有和他单独相处过，总是有仆人在场。……我以为他现在马上就会喁喁细语，就像情人相会时那样。我感到很高兴。但是，类似的事情并没有发生。他和平常一样，和我交谈。共同度过整整一天后，他走了。此后，我请他和我一起锻炼，以便利用这种机会达到我的目的。他和我一起锻炼，两人常常扭在一起，当时也没有别人在场。我能说什么呢？枉费心机，一无所获。既然这个办法也不行，我便觉得自己应该更主动一点，干脆强迫他。第一步已经迈出去了，就不能后退泄气。我必须弄清楚，这到底是怎么回事。我就像一个情人那样请他吃饭，遭到了他的拒绝。一段时间后，我终于说服了他。第一次，他吃完饭就要走。我感到害羞，就让他走了。第二次时，我们一直谈到深夜。当他又要起身时，我借口太晚了，强迫他留宿，他便躺在我床边的一个吃饭用的长桌子上。当时在房间睡觉的，就我们两人。……你们听着，熄灯之后，仆人们也走开了。我觉得，现在我没有必要在他面前不好意思了，可以对他讲出我的想法。我碰了他一下，说：'苏格拉底，你睡了吧？''没有'，他回答道。'你知道我在想什么吗？''想什么？'我回答说：'我觉得只有你才是值得我爱的人。但我发现你好像在犹豫，不愿主动追求我。但我的想法是，我非常乐意服从你在这方面的愿望，满足你的要求。……我想尽可能成为完美高尚的人，没有什么比这更重要了。为了达到这一点，我认为你就是天生的能够帮助我的人。如果不愿意为这样的一个人服务，我会感到羞耻……'听完我的话，他以他那惯有的方式，用嘲讽尖刻的口吻对我说：'我亲爱的阿尔喀比亚德，如果你讲的关于我的话完全是真的，如果你认为我身上的力量可以使你更加善良高尚，那对我来说，你确实也不坏。因为这说明了，你在我的身上看到了一种无法估量的、和你的健壮伟岸的身体完全不同的美。你看到了这一点，却又试图要和我住在一起，以美换美，那你无异于是在诓骗我。你试图通过表面的美换取真正的美。你以为自己是用沙子换金子。但是善良的伙伴，为了不使你亏本，你还是再仔细看看吧，我确实没有什么……'听了这些，我说：'我的心思我已经说了，这只是我的想法。现在，你自己应该决定，怎样做对你对我都有好处。'他回答说：'你说得很好。以后在这方面和其他方面我们都要做对你对我都有利的事情。'听到这，我以为我的爱情之箭射出之后，他已经受伤了。因此，我站起来，不让他再说下去。由于是冬天，我便将我的大衣盖到他的身上，一头钻到他的大衣下，用双臂搂住这位神明般的伟人。整整一夜，我都这样躺着……尽管我这样做了，他还是居高临下。他蔑视，他嘲笑我的青春之美……神明在上，你们应该知道，我在苏格拉底身边睡了一夜，如同在我的父亲或者兄弟身边睡了一夜。"

　　如果这个故事只是说明了苏格拉底本人的某些与众不同之处，就不值在此单独一提了。柏拉图的意思是，苏格拉底这种和情人相处的独特方式，这种完全倾心于对方同时又有所克制的爱，即那种"柏拉图式的爱"，是和苏格拉底作为哲学家的生活方式紧密相联的。以苏格拉底为例，柏拉图说明了自己对哲学的本质的理解。哲学是爱神爱若斯的表现，因此在其本质上也是一种爱。以柏拉图为榜样，后世的人们也是这样理解哲学的，或多或少都把它看成了爱。

　　从阿尔喀比亚德与苏格拉底的交往中首先可以看出：哲学上的爱不是感官上的爱，尽管它也没有完全排除性爱。性爱只是另外一种爱的起点，这种爱叫作"激情"。柏拉图认为，"激情"这种爱就是哲学的本质特点。为了使这种爱能够产生，性爱就不能停留在感官享受本身，更不能发展为纵欲荒淫。只有战胜性爱，才能步入这种更高级的爱之中。

　　柏拉图在《会饮》中让苏格拉底叙述了从性爱升华为哲学之爱的过程，形象生动，扣人心弦。苏格拉底宣称，他所讲的是玛尔提纳城的先知蒂欧提玛传授给他的秘密。蒂欧提玛对他说，爱神爱若斯的真正本质是对美的追求，或者准确来说，是希望在美中发挥自己的创造力。蒂欧提玛说，这才是人生中的永恒与不朽之处。追求美的人，就想永远占有美。相爱者希望永生，希望不死，这是爱情的本质特点。这种追求不死的愿望恰恰只有在短暂的美突变为永恒的美的过程中才能实现。所有的人都希望不死。生理方面具有生育能力的人找女人做爱，像他们认为的那样，通过生儿育女创造不死，创建对未来的追求与憧憬。但那些在精神方面具有生育能力的人呢？他们怎么办？……如果他们从年轻到成熟都具有精神方面的创造力，如果他想受孕生育，我认为，他就会走来走去，寻找能够与他结合共同创造美的人，因为他显然不愿意通过丑陋发挥他的创造力。如果他具有这种创造力，他就会被健美的身躯所吸引，而不会陶醉在丑陋之中。如果他再在健美的身躯中找到高尚、正直的灵魂，他就会觉得身躯和灵魂二者都吸引着他。和这种人在一起，他就会思如泉涌，创造出无数道德方面的至言，找到善良的人应该做什么、应该追求什么这些问题的答案。他就会想法教育他，和他交往，创造出他的创造力一直想创造的东西来。不管什么时候，他都想着这一点，和对方一起抚育着被创造出来的东西。因此他们之间的关系比通过儿女联在一起的婚姻更亲密，是内心的默契，更稳定的友情，因为把他们连在一起的，是更美丽的、更永久的后代，是精神产品。

这时，柏拉图才开始讨论本来的哲学之爱的真谛。他让蒂欧提玛接着说道："苏格拉底，我也可以告诉你其中的奥妙。我非常乐意这样做。但你是否能够完全领会，获得灵感，我就不得而知了。如果你有能力的话，应该照此行事。你要知道，如果人们正确地理解了这种爱，上面提到的事就会发生。你要知道，谁要想以正确的方式做到这一点，那他在年轻时，就应该钟爱漂亮的身体；如果得到正确的引导，那他必须首先钟爱一个身体，并通过它创造美的思想。然后他必然发现，任何身体的美本来是和其他所有身体的美相联的，具有姊妹关系。此外，如果他要寻找真正的本来的美，那他就会发现，所有身体中的美本来是同一个美，否则他就没有理解美。认识到这一点，他就会崇拜所有美的身体，就不会想到自己过去曾经崇拜过的某个单一身体，就会对此表示蔑视。接着他就会认为，灵魂美比身体美更有价值。这样，如果有人灵魂很美却外表平平，他也不会介意，因为这已经够了。他就会爱他，关心他，创造出美的思想，并且试图将年轻人教育得更好。这样，他就必然注重道德及法律中的美，就会看到，所有这些美都是相关相连的。进而他就会蔑视身体美。看到道德中的美后，他必然追求认识，以便得到认识中的美。看到许许多多不同的美之后，他就不会献身于某种单一的美……他就会步入博大浩瀚的美的海洋，在对美的观察中，创造出许多伟大的美的语言与思想。他就会毫不犹豫地热爱智慧，直到他进一步成熟，认识到那个唯一的美，即美本身。……现在，他对事物的爱就达到了目的。他会突然看到某种非常奇特的、按其天性异常美好的东西。苏格拉底啊，这就是在此之前所有的思想家们竭尽全力寻找的那种美。这种美是永恒存在的，既不会产生也不会消亡，既不会增多也不会减少。另外，它不会一会儿变美，一会儿变丑。它是唯一的自在的东西，因此也是永恒存在的，但所有其他的美都以某种方式占有这种美的一部分。……如果一个人通过对某个男孩的真正的爱，以上面提到的方式步步上升，那他就会看到这种美，几乎就要达到目的了，因为这才是爱的正确方式。也就是说，为了寻找真正的美，他以某个单一的身体为向导，登上一级级的台阶，从认识一个漂亮的身体到认识两个，从两个到所有。从认识身体美再到认识道德生活的美，然后再到认识的美。从一般的认识最终达到那个不关心别的，而只和这种美有关的认识。……对人来说，如果生活还有价值，生活的价值就在这里，因为现在人所看到的是美本身。"

这样，"柏拉图式的爱"所具有的深层含意就很清楚了。它并不简单地排斥性爱，而是赋予性爱有限的权力与余地，重要的是超越性爱，追求更高形式的爱。通过身体美、灵魂美、道德美和认识美，最终进入美本身。柏拉图所说的爱情追求是对美本身、美的理念的追求，所有的美都占有美本身的一部分。因此，"柏拉图式的爱"和柏拉图的理念学说紧密相联。

理念论是柏拉图对西方思想史做出的最杰出的贡献。当然柏拉图自己并不是通过哲学之爱这条路发现他的理念论的。他首先是由于对当时的政治现状的失望，对城邦没落的痛苦。据说，这位年轻的贵族子弟碰到哲学家苏格拉底后就将自己的诗作付之一炬，开始狂热地研究政治，探讨什么是正义这类问题。当然他亲眼所见、亲身所体验的却到处是不平与腐败。苏格拉底不为别的，只是为了探讨道德与正义，却被判处死刑。既然这位以天下为己任的人都受到陷害，死于非命，这个城邦肯定也处于不正常的状态之中。没有别的治疗办法，只有重新思考，城邦的基础是什么？也就是说，思考正义的本质到底是什么。

这样，柏拉图就成了哲学家，因为他要探寻正义到底是什么，还有其他一些正确的处世态度，譬如勇敢、理智、虔诚、智慧到底是怎么回事。在思考这些问题时，柏拉图发现，人生来就知道什么是正义，什么是其他的一些道德品质。人的灵魂中已经带有这些道德行为的理念。这些理念可以、也应该决定人们的行动。

通过进一步研究，柏拉图又有了第二个发现：只有从正义的理念出发，我们才能确定某个行为是正义的，某个行动是非正义的，或者一个行动比另外一个行动更合乎正义。而且，这种现实与理念之中的内在联系不只适用于人的行动这个范围。我们知道什么是一棵树，因为我们自身带有树的理念。我们能够认识整个现实，只是因为我们的灵魂中已经具有所有存在物的理念。只有着眼于这些理念，我们才能说，这是一棵树，那是一只动物，这种行为是犯罪，那种行为是善良。

但是这也进一步意味着，所有的现实之所以能够存在，是因为它们占有各自的理念的一部分，是因为它们都在努力着尽可能地与理念相吻合。树木想尽可能地成为树木，人想尽可能地成为人，正义想尽可能地成为正义。万物都在其存在中努力地实现着自己本来特具的理念。这样，柏拉图就对世界获得了一幅生动的图像：世界是一个场所。在这里，万物都在不断地朝着完美的方向努力。世界是对理念的眷恋与追求。

柏拉图进一步推论：倘若如此，那就必须承认，本来存在着的并不是具体的事物，而是那些事物的理念。具体事物存在着，是因为它们占有理念的一部分。因为这些理念才是本来、真正、实际的存在。具体事物只是理念的副本，因而并没有很高的真实度。存在中本来的真正的东西，处于现实存在的深层。还有，事物在产生、变化、消亡。暂生性是事物存在的根本特点。"理念却不是这样。正义的理念永远不变，树木的理念同样如此。"这就是蒂欧提玛所说的：美本身，即美的理念是"永恒的，既不会产生也不会消亡，既不会增多也不会减少。"本来存在是没有暂时性的。整个世界的追求就是对本来存在的追求，就是暂时性对永恒性的追求。柏拉图认为，这就是现实存在的秘密。

从这个思想出发，再观察人的本质，必然得出结论：人能够认识现实存在，是因为现实存在的理念总是浮现在人的眼前。但这些理念从何而来呢？它们显然不是人自己创造设计的，也不是人在自己的有限生存中通过经验获得的。人在把一个行为称为正义，把一棵树看成树之前，必然已经知道了，正义的本质是什么，树应该是什么样子。也就是说，人在认识之前已经知道了正义及树的原本。这样，问题还是没有解决。人的这些知识是哪里来的呢？柏拉图说，这些知识，即对理念的认识，必然是人在自己的有限生存之前，即在出生之前的那个存在中获得的。人认识一个事物时，这个事物的理念就会重新闪耀他的眼前。也就是说，人回忆起了他曾经看到过的这个理念。认识即再次回忆。理念学说必然导致灵魂在人出生之前业已存在，并且从此得出灵魂不朽的结论。

人在出生之前已经看到了理念。那么这种出生之前的存在是什么样子呢？柏拉图对此作了非常形象，非常大胆的描述。在对话录《斐多》中他叙述了灵魂如何追随神，漫步在苍穹之上，看到了所有现实存在的理念："宙斯，上天伟大的君主，第一个出发，乘着他的双马辇车，指挥调动着一切。跟随他的，是一群神明与魔鬼。"人的灵魂也跟着他们，坐在车上，由一位驶车者领着。当它们"来到高处时，继续前进，冲破苍穹，来到天体的背上。在那里停留时，巨大的旋转力带着它们转动"。它们看到了苍穹之内的景象。"位于每个灵魂之中的精神尽情地接受适合自己的东西。这样，灵魂不断看到了存在，看到了真理，并且接近它，欣赏它，热爱它，直到旋转力把它们重新带回原来的地方。旋转之中，精神看到了正义的理念，看到了理智，看到了认识以及其他真正的存在，并且为此感到欢欣。然后，灵魂又回到了苍穹之下，回到了家中，赶车的将骏马领进马槽，让它们食仙丹，饮琼浆。"

　　人在出生之前，就已有幸经历了这样一次旅行，看到了理念的存在。一生中，人都对这场经历感到向往，总是希望回到那个地方，回到自己的本源。因此，人总是努力摆脱感官欲望的束缚，渴望在尘世生存中通过观察事物看到理念本身。

　　这里，美就有了特定的含义。在对话录《斐多》中，柏拉图讲道："如果一个人在现实中看到了美，并且回忆起了美的理念，那他将如同插上了双翅，急切地希望起飞。然而他又没有能力飞翔，因此只能像一只鸟一样，望着天空而忽视大地。这样人们就说他疯了。但是，这种激情却是所有激情中最美好、最高尚的。"这种激情来自真正的理念。每个人的灵魂曾经看见过理念，但又不是每个人的灵魂能够在看到具体事物时回忆起理念。"那些在那儿只停留了很短时间的灵魂不能回忆，那些当时摔下来受了伤的灵魂也不能回忆。后者甚至放弃正义，为非作歹，忘记了当时看到的神圣的理念。只有少数灵魂还保存着对当时经历的足够回忆。如果它们看到了和当时见到的理念相似的东西，它们就不能克制自己，不能不变得狂热兴奋。"

　　激情是人在尘世中再次看到存在本质的唯一途径。柏拉图认为，哲学思辨就是这种激情。因此，在谈到哲学时，柏拉图说：
"哲学是诸神送给和将送给人类的所有礼物中最美好的。没有比此
更伟大的财富了。"哲学是对理念的最完美、最高级的热恋与追
求，它使人们能够摆脱平庸生活的束缚，回到理念的身边。哲学思
辨虽然和癫狂相似，但柏拉图认为，这类癫狂比任何理智的判断都
伟大辉煌，因为理智源于人本身，而爱神爱若斯对理念的追求却
是神明之作。最后柏拉图甚至说，爱神爱若斯就是哲学家。哲学就
是对智慧的爱，而智慧又是最完美的东西之一。如果说爱若斯追求
美，那么智慧必然是爱神追求的根本对象之一。因此，爱神必然热
爱智慧，也就是说必然喜欢哲学思辨。

　　因此，柏拉图在《理想国》中说，哲学家"天生追求存在的
本质，不像一般人那样，停留在对单个事物的观察上。他走的更
远，不会失去勇气，也不会离开爱神，直至完全把握所有现实存在
的本质。……接近了真正的存在，他就会与它结合，创造了理性与
真理，他就获得了认识。现在他就真正地生活着，成长着，摆脱了
分娩时的痛苦。"这就是"柏拉图式的爱"的真正含义。这种爱是
进行哲学思辨的人对事物的本质的热爱与追求。没有它就不会产生
真正的对永恒的追求。因此，也许法国思想家卢梭（Rousseau）的
话是对的，他说，柏拉图的哲学是真心相爱者的哲学。

亚里士多德

老于世故的哲学家

亚里士多德（Aristoteles）是继柏拉图之后最伟大的希腊哲学家。著名的古典语文学家维拉莫威茨曾说，亚里士多德这个人"经院哲学崇拜他，参加哲学考试的学生却诅咒他，因为他们必须死记硬背枯燥的教科书中所罗列的他的哲学体系"。这位亚里士多德，生于公元前384或383年，原籍斯塔基拉，因此，人们也习惯称他斯塔基拉人。这本身没有多大意义，就像人们称谢林是"莱昂贝格人"、尼采是"勒肯人"、费希特是"拉梅诺人"一样，无非是为了让人们可以说：在柏林那位伟大的"拉梅诺人"作了他那著名的《对德意志民族的演讲》。

当然，就亚里士多德来说，出生地并非如此无关紧要。斯塔基拉这座小城名不见经传，除了它的哲学家，似乎再也没有什么值得一提。但此城的地理位置却很重要。它离雅典非常遥远，处于色雷斯地区的某个角落。亚里士多德和他的伟大导师柏拉图不一样：他不是希腊文化中心雅典的公民，而是个地地道道的乡下人。

另一个区别是：亚里士多德的家庭不属于贵族，当然也不是草芥，而是殷实富户。不管怎样，父亲还有个马其顿皇家御医的头衔。继承父辈医术，看病开药，救死扶伤，倒也顺理成章。但亚里士多德更想去雅典，家里也支持。事先当然请人占卜询问过天意。亚里士多德应该去雅典干什么呢？神灵的回答是：他应该学习哲学。无法想象，如果占卜给出另一种回答，西方的思想史又将如何发展。

富有的爸爸为儿子的学业做了充分的物质准备。也许受此影响，尽管成了哲学家，亚里士多德的一生都特别强调生活要舒适安逸：足够的仆人、固定可观的收入、衣着高档、食不厌精。在这方面，亚里士多德并不以他的同代人第欧根尼为榜样：这位哲学家，放着宽敞的房子不住，偏要搬到浮船上去，并且由此名声大噪。就像后人写到的那样，亚里士多德认为：在世界的全部财富中自己占有适当的部分，也属于人生的幸福。据一位仆人说，亚里士多德衣着非常考究，还戴着数枚戒指，发型也很漂亮。尽管如此刻意打扮，亚里士多德的外表却并不怎么引人注目。这位仆人补充说："他双腿细瘦无力，眼睛很小，说话时还有些结结巴巴。"

这位从斯塔基拉来到雅典的年轻人决定献身哲学。在当时的历史条件下，这并不意味着他将从事特殊的、毫无实用意义的学问，进而成为神经兮兮、苦思冥想的怪人。在亚里士多德的时代，哲学还是一门包罗万象的学问，几乎囊括了所有的知识与科学。不管是想成为政治家、将军，还是教育家，最好先和哲学打打交道。

在雅典学哲学，当然最好是到柏拉图那里去。在那座名为阿卡德米的神圣的小山丘上，柏拉图已经聚集了大批弟子，和他们共同研究哲学。现在，17岁的亚里士多德进入了这个圈子，一口气呆了20年，一块学习、参加讨论，但首先是苦苦研读，死啃书本。据说柏拉图送给他的绰号就是"书虫"。学生非常崇敬这位导师，且终生不二。亚里士多德曾说：柏拉图这个人，坏人连赞扬他的权力都没有。不只如此，应当说：柏拉图是神。

像亚里士多德这样的聪明人，久而久之，当然就会产生自己的哲学思想，不可能对导师的晚期哲学百依百顺，唯师是从。对此，柏拉图曾伤心地说："亚里士多德反对我，就像那些喝足了奶的小马驹用后腿踢母亲那样。"

公开的对抗当然是柏拉图死后才爆发的。原因是一位才华不如亚里士多德的人被确定为学园的新首领。一气之下，亚里士多德愤而出走，去了小亚细亚地区的城邦供职。这位僭主非常欣赏柏拉图的哲学思想，甚至在灭亡时，还保持着哲学家的气节：当波斯人占领了他的土地，准备把他送上绞刑架时，他还在监狱里托人转告他的朋友们，说他直至生命的最后一息，也没做出什么有愧于哲学的事情。

在此期间，亚里士多德已经离开了这位僭主的领地，遇到了另一位重要人物。在雅典与伟大的哲学家柏拉图共事之后，他在马其顿见到了那个时代最伟大的军事与政治天才：亚历山大大帝。当然，亚历山大当时还不是什么大帝，而是13岁的毛孩子。亚里士多德也不是做他的政治顾问，而是他的启蒙老师。哲学家的教育艺术对这位未来的政治家与军事家究竟产生了什么影响，我们一无所知。但可以想象，那几年是权力和精神共同结合的岁月。亚历山大是未来的世界统治者，亚里士多德是将要占领精神王国的哲学家。

伴君如伴虎，担任这个职务，并不是没有危险的。据说，继他之后教育这位王子的人，就被当作谋反者抓了起来，由于受不到照料，身上长满了虱子，被关在笼子里游街示众之后，成了狮子的口中食。这一传闻真实与否，当然很难确定。古代那些爱搬弄是非的好事之徒还以这个令人悲哀的事情为契机，指控亚里士多德曾试图毒死亚历山大。估计这事纯属子虚乌有。即使确有其事，我们的哲学家也不必为其后果担忧。因为在此期间，他已经离开宫廷再次来到了自由城雅典。

在这里，亚里士多德召集了一批门徒。他们在一间有柱子的大厅里集合，讨论时便绕着柱子走来走去。雅典人觉得这种讨论方式很别致，便戏称亚里士多德和他的弟子们是"漫步者"。后来编写哲学史的人继承了这一看法，称亚里士多德学派是"逍遥学派"。听起来文雅一点，意思却差不多，都是："游来转去之人"。

和今天的情况一样，调皮的学生们总是特别注意他们的老师有哪些与众不同的地方。他们感兴趣的，首先是老师睡觉时的样子，还确实发现了，亚里士多德每次睡觉时胃部总放着一条装满热油的橡皮管。也许亚里士多德是没有办法才这样做的，因为如果记载真实的话，他死于某种胃病。在学生们看来，比这更奇怪的，是他们的老师缩短休息时间、迫使自己继续思考的办法：他们说亚里士多德睡觉时手里总拿着一只铁球，手下再放一个碗。入睡后铁球脱落掉进碗里，声音就会把他惊醒。这样他便可以接着进行他的哲学研究了。

学生们的作用当然不只是观察记载这些有趣的轶闻。相反，亚里士多德对他们很严格，要求他们一起参加自己的研究工作。在西方思想史上，这是第一个有组织的科学研究小组。

可惜的是，好景不长。亚历山大死后，雅典的政治形势发生变化，摆脱了马其顿王国的影响。过去和马其顿有过接触的人，开始受到迫害，被指控有通敌之嫌。他们公开批判亚里士多德犯有政治错误，证据显然不足。这样，他们便说他亵渎神明。亚里士多德逃走了，控告也就不了了之。据说，亚里士多德曾讽刺说：雅典人已经杀害了苏格拉底，他要阻止他们再次对哲学犯下不可饶恕的罪行。流亡后不久，他就死去了，时年63岁。据说还留下了一份详细感人的遗嘱，其中还提到了他的奴隶和情人。

这大约就是伟大的亚里士多德的生平。他一生颠沛流离，备受迫害，常被歧视。他在宫廷担任过各种各样的职务，同时还进行过多方面的教育工作。想想这些，我们也许会问，在如此动乱的情况下，他还能安静地进行哲学研究吗？然而事实却是，古代哲学家中，恐怕还没有第二人像他那样从容不迫，持之以恒，完全献身于外界事物的研究而很少顾及自身的命运。有一次，当他听说有人诬蔑他，亚里士多德说："我不在场时，任他用鞭子抽打我吧！"这句颇有哲理的回答很有代表性。亚里士多德很少照看自己，这样他才能更多地看到客观世界。可以说，作为学者，亚里士多德确实是个见过世面的人。他的全部兴趣集中在观察形形色色、丰富多样的客观世界方面。他研究动物的身体与行为，研究行星、城邦、法律、诗学、修辞学，但首先关心的是人，人是如何思考，如何行动的，应该怎样思考，怎样行动。在所有这些方面，亚里士多德都不是浅尝辄止，简单停留在博学的表面。在所有这些问题中，他都称得上哲学家，也就是说，他研究的是事物的本质，特别是现实存在的深层原因：万物从何而来，又向何处发展。

作为这些研究的记录，亚里士多德留下了非常丰富的著作。古代有人说400多卷，还有人甚至说1000多卷。后来一位老老实实做学问的人还不惜力气，数了数亚里士多德一共写了多少行：445270行。就凭着如此浩瀚的著作，亚里士多德成了西方科学的奠基人。

这当然不是指亚里士多德在自然科学方面的具体研究成果，因为这类著作中的知识，大部分已经过时。亚里士多德和他的学生们曾非常详细地记载了当时人们关于动物的认识以及他们通过细致观察研究而得到的结果。譬如，动物的身体是由哪些部分组成的，它们如何行走，通过何种方式繁殖，可能会遭到哪些疾病的袭击等等。有些研究结果当然非常稀奇古怪，譬如亚里士多德认为：有些动物是泥与沙子通过原始交媾的方式产生的。还有，老鼠吃盐而怀胎，松鸡接触人的呵气而受孕。

之后，亚里士多德又开始研究人。当他以解剖学的眼光观察人时，也得出了几个非常古怪的结论。譬如："人的大脑是个非常次要的生理器官，人的精神来自于心脏。大脑只是个血液冷却器。正由于大脑降低了血液的温度，心脏才不会沸腾。"但是，重要的是，在这些稀奇古怪的发现中，始终贯穿着伟大的、对解释宇宙非常有用的基本思想，不能把有生命的机体单纯看成是各个部件的简单堆积或者机器。生命存在是有机的整体，只有这个整体才能赋予各个部件各自不同的意义。

亚里士多德的研究当然并不限于生命这个范围。他的兴趣包括了整个宇宙，上至天体，下达大地。比这些具体研究更有意义的是，他试图把握整个自然的本质。在这方面，他的发现对后来的科学研究，特别是中世纪、当然也包括近代，发生了决定性的影响。在研究有机体的本质时，亚里士多德发现：每个有机体都是一个特别的整体，具有一定的发展方向与终极目的。而且这种方向与目的不是来自外部，而是有机体自身所具有的。这种方向与目的是什么呢？不是别的，就是每个有机体总是在其可能的范围内不断追求自我实现。譬如，植物的本质便是试图将其成为植物的可能变为现实，这一个过程通过发芽、开花、结果三个阶段得以完成。由此，亚里士多德发明了"完满实现"这个概念。意思是：每个有机物都具有一定的运动方向和发展目的，按其自有的目的性追求自我实现。

推而广之，亚里士多德把这个发现应用在对整个自然界的解释上。所有存在都按其固有的可能性不断地追求自我实现，整个宇宙都在不停息地向完美的方向发展。自然的活力与壮观之处正在这里。这种对完满实现的追求统治着整个宇宙，甚至自然本身就是这种运动，是追求自我实现与自我完美的令人惊心动魄的变革。这种包罗万象的目的论是亚里士多德宇宙观中最重要的基本思想。

这也特别适用于人。这样，亚里士多德便又重新提出了希腊哲学长久以来试图回答的问题，即人应该如何把握自己的行动？无论在私人生活还是社会生活之中，人的生存中最核心、最关键的问题是什么？亚里士多德回答说：和整个大自然一样，人的生存中，自我实现是关键的。与所有生物一样，人也有一种本能的特点，即追求善与幸福。但对人来说，什么是真正的善？什么是真正的幸福？亚里士多德回答说：尽可能地实现自我，将本质中已有的潜能化为现实。人必须真正成为人，这才是人生的使命与目的。

正是基于这个思想，亚里士多德成了后世所有人道主义学派的开山祖师。"成为你自己"从此被奉为人道主义的最高准则。这种伦理观点，当然不是任何时候都可能的。它的前提条件是：人能够充分意识到，自己是整个宇宙中不可分割的一部分。古典时代开始走向没落，基督教开始盛行之后，这个前提条件已不复存在。在亚里士多德时代，人类还有这种意识。正基于此，亚里士多德才可以说：人性本善。人的道德义务便在于，将自己本质中潜在之善变为现实。

当然，这种规定不只是形式。因为如果这样的话，就必须进一步提问：人的本质特点是什么？按其本质，他应该具体成为什么？为了解释这一点，亚里士多德把人与其他动物作了一番比较。结论是：人与其他动物的不同之处，在于人有精神、有理性，即有"逻各斯"。确定了这一点，亚里士多德便可接着推理：大自然中没有任何无意义的事物；既然大自然在其他生物之外还创造人，其目的便在于，要使那些只有人才具有的东西变成现实。而这些东西无疑就是精神、理性、"逻各斯"。这样，人的生存的本来意义便是：人应该发挥自己独有的才能，真正成为人，即成为有理性的动物。

既然亚里士多德认为"逻各斯"是人的本质特点，他孜孜不倦地研究这种"逻各斯"也就不足为奇了。亚里士多德成了西方逻辑学之父，并不是他偶然对一门科学分支产生了兴趣，而是由于他发现：人应该以正确的方式实现其特有的本质即"逻各斯"。

这里有必要说明"逻各斯"到底指的是什么？因为简单地借用"逻各斯"这个概念，还不能确切地规定人的本质。应该进一步理解亚里士多德所说的"逻各斯"是什么意思。对这个问题的回答，只能从希腊人对世界以及对人生的理解中才能得到。对希腊人来说，"逻各斯"就是认识事物、表达事物、解释宇宙世界的能力。如果亚里士多德说，人的本质在于具有"逻各斯"，那么这句话的意思便是：人的使命在于认识世界。与近代思想不同，亚里士多德以及希腊哲学研究人类生存的真正目的和意义不是为了统治与支配世界，而是为了认识世界。

从这点出发，亚里士多德的观点便清楚了：人类最高级的生活方式应该是认识者而不是行动者的生活方式。高于所有可能的，应该是认识与判断，到此为止。这并不是学者的狂妄，而是对人进行了严肃认真的思考的结果。如果在现代，人们还对科学以及纯粹的认识有所尊重，那这首先应该感谢亚里士多德的这个思想。

在行动即实践这个范围内，认识同样应该居于首位。行动应该受到理性的指导。盲目、受一时冲动支配的行动是不道德的行动。只有那些人在深思熟虑之后、为了造就自己的生存而采取的行动才是高尚的。希腊这个民族是豪放剽悍、感情奔放的。而这个民族的儿子亚里士多德却认为：只有服从理性，人类才能保证不会自我毁灭，只有理性才是衡量一切的正确标准。当然，亚里士多德的最终目的并不是单纯地探究认识事物、人以及人的行动。作为哲学家，他必须最终回答：我们眼前发现的如此令人眼花缭乱的现象界的本原是什么？世界以及人的真正本原是什么？由此，亚里士多德便碰到了什么是现实存在的更深一步的原因这个问题。希腊哲学就是从这个问题开始的。

在解释这个问题时，亚里士多德在所有存在范围内所发现的那个基本规律，即无处不见的运动，便变得非常重要了。这种贯穿整个宇宙、巨大的和无所不包的运动从何而来呢？什么东西使这个世界在不停运动着？亚里士多德问道：既然万物都在运动，那不是有首先引起这些运动的东西存在吗？所有的运动不是都依它为始点吗？结论是：世界是建立在最先引起运动的东西之上的，而它本身则是不动的。否则，它就不是最初引起运动的那个东西，人们就会继续提问，它自身的运动又来自何处？

观察它所创造的东西，便可进一步把握这个引起所有运动但自身又不动的存在是什么。它所产生的，是一场无止无息的运动。但这种运动又是通过什么产生的呢？显然只能通过运动时所追求的对象产生，如同爱情只能由被爱的对象所引起。亚里士多德认为：我们必须以这种方式去设想那个原始的自身不动的存在。它是世界上所有运动的最终目的。

亚里士多德还通过系列其他定义对这个最终目的进行了进一步的解释：世界上所有运动都是为了争取运动物的自我实现，因此，最终目的应该是所有存在中最现实、最真正、最纯洁的存在；世界上所有的运动都朝着最完善的方向发展。因此"最终目的"也必然是最完满的。那么，什么是最现实、最完满的呢？亚里士多德回答道：神。归根结底，现实存在中那种最基本的规律，即那种永不停息的、追求自我实现与自我完善之运动都是来自神。"万物自身都带有神性"。

看来，在亚里士多德这位冷静客观的研究者的思想中，最终起作用的并不是世界，而是神。当然，亚里士多德所说的神并不是基督教意义上那个创造了世界，自身却逍遥于世界之外的上帝。亚里士多德的神是世界自身不断运动的最终目的。路德就清楚地看到了这个差异。他称亚里士多德是个"寓言作家"，一个"散发出酸臭味的哲学家"。尽管如此，亚里士多德的神和后来的宗教哲学在方向上并不一致。中世纪的基督教哲学能够援引他的学说为自己辩护，有时甚至称他是"基督在自然土壤上的先驱"，也是可以理解的，因为亚里士多德进一步问道：更具体一点，这个终极目的，即神，是什么？是逻各斯，是理性，它是世界上最完美、最崇高的存在。人以不完满的方式表现了它，只有神才是最完满的理性。因此，亚里士多德强调指出"神即精神，或者说神甚至超越了精神"。

既然神是具有思维能力的精神，既然神的本质是认识，那就应该继续提问：神的认识对象是什么？肯定不是世界，因为这样的话，"最终目的"便会反回来依赖于世界，它也就不再是"最终"的了。但如果神的认识对象不是世界，又是什么呢？亚里士多德回答说：神本身。神单纯认识自身，潜心观察自身的本质。亚里士多德的这一观点，将希腊哲学对现实起源的思辨推向了最高峰。

如此看来，亚里士多德这位献身于世界的冷静哲学家的思想，最终还是以宗教为起源。到了生命的晚年，回顾自己为了认识世界而不懈努力的一生，亚里士多德说了一句非常奇怪的话："纵观一生，无依无托，在愈来愈寂寞的境况下，我成了一个神话爱好者。"充分观察了这个世界的人，必然以认识神为满足。但亚里士多德认为，这也是每个人的任务。他在《尼各马可伦理学》的末尾写道："有人讲，人只应该考虑人的事情，尘世之人只需关心尘世之物。我们不能听从这些人的劝告，而应该不断努力，尽可能地使自己得以不朽。"

伊壁鸠鲁与芝诺

无义务的幸福与不幸福的责任

伊壁鸠鲁（Epikur）与芝诺（Zenon），希腊哲学后期的两位思想家，享乐主义与禁欲主义的创始人，是两个立场截然相反的人。用有些荒唐的词来表示，可以叫作"对趾人"。意思大约是：他们两个的脚各自站在相反的地面上，因此他们的脑袋所想的也是完全对立的东西。只在一点上，两人是一致的：他们所关心的，如同希腊没落时期的其他哲学思潮，首先不是纯粹的哲学知识，而是在风雨飘摇的世界中，人尤其是哲学的地位问题。恰恰就此而言，两人得出了截然相反的答案。

先说伊壁鸠鲁吧。他是挨骂最多的古典哲学家之一，据说在生活方面极度奢侈，甚至把全部精力花费在无休无止的夜筵上。常常由于吃得太多，每天都得呕吐多次。人们还特别指摘他声色犬马、拈花惹草。他和那些艺妓们的频繁通信当然也同样受到谴责。留下的几篇残稿中，也包括部分这类书信。在这些信中，伊壁鸠鲁对那些风月场中的烟花女子进行了肉麻的奉承和挑逗。他甚至和一个这样的女人一起生活，被看成是不可饶恕的罪过。同样严重的是，据说他曾给弟弟拉过皮条。这还不够：一位用心不良的对手甚至伪造了几十打特别淫秽的情书，硬说是伊壁鸠鲁写的。据说正是由于这些恶行，伊壁鸠鲁未能进行严肃认真的研究与学习。一句话：他被说得一文不值。爱比克泰德，一位严厉的信奉斯多亚学说的罗马人，干脆骂他是"酒色之徒"。其他后世学者甚至称他和他的学派是"伊壁鸠鲁猪猡"。

当然，伊壁鸠鲁当时的弟子以及后来的追随者都极力反对人们如此对待他们的大师。他们称赞伊壁鸠鲁生活朴素，很有节制。说在他的圈子里，人们只能偶尔喝杯葡萄酒，平日只喝水。困难的时候，只有简单的豆角可以充饥。他的学生写道："把伊壁鸠鲁的生活和其他人的比较一下，我们可以称他的生活是难以想象的简朴。他是那样地悠闲坦然，知足常乐。"根据伊壁鸠鲁自己的说法，他在性爱方面也很节制："性爱不会带来什么益处。只要没有害处，人们就应该很高兴了。"另外，据说他对自己的家人和朋友也非常关心体贴。他的遗嘱证明了这一点。他对奴隶颇有人情味，允许他们一起参加哲学讨论。遗嘱中还特别提到他们，要求在自己死后把他们释放。科学研究方面，伊壁鸠鲁自己说，他在14岁时就对哲学感兴趣，并且终生不懈，真可谓皓首穷经。他在遗书中写道："在再次同时也是最后一次庆祝值得大书特书的生命之际，我给你们写这封信。尿频和胃病的疼痛发展到了无以复加的程度。但通过回忆我们进行过的热烈的哲学讨论，我战胜了所有的痛苦。我的灵魂感到喜悦。"

看来，无论是对伊壁鸠鲁的指摘，还是对他的辩护，其根源都相同，这就是伊壁鸠鲁战胜时代危机的方式。在希腊没落时期，面对生存的意义这个问题，人们开始变得束手无策。这是当时的历史环境。伊壁鸠鲁认为：人生中最本质的是追求幸福，但幸福首先意味着免除痛苦。反过来说，幸福就是快乐。因此，伊壁鸠鲁说："快乐是幸福生活的本源和目的。"当然，快乐不能单纯理解为庸俗的感官快乐，尽管伊壁鸠鲁看来也没特别地排除这一点。快乐首先指的是精神方面的更细腻的兴奋感觉。譬如交谈、听音乐、欣赏艺术作品，特别是研究哲学，都能带来这种快乐。

伊壁鸠鲁认为，真正的快乐与幸福源于灵魂的平静与安宁。要达到这一点，就必须克制狂热的激情，不能让它爆发，必须平息"恐惧""欲望""痛苦",所有这些扰乱灵魂的"旋风"。达到了这一点,"灵魂中产生的骚动就会消失",而哲学的崇高任务正在于此。

只有这样,哲学才能像伊壁鸠鲁所理解的那样,成为"生活实践"的指南。一个哲学家的话,如果不能医治狂热的激情,不能把这种狂热从灵魂中赶走,他的话就是"空洞无用"。但如果产生了这样的效果,真正超然的哲学观就会出现:"精神不可动摇,灵魂如同风止般平静。"

哲学怎么才能成为这种"灵魂之药"呢?要如此,哲学就必须离开狂热激情的阵地,步入理性的高度。但它并没有因此而脱离快乐这个范围。恰恰相反,最高级的快乐产生于理性。"没有理性的生活,不是充满快乐的生活;反之,没有快乐的生活,肯定不是理性的生活。"这样,认识与生活实践的指南,即哲学,便代表了人类生存的高峰:"只有清晰的思考才能给我们带来充满快乐的生活,理性是我们最崇高的神。"

战胜了所有可能破坏灵魂安静的东西,哲学家就会生活在伊壁鸠鲁所讲的那种自我满足之中,生活在幸福自由的精神王国里。"自由是自我满足带来的最美丽的果实",而这种自由,人们只有通过完全摆脱对周围环境的依赖才能得到。因此,伊壁鸠鲁学派的格言是:"在隐居中生活吧!"做到了这一点,哲学家就会如同"神那样生活在同时代的人中间"。

隐居必然导致哲学家尽可能地放弃社会生活,特别是政治生活。财富、荣誉、权力、影响,这一切都不会对他产生诱惑。他不过问重大的世界变化,只要有可能,对社会义务也避而远之。这一切只能引起灵魂的混乱与不安。"人必须把自己从义务与政治的束缚中解脱出来。"但是,伊壁鸠鲁式的生活方式,并不是普通意义上的隐居生活。代替社会生活的是友谊,就像伊壁鸠鲁在他的"花园"里享受到的那样,就像伊壁鸠鲁的弟子们后来身体力行的那样。"因为,在所有能够有益于幸福的智慧中,交结朋友的能力是最为重要的。""大自然造就了我们，就是为了我们交结友情。"在这一点上，一向老成持重、言辞枯燥的伊壁鸠鲁也变得精神亢奋、满怀激情："友谊之舞绕着大地旋转，唤起我们对幸福的向往。"

除了社会生活，可能扰乱哲学家理智安静之灵魂的，首先是把现实看成令人不安的这种世界观，也就是说，现实是强大的自然力量的游戏场，到处充满了难以捉摸的必然性。它统治着整个现实，人也不能幸免。因此，伊壁鸠鲁不能承认神话以及几位哲学家所宣扬的这种令人毛骨悚然的世界观。基于此，而不是为了追求纯粹的知识，伊壁鸠鲁开始研究自然："如果人不知道自然的本质是什么，而只会根据诗人们杜撰的那些可疑的神话理解宇宙，他就不可能解除对生活中某些重大问题的恐惧。"

在观察自然方面，伊壁鸠鲁继承了德谟克利特的原子学说。宇宙中真正的存在，并不是生生灭灭的物体，也不是显得异常强大的自然力量，而只是些看不见的原始块体，即那些数量上无穷无尽、大小形状各异、重量不等的原子。这些原子互相结合，又相互分离。它们在无限的空间里处于永不停息的运动与撞击之中，偶然结合时，创造了物体。因为它们在数量上是无穷的，所以创造的世界也是无数的。灵魂本身也是由特别细小的原子组成的。按照这种理解，世界便不再是个可怕的驻地了，哲学家也就不必再去关心考虑它了，完全可以任其为所欲为。

伊壁鸠鲁进一步加深了下面这种认识：还可能严重影响哲学家优哉游哉的处世态度的，是诸神的愤怒和对人类的惩罚；诸神会干涉人的生活，尽管这种干涉也可能完全是出于好意甚或是为了奖励。因此伊壁鸠鲁就必须尽一切可能剥夺诸神控制现实的权力。他虽然不否认神的存在，却把他们排挤到人类生活的边缘，让它们居住在不会对人类构成威胁的地方，即世界与世界之间的那个地带。在那儿，它们便无权干涉尘世的事情，人类也就不必去考虑它们。在这里，诸神过着悠闲自在的生活，可以与哲学家的生活相媲美，只是更幸福罢了。"神是不朽的，幸福的。""诸神的生活是再幸福、再好不过了。"

　　尽管如此，使得灵魂不得安宁的根源仍然存在，这就是人生的短暂和不可避免的死亡。这两点是古典哲学家们最基本、最切身的感觉。在希腊文明后期更是如此。因此，为了保证灵魂的平静，就必须战胜对死亡的恐惧。伊壁鸠鲁在研究死亡的本质时指出："死亡是不可怕的，因为仔细推敲，死亡便是虚无。而对我们来说，只有那些感觉到的东西才是现实的。而我们是感觉不到死亡的。我们活着，死亡是不存在的；死亡到来，我们已不存在。"正是这个认识，大大促进了伊壁鸠鲁对人生的乐观态度："死亡即虚无，这个认识使短暂的人生变得甜蜜可口。"

　　同样基于灵魂的和平，伊壁鸠鲁不承认灵魂不朽的学说。随着死亡，组成肉体与灵魂的原子结合便随之解散，个人也就不存在。认识到了这点，对彼岸的恐惧也就消失了，不必担心死后会受到诸神随心所欲的惩罚或奖励。未来的命运不存在了，没有什么可以阻挡我们在尘世尽情享受这有限的生活了。

　　既然一切都是为了灵魂的安宁，精神劳动也是为了达到这一目的，那么对人来说，哲学思辨也就必不可少的了。因此，伊壁鸠鲁用下面一段箴言结束他的哲学思考：年轻时，应该毫不犹豫地开始研究哲学；年老时应该不知疲倦地坚持研究哲学。因为对每个人来说，为灵魂的健康而努力，是不会过早也不会太晚的。

　　现在再说芝诺。他完全拒绝伊壁鸠鲁的学说与生活方式。被伊壁鸠鲁看成是最大幸福的"快乐"这个东西，他认为是不可信的。他声称"快乐说"引诱某些青年，软化他们的灵魂。取而代之，他提出"责任说"。

　　与其学说相呼应，芝诺的外表就很严肃。古代的作家们竞相描述过他那与众不同的长相。说他瘦骨嶙峋，小腿肚却很粗，身体不怎么结实，甚至有点病病恹恹。据说总是侧着头，在个头不怎么高的情况下，这一点便显得特别突出。一位才华横溢的传记作家在作了这样的描写之后，又把他比作一株埃及铁莲蓬。其原因我们无法考证。

严厉的外表后面藏着认真思考的大脑。有记载说，芝诺的为人处事给人望而生畏的感觉。这显然不是由于他很粗野，因为人们赞扬说，芝诺很敏感，而且品行端正。关于第一点，证据是他很羞怯，因而就尽可能地避免参加所有大型一点的聚会，特别是与他个人有关的。关于第二点，据说他和妓女只有过一两次来往，并且还是为了不让别人觉得自己是个仇视女人的人。如同在爱情方面，芝诺在衣食上也非常节俭有度。他尽可能不参加宴会，最喜爱的食物是绿色无花果、面包和蜂蜜，再喝一点葡萄酒。他穿的大衣在同代人看来非常破烂。"比哲学家芝诺更寒酸"这句话后来竟成了一句成语，用来形容那些完全没有欲望的人。但无论如何，芝诺这种生活方式肯定很健康。这位哲学家活了 92 岁。

尽管芝诺的生活方式有些滑稽，他的学说还是很有影响的。特别是年轻人大多喜欢拜他为师。就连马其顿的国王，只要到雅典，从不错过他的讲演。芝诺的名声也由此日益显赫，虽然哲学家本人并不追求这些。雅典人将城邦金库的钥匙交给他保管，表示对他的敬意。另外，他们还集资制作了他的铜像。在他活着时，就为他造好了纪念碑。

值得一提的是，芝诺是在偶然的情况下才研究起哲学的。起初，他是个颇有成就的商人。有一次做买卖，不幸船沉财亡，寄居在雅典城一个书商家里，看到主人在读一本哲学书。这个经历促使芝诺转向哲学研究。并且从此以后，他总习惯把沉船之难看作是因祸得福、非常有益的事情。在哲学方面，他的成就更大。古代有人写道："芝诺是位非常热心的研究者，总喜欢刨根问底，穷极究源。"

芝诺与弟子们的集合地点是个圆柱大厅；艺术家波吕格诺托斯在大厅的墙壁上绘了许多画。由此，芝诺的学派便得名为"斯多亚"，即"廊柱"。这也很有意思，形象地表明了芝诺和伊壁鸠鲁的区别：伊壁鸠鲁提倡"快乐学"，他在花园里讲学；而"快乐学"

的敌人，"责任学"的倡导者则在庄严肃穆的古典建筑中讲学。

　　在探讨芝诺的哲学思想时，不妨也把那些和他观点一致的早期弟子同时考虑进去，因为古代的学者们对此并没有进行严格的区分。但对那些所谓的传播斯多亚学说的代表人物，如波奈特斯和波塞冬尼斯，以及后来的罗马斯多亚信徒，如塞内卡，爱比克泰德、马可·奥勒留，还是先不考虑为好。因为在这两个支流中，芝诺的学说都得到了不同程度的发展。

　　芝诺的早期弟子中，最重要的是克莱安塞和克律西普。前者是位职业拳击手。脑袋并不怎么灵，还穷得要命，靠夜间给别人汲水和揉面团维持生计。后者原是个赛马运动员，由于思想极为敏锐而备受称赞。有人说：如果上帝也思考哲学问题，他的思考方式肯定类似于克律西普。

　　和伊壁鸠鲁学派一样，斯多亚学派也从当时的现实环境出发。在那个一切都变得极不稳定的时代，信仰问题便显得特别紧迫。哲学也因此对人的生活产生了非常直接的意义，成了"教导人们如何生活的艺术"。但和伊壁鸠鲁不一样，斯多亚学派认为生活的意义并不存在于快乐与享受之中，而要在与生活的一致中去寻找。隐藏在这句话背后的思想是：人的责任存在于人的自身之中，因而不可能在世界和政治事务中得到准确的解释。人们义不容辞的责任，并不是为实现某个众所公认的道德目标而努力，而是实现自己所特有的意念，即自我实现。这样，在人类思想史上，第一次出现了"个性"这个概念。经过后来基督教的洗炼，这个概念开始具有极其重要的意义，特别是在歌德时代。在这方面，斯多亚学派的影响是不可否认的。

　　人怎样才能与自身保持一致呢？芝诺的回答是："通过与自然合一"达到与己合一。这样看来，人的自我实现并不是主观意志的为所欲为，而是和人的天性紧密地连在一起的，而人的天性又和外界自然处于和谐之中。与自身保持一致，使个人的天性得以实现，同时也就是和宇宙中包罗万象的自然法保持一致。斯多亚学派对自然的研究兴趣便来源于此。它不是对自然知识的渴望，而是服务于人的自我认识。在这一点上，斯多亚学派要比伊壁鸠鲁派严肃认真得多。伊壁鸠鲁研究世界，只是为了避免和排除来自世界方面的干扰；斯多亚学派认识自然的目的，是为了更好地从道德方面把握自己的本质。"追求对自然的认识，并非为了别的，只是为了区别善与恶。"

斯多亚学派对自然本质的理解也和伊壁鸠鲁不同。他们认为：自然并不是原子的偶然碰撞与无聊游戏，而是被内在的活力统治。因此斯多亚学派承认存在强大的自然法。它有许多名称，如火、生命之气等，但也被称为精神、理性或者命运。最终，这种自然法又被称作神，与最高之神合为一体。"上帝、精神、命运、宙斯是同一个意思，还有许多其他名称。""神是永恒的、富有理性、精神与生命活力的实体；它幸福至上，丑恶的东西无法接近；它安排统治着这个世界。"因此，和伊壁鸠鲁的学说不同，神并不是位于远离世界的某个角落，而是现实的、起作用的："天意统治世界，诸神不但参与整个宇宙的变化，而且参与每个人的生活。"

这个强大的神圣法则存在于所有现实之中。"神位于世界之中，它是世界的灵魂"，是"世界的创造者、万物之父"。甚至整个宇宙都是神的所在。神位于"污水、蛔虫、罪犯之中"。这样，宇宙便成了一个充满活力的整体，一个"无所不包的、富有理性与生命力的物体"，因为"理性充满了宇宙的每个部分"。因此，宇宙本身也是"合乎理性、充满生机的"。简言之，斯多亚学派所设想的自然本身是"因神所致"的。由于神圣法则的创造力是无限的，所以它创造了不止一个而是无数个世界。这些世界一个接着一个，永远没有终止。

世界是神圣的。但在斯多亚学派看来，比这个认识更重要的是：人，恰恰是人，也是神圣的；人以一种特别优秀的方式受神支配。人的这种精神上的神圣性正是人的天性。"人的天性来自于宇宙的天性。"因此，着眼于上帝，克莱安塞说："我们是你的同类。"

使徒保罗在雅典最高法庭的申辩词中曾引用了这句话："通过人的理性，他与上帝相近。"人的理性是普遍的世界理性的一部分，所以人也可能在自身中唤起理性。这甚至是人的最高尚的任务。"人的本质就是理性。"人之所以可能认识真理，其根源也在于此。由于人的理性与位于整个现实之中的世界理性相符，人才能有把握地说，他所认识到的，也是真实的。

然而，这种将人置于大自然所具有的必然性之中的思想，也带来了系列的困难。斯多亚学派不是也整天享受着自由吗？这种人的自由怎样才能和上面提到的必然性统一起来呢？斯多亚学派试图通过更准确地定义自由这条途径来解决这个问题。自由并不是纯粹的为所欲为，而是一种本来的、与本源相关的生存方式。"只有内心保持自由时，只有从事理性所选择的事情时，人才是自由的。"人的本质决定人的自由。这句话的意思是：人的行动来自那个自然、有理性的神圣自我。这样，人只有在必然性的范围内才能实现自己的自由。自由就是自愿地顺从神圣的自然法。

因此，最关键的是：人应该服从自己的理性。"有一个道德法则存在。它代表最高理性的决定；它命令我们应该做什么，禁止什么，放弃什么。"它是"在每个人心中起作用的魔力"，它"处于与统治宇宙的意志的和谐之中"。服从这种内心的神圣法则就是道德的本质。道德就是"心灵与理性的和谐"，意味着"理性实体即人的全面发展，因此也是道德实体的最终目的与幸福"。当然，人在做合乎道德的事情时，不能期望得到报答和奖赏。"道德是值得追求的，因为它是道德。道德不企求任何报酬。"

因此，人也绝对不能成为激情的奴隶，因为激情容易使人摆脱内心的道德法则。"理性实体的天性决定了，人应该服从理性，按照理性的指示行动。这一点，人们应该铭刻在心。"感情冲动应该受到限制，因为"感情冲动会妨碍我们按照理性行动，扰乱灵魂的和谐"。感情冲动是"灵魂的疾病"。因此，斯多亚学派的生活理想是"不动心"，面对命运的打击也毫不动摇。历史上许多信奉斯多亚思想的人，在自己的生活中实践了这一点。这种生活态度直到今天仍具有楷模作用。责任，即行动合乎理性尊严的思想高于一切。履行责任意味着听从心灵的呼唤。

　　义务为先，伊壁鸠鲁所提倡的遁世隐居生活便不再可能了。人必须投身政治。"有道德的人不会生活在寂寞之中，因为他天性喜欢政治，喜欢创造性的生活。"因此，跻身于人类社会，竭尽全力促进社会的发展，乃是自然的要求。"天性决定了我们结合在一起，生活在一起，组成城邦。"由此产生的，是一种普遍、自然的博爱，"将所有人联在一起"。在政治生活中履行责任，这是芝诺这位生活在希腊没落时期的严肃认真的哲学家对人类做出的最伟大的贡献。

普罗提诺

迷狂者

　　普罗提诺（Plotin）是公元3世纪最重要的思想家。他的学生、著名哲学家波菲利为他写的传记开篇说道："我们这个时代的哲学家普罗提诺是这样一个人，他对自己生活在肉体之中感到羞耻。"接着，波菲利列举了普罗提诺厌恶肉体的几个例子：普罗提诺从来没有谈起过自己的出身、父母或家乡，也没有透露过他的生日，即灵魂进入肉体的日子，因为他担心有人会由此异想天开，庆祝这件令他如此后悔与遗憾的事情。他不能容忍别人给他画像，无可奈何，弟子们只好偷偷地将当时最有名的画家带来听他讲课。画家根据记忆，勾勒出大师的轮廓。普罗提诺对肉体的蔑视远远不止于此：肠绞痛折磨着他，但他就是拒绝接受灌洗疗法。有病时原则上完全拒绝服用任何药物，后来甚至放弃了已成为习惯的每日按摩。结果是他更加弱不禁风。饮食方面亦很有节制，平日只啃面包，有时还忘了吃。后果当然是饥肠辘辘、难以入睡。由于长期蔑视肉体，普罗提诺日渐衰弱，疾病缠身。老年时甚至声带失灵，手脚化脓。这当然给他与学生们的交往带来诸多不便，因为普罗提诺和学生见面时习惯拥抱。波菲利说，出于这个原因，追随者渐渐和他疏远。

　　受哲学家阿摩尼乌斯的启发，普罗提诺28岁时开始研究哲学。和苏格拉底一样，阿摩尼乌斯也是没有留下任何著作的哲学家，由于他靠帮助别人料理菜园为生，便被称作"扛袋子的人"。我们继续讨论普罗提诺吧。他先在亚历山大里亚当老师，后来又到罗马公开讲学。据说课堂气氛很活跃，有时甚至乱哄哄。波菲利说，其原因是普罗提诺"总想启发学生提出问题"，所以常常是七嘴八舌，你一言我一语。他在罗马的讲坛前聚集了一大批听众，不但有真正的学生，还有来自上流社会的政界要人，其中有不少是元老院的元老。皇帝有时还偕同皇后光顾他的课堂。另外，女性也可以参加。传记作者认为，这是普罗提诺特别宽容的象征。

据说，弟子们将大师的学说付诸实践的方式也是五花八门，且各有独特之处。有位高贵显赫的元老放弃了所有职务，辞退仆人，告别豪华别墅，过起了与世无争的隐居生活，两天才吃一顿饭。塞翁失马焉知非福，他的痛风病竟由此不治而愈。还有位律师，他就没有前面那位元老的本事，不能战胜金钱的诱惑，继续狂热地放高利贷，遭到同学们的强烈谴责。第三位热衷于政治投机，普罗提诺不断给他泼冷水。还有位觉得老师不喜欢他，便想借用魔法伤害他，当然失败了。咒语未能伤害普罗提诺，却反过来惩罚了发咒的人，搬起石头砸了自己的脚。

另外，人们还说普罗提诺颇有些神奇的特异功能。譬如，他感觉到上面提到的魔法的攻击，身体的各个部位紧紧缩在一起，就像关紧钱袋子那样。还有一次，某个埃及祭司想驱逐附在普罗提诺身上的魔鬼，但出现的却不是什么红头绿眼妖怪，而是神。围观者无不称奇，进而五体投地，顶礼膜拜。在日常生活中，普罗提诺更是独具慧眼，非同凡人。一眼就能认出小偷，即刻便能猜出身边某人的内心活动，甚至未来命运。

对普罗提诺的死，学生们也是从蔑视肉体这个角度来解释的。他们认为，普罗提诺的死是身体被抛弃、不死的灵魂得到了解放。证据是，在普罗提诺生命的最后一息，有条蛇钻进墙缝里消失了。普罗提诺的临终遗言也是这个意思："现在，我要试图让位于身体之中的灵魂回到宇宙神明身边去。"

　　对身体和感官欲望的敌视并非始于普罗提诺其人，只是他的这种敌视态度根植于他的哲学思想之中。这个思想的基本倾向是遁世，根源是对尘世的厌倦。活在世上等于"被流放"，意味着"苍天的惩罚"。但是，这种遁世思想并非理论反思的结果，而是由于某些特别的经历所致。波菲利说，在他和普罗提诺的六年交往中，普罗提诺有过四次这样的经历，特征是在极度的兴奋之中，灵魂升华，超出世界之外。在这个时刻，"神就出现了，无形、无体，肃穆庄严地坐在精神及整个精神世界的上方。"

　　但如果要普罗提诺说说，他到底看到了什么，他就陷入了无法克服的困境之中。因为人的所有词汇都是在与尘世的接触中得到的，所以无法用它们准确描述那个超越了所有现实的存在。"神的确是只可意会，不可言传"。我们甚至无法说明神是否存在，因为神超越了我们关于存在的所有概念。我们更不能把上帝称为精神，因为精神这个概念也是我们从有限的自我感识中得到的。一言蔽之："真正的神和我们想象的神完全两样。"

　　普罗提诺并不愿就此罢休。他偏要讨论自己在迷狂的兴奋状态中看到的那个东西，也确实找到了尽可能贴切地说明神的方式方法：否定。我们只能说，"神不是什么。神到底是什么，就没办法说了。"因为，在否定过程中，神本身并没有被否定。被否定的只是那些不属于神的东西：尘世、暂时的生存。剔除所有这些被认为是有限的东西之后，我们就可以大概猜出那个超越所有有限存在的东西是什么。因此，怎样才能感知神呢？普罗提诺的建议是："如果你想说明神或者感知神的存在，那就请你排除所有非神的东西，剩下的就是神了。但即使在这个时刻，你也别想是否能够给它增加什么，而应该思考，在你的思想中也许还有些非神的东西没有被剔除。"

　　通过否定之路，普罗提诺归纳出神的几个特点：神非有限、也不可分的、不受时间限制、不受空间约束、不运动、不静止、无形体、无大小、无状态、非此、非彼、无思想、无意志、无欲望。

但到此为止，普罗提诺还没有得出他所要得到的真正的神这个概念。这个概念，要通过另一种观察才能得到：我们看到，有限的现实存在，不管是感觉还是精神，它们总是多种多样的。普罗提诺认为，这种多样性正是所有有限存在的根本特征。但既然有限存在是多种多样的，那神肯定是太一的。因此普罗提诺说，神明是"纯粹的太一"。作为这种"太一"，神明超越了所有有限的现实，甚至超越了存在与精神。这是这位思想家对神的最高级定义。当然通过这个定义，他并没有肯定地说神是什么，只是给了个大概的提示。原因很简单：这个被称为"太一"的东西根本就无法表达，"它比我们所能理解说明的要大得多，丰富得多。"这是不变的。

现在，普罗提诺开始讨论由此出现的问题，思路非常晦涩艰深。他首先强调：如果这个"太一"只是想象出来的，好像是和有限的多样性对立的、独立存在的，那它就不是真正的"太一"。因此"太一"必须"以非常简单的方式将多样性包括在自身之内"："太一先于多样，多样来自太一。"所以，被称为神的这个"太一"并不是像数学上空洞的"一"那样。它作为简单的东西已经将无穷无尽的多样包含在自身之内。哲学家在精神的亢奋时看到的，就是这个"太一"。他是"本原，将所有的多样作为一个整体包含在自身之中"。

这样，人在极度兴奋之中与"太一"结合时，就会抛弃多样性的世界，就会忘记它。但是，只要人还生活在身体之中，他就不能永远保持这种感觉。这种感觉消失之后，他所面临的仍然还是分裂的矛盾的世界。但看见了这个"太一"之后，人就被迫从"太一"的角度观察现实，因为他知道"万物通过太一而存在"。这样，好像又出现了一个矛盾：如果"太一"是真实的，那就不可能存在多样性的世界。为了解决这个问题，普罗提诺必须说明，从"太一"出发，多样性是怎样才能够存在的，也就是说，"太一"是如何发展为多样的。他必须研究"太一"如何是"万物之源"。这个努力的成问题之处在于："太一"绝对不能从自身出发产生某个独立的存在，否则"太一"就不再是最根本的了。但另一方面，"太一"又必须是世界的起源。

普罗提诺看到，我们不能用概念把握这一点，而只能通过形象的比喻说明现实的根源怎样存在于"太一"之中。他将"太一"比作一泓清泉，比作太阳。泉水外溢，但在外溢的过程中泉水自身却不会减少。太阳发光，但通过发光，太阳自身不会变小。我们也可以说，"太一"的扩张类似物体的自我流溢。在流溢的过程中，物体丝毫不会失去自己的本质。这些形象的比喻，表现了普罗提诺对世界的看法：世界既不是独立的，也不是像基督教宣扬的那样，来自上帝却又相对独立。世界直接来自神，同时又被包括在神之中。它是"太一"的外溢所致，但又和"太一"一体，存在于"太一"之中。来自源泉，但又没有与源泉分离。"太一存在于多样之中，同时又和多样有别"。

神为什么不能停留在自身？神为什么必然发展为世界？原因显然是：一方面，哲学家也感到世界是真实的；另一方面，哲学家却不能否认还有某种位于现实之上的东西存在着。哲学家必须想办法将二者结合起来。这就是"太一扩张"思想的来源。但是，这种主观的解释并没有真正解决问题。解释世界来自于"太一"时，必须同时说明"太一"自身具有的发展过程是什么。必须探讨一下，"太一"为什么要流溢为世界。普罗提诺的回答是：这并不是"太一"本身有什么想成为世界的欲望，因为欲望总是不足与贫困的标志，而"太一"却自身完美，什么也不缺少。世界的形成也不是出自上帝的爱。基督教将这种爱看成是上帝创世的原因。普罗提诺认为，爱就是向往，而向往同样意味着某种缺憾。没有其他办法，普罗提诺只能假设：世界之所以能够产生，是因为神明富有，盈则溢。"太一""完全成熟，完全富有，它不寻找什么，不缺少什么，也不需要什么。它的富有，创造了另外一种存在"。

普罗提诺进一步解释了"太一"流溢为世界的具体过程。他认为这一过程是永恒的，但又不是通过时间性，而是通过矛盾性表现出来。它经过许多阶梯得以完成，完美的程度也随着越来越低。第一阶梯是"太一"的自身存在。"太一"看到了自身，发展过程随之开始。第二阶梯意味着精神以及包括在精神之内的精神世界，即理念世界的诞生。精神与理念世界紧密地相互联系，它们是"太一"的复本，但已失去了"太一"的纯洁性，因为不但精神世界自身已经带有丰富的理念，而且精神作为各个精神的总和已具有多样性。另外，精神与理念世界的区别同样意味着某种分裂。

精神再往下看，诞生了世界灵魂，这是第三阶梯。每个具体的灵魂都是世界灵魂的一部分，因此世界灵魂包括了非常大的多样性。世界灵魂还是永恒范围内的存在。它再往下看，便产生了宇宙、有限的感官世界以及千姿万态的具体事物。这是第四阶梯。

现实世界来自于世界灵魂，所以世界也是完美的。面对基督教信仰对尘世的蔑视，普罗提诺特别强调这一点。只是：由于物质的出现，世界的完美程度受到了极大的损害。然而什么是物质呢？与同时代的灵知派思潮相反，普罗提诺不认为物质是某种与神相对的独立存在。他也反对《圣经》中的创世说法，不认为物质是神从虚无中创造出来的。物质如同世界灵魂的眼光投向下方时看到的最远的地平线。物质是世界灵魂给自己制定的最遥远的界限，如同光明将黑暗看作自己的界限。

观察这几个阶梯的总和就可看出，对普罗提诺来说，精神、灵魂以及感官事物存在这几个阶梯，即所有的现实，都是"太一"的扩张。这些东西存在，只是因为它们各自以不同的方式与完美程度代表了"太一"的影像。世界完全是神的世界，所有的一切已经包括在神之中。

"太一"扩展为世界。在这个过程中，人的地位是什么呢？普罗提诺通过描写灵魂可能、同时也应该选择的道路回答了这个问题。他的出发点是灵魂的坠落。灵魂本来属于永恒范围，是世界灵魂的一部分。世界灵魂在向下观察时各个灵魂也参加了。但由于灵魂是自由的，所以它可能在这个时候，在向下观察时，失去重心，投身身体而忘记了自己的本原。这实际上就是我们所看到、所经历的日常生活。人在尘世里游来荡去，为尘世所绊。但就在这种情况下，与所有尘世的事物一样，灵魂也保持着对"太一"的向往。这种向往来自对本原的回忆。"灵魂来自上帝，所以它必然向往上帝。"这样，灵魂就希望将自己从尘世的束缚中解脱出来，希望"脱掉自己摔下来时穿上的衣服"，踏上回归本源的征途。灵魂首先回归自我，然后回归神明。这条路也正是哲学思辨之路。

和来时一样，灵魂的回归也是分四步完成。第一步：放弃自私自利的个人生活，用社会生活所要求的道德标准衡量自己，灵魂变得勇敢、富有正义感、富有智慧。第二步：彻底摆脱感官享受，戒除所有激情与欲望。灵魂得到洗刷，回归自身，回归家乡，回到超感官境界。第三步：单纯的感觉上升为精神。这是一种哲学式的存在，灵魂乐于理论思考，乐于观察理念世界。第四步：放弃所有有限的观察，甚至放弃理念，脱离这个世界，无知无识，进入"灵魂无法进入的地方"。这时才有可能与神达到真正合一。

关键的事情发生在第四步。我们将"在所有不是上帝的存在中看到那个高级的存在，非常清楚，异常明显，没有遮蔽，简单、纯洁"。但是，通过有限的观察，通过有限的思考我们无法达到。为此，我们必须"闭上眼睛，以便在我们的内心唤起另一张面孔"。我们必须自身变得简单。观察那个"太一"时，我们必须"变得沉默，等待它的出现"。只有这样，我们才能"用我们内心的永恒看到那个永恒与永恒的存在"。这种可遇不可求的经历，恰恰只有在那种狂迷状态中才能发生。"只有完全沉浸在自我之中，只有摆脱超越思维，只有在无意识的狂迷状态之中，只有在神明之光突然充满心灵之时，我们才能步入神明之中，我们才能与神圣的万物之源直接合一。将我们与它隔开的区别才会消失。"

奥古斯丁

浪子回头

奥古斯丁（Augustinus）年轻时的朋友们，肯定没有想到这个浪荡公子有朝一日竟会成为教会甚至整个西方教会的头号人物，因为年轻时的奥古斯丁给人的印象太深、太坏，人们觉得他好像只会在世界这个舞台上随波逐流、任己沉浮。上学时他不爱学希腊文，时而还偷别人院子里的梨。这些当然算不上什么大事。大不了只说他和那些道貌岸然的君子不同罢了。但事情却远非如此简单。在迦太基学习修辞学时，他和某些自称要闹个天翻地覆的人称兄道弟。这帮人常常夜间出动，抢劫无辜的行人。奥古斯丁虽然在这方面非常小心谨慎，从来没有亲自参与过打家劫舍的勾当，但在另一方面却不甘拜下风，绝不满足于袖手旁观。除了写些剧本，他干的事就是寻花问柳，以此消磨时光。后来，他成了迦太基和罗马的修辞学老师，甚至成了米兰的修辞学教师。他的处境应该说好些了吧。但就在这时，他的生活也绝不是无懈可击。他和妓女一起生活。从他自己的记载中，我们知道他非常爱这个女人，并且有个儿子。但尽管到了这一步，奥古斯丁对这件事还是顾虑重重，迟迟不愿和对方结婚。他的母亲，即后来大名鼎鼎的圣母莫妮卡，支持儿子的想法，也许并不是出自道德方面的考虑，而只是希望儿子能找个门当户对的女子成家。因此，奥古斯丁忍痛割爱，抛弃了她，两人都没少流泪。此后，奥古斯丁打算使自己的生活正常些，也就是说，他想娶一位出身高贵的女人为妻。但订婚的日期还没确定下来，他又迅速物色了新的情人。生活在4世纪的年轻的奥古斯丁是典型的没落时期的罗马人。在那个时代，古罗马严格的道德观念已经荡然无存。放荡不羁是男人们的理想。不过放荡的程度倒还是很有限的。

后来奥古斯丁留给我们的，又是怎样的印象呢？他在突然大彻大悟之后，痛改前非，摆脱了这种徘徊于精神劳动与肉体欢乐之间的生活方式。他在33岁时，接受了洗礼，辞去了在米兰的显赫职务，回到了他的故乡——非洲。在那儿，他建立了全由平信徒组成的修道院，在寂寞中开始潜心研究神学和哲学，只有某些朋友和志同道合的人陪伴着他。然而，命运注定了奥古斯丁不能在平静中度过一生。有一次，邻城希波举行主教助理选举。参加集会的人认出了奥古斯丁，连拉带扯把他推上前去，强迫他担任了这个职务。后来他又接替了希波城大主教的职务。这个时期的奥古斯丁，不但要传播教义，关心人的灵魂，而且要管理庞大的教会财产。然而，奥古斯丁只能将很少时间奉献给主教工作。因为除此之外，他不知疲倦地撰写了大量的神学和哲学著作，狂热地投入到当时精神界和宗教界的辩论之中。他在72岁时，辞去了所有职务，闭门谢客。大病之后，他借此机会完全销声匿迹。公元430年，奥古斯丁在遥远的非洲这块他年轻时就非常热爱的土地辞世。

回首自己的青年时代，奥古斯丁觉得当时所发生的一切，只是连续不断的罪恶的链条。他所说的罪恶，指的不只是那些有目共睹的恶作剧，譬如他那些有点不负责任的风流韵事，或者那种讲演比赛时总想超过别人的强烈的虚荣心。在他看来，过去的一切，包括那些表面看来完全无所谓的鸡毛蒜皮的小事，全是不可饶恕的罪过。譬如他上学时不喜欢学习而更愿意玩耍，或者他宁愿读读特洛伊焚城的故事，也不愿为乘法表费脑筋，还有他热衷进剧院看戏。他甚至扪心自问，自己婴儿时就非常不耐烦地喊吃喊喝，这是否也是罪过。后来的奥古斯丁确实希望早年的那些往事最好能够一笔勾销。要是没有发生，那该多好啊。

我们在想象奥古斯丁这个人时，是否也应该同意这种希望呢？如果奥古斯丁从最初就是浪子回头以后的那个样子，他是否就更值得钦佩、更神圣呢？也许吧。但有一点却是肯定的，他不会由此变得更有人性。评价一个人，最重要的标准是：看看他能够超越多少人生的可能，而在实践中又具体超越了多少。我们也许可以说，正是那些使他感到痛心疾首的年轻时代的放荡行为，使奥古斯丁认识了人生的歧路与可能。如果没有这些事，他也许永远不会如此直接地接触这些可能。这种看法不是完全没有道理。他是一个人，经历了人生可能遇到的许多事情。这也是构成奥古斯丁这个人的伟大之处的重要因素吧！

这同时构成了思想家奥古斯丁的伟大之处。因为不管这个人在神学和哲学的阵地上做出了多大贡献，他在以下方面是独树一帜的：在他之前，没有人像他那样生动具体地将自身当作哲学研究的对象。在这个意义上他曾说："对我来说，我自己是个谜。"也正因为如此，奥古斯丁才是第一位有权力撰写自传的人，一位诚实、毫不粉饰地叙述自己一生的人。这本传记就是有名的《忏悔录》。但在这本书中，他不只如实记载了他在生活中碰到的具体事情，他要表达的是，自己如何发现、理解自己。

奥古斯丁走得更远。他将观察自我时发现的那些特点看成是人所共有的。而正是对人的疑问与兴趣促使他进行哲学思辨，坚持哲学研究。他的基本信仰是：只有着眼于自己，观察自己的内心，人才能得到真理。正是通过观察自己生动而丰富的内心活动，奥古斯丁才成了发现人心理活动的伟大的思想家。也正因为如此，他才写道："不要离开你自己，回到你的内心。因为真理位于人的心中。"

通过奥古斯丁，哲学的眼光开始完全转向人的内心，哲学史上由此开启了新阶段。奥古斯丁不像一般希腊哲学家，将人看成宇宙的某个环节，也不像苏格拉底和他的继承人，将人单纯看作社会活动中的行动者，也不像新柏拉图派，将人看成是从神之中迸发到世界之上的小部分。奥古斯丁所看到的，是具有自己的本质特征的人。他认为，这些特征只有通过观察自己的内心才能发现。他所关心的是，在自我经历中表现出来的真正的活生生的人。

奥古斯丁在人身上发现了什么呢？首先什么也没有，只是人有不对头的地方。恰恰是在回忆自己年轻时的那些荒唐事的时候，奥古斯丁看到，人并不那么简单，总会干些迷惘的事情。人生活在错误之中，同时又觉得生活在错误之中是难以忍受的，渴望超越这种状况。从荒谬迷惘与渴望超越之中，就会产生不安。这是人的本质所决定的，因而也是人与其他动物的不同之处。这样，奥古斯丁用简单的一句话概括了他的思考："我们的心处于不安之中。"当然，从上下文的联系中读这句话，出发点就清楚了，也可以看出奥古斯丁的后句话是什么意思："你创造了我们，使我们向往你。我们的心处于不安之中，直到在你那里找到安宁。"无论何时，奥古斯丁谈到人时，他都不仅是单纯的人类学家，同时也是神学家，尽管这些话是以哲学的方式讲出来的。由此看来，奥古斯丁是他那个时代真正的儿子。他所处的时代，是古典时代的没落时期。在那时，时代强烈地感到了人的无力与可怜，因此也如此强烈地努力将人掩盖到上帝之中。

奥古斯丁向往上帝，这决定了他同时或者说首先是基督教思想家。当然他不是一开始就是这样，而是经历了一个过程。他研究过西塞罗的折中主义学说，继而又陷入了摩尼教对世界的模糊解释之中。摩尼教认为，所有现实表现为原始的善与原始的恶之间的斗争。后来，奥古斯丁滑到了彻底的怀疑主义的边缘，最后才在新柏拉图主义和其信奉的彼岸世界的基本思想中找到了自己的合适的思维方式。这离基督教的思想只有一步之遥。与新柏拉图主义一样，基督教对人的解释也从与上帝的关系出发，只是方式不同。因此，奥古斯丁的哲学在转向基督教之前就已经带有神学意味了。但经过这个转折，他便成了西方世界最伟大的基督教哲学家。在他的哲学中，对人的疑问和对上帝的研究结合成了关键的核心问题。他自己曾说："我想认识上帝和灵魂。再没有什么吗？没有。除此之外，我什么也不想。"

　　奥古斯丁以人的本质中固有的迷惘与错误为出发点。现在，从上帝的角度出发，这些错误的性质变得非常严重。因为如果把人的迷惘和上帝联系起来，人所干的那些荒唐事就必须理解为人的罪过。后来的奥古斯丁毫不留情地和自己的年轻时代过不去，原因也正在于此。但是，由于这些过失在人生刚开始时就产生了，所以奥古斯丁便接受了保罗所宣扬的原罪学说。他现在的看法是：上帝创造人时，人本来是善良的。但亚当的罪过从根本上毁灭了人，以至于从此以后人再也没有能力摆脱罪了。人无法挽救地陷入普遍的厄运之中。因此，奥古斯丁对人的解释和希腊哲学非常接近。希腊哲学，特别是苏格拉底，也认为人性本善。为了在实际生活中只做善事，人应该反省观察自己本来的善良本性。

　　当然，如果奥古斯丁要通过引用原罪学说来解决人的本质中所具有的迷惘这个问题，他便会陷入巨大的困境之中。依照原罪学说，人的罪孽是无法摆脱的厄运。既然如此，人在根本上就不能不干坏事，无法对自己的行为负责，也无法选择自己的行动。但另一方面，为了不使原罪这个概念完全失去意义，必须把罪恶理解为某种过失。但显然只有在行动者能对自己的行为负责时，也就是说，只有把行动者解释为自由的实体，才能把过失归罪于他。在探讨人的问题时，原罪与自由意志陷入了明显的对立之中。

　　对于这个问题，奥古斯丁的想法并不是始终一贯的。在其早期著作中，他偏重强调人是自由的，人应该也能够对自己的行为负责。他后来又对这一立场表示怀疑。因为如果把上帝的权力看成是无与伦比的，那人的自由显然就无法存在。这样，奥古斯丁最终还是认为上帝有事先的安排。按照这个安排，人的所有行为与命运事先已经确定。上帝安排、决定万物，但上帝的安排又是神秘的，上帝的决定无法探究。上帝拯救他想拯救的人，上帝惩罚他想惩罚的人。后来的奥古斯丁非常狂热地主张这个观点。他反对赋予人以自由，认为这样就会给予人太多的荣誉而损害了上帝的尊严。这个思想要求人承认上帝是绝对自由的，尽管人依赖自己的理性很难理解。在这个问题上，奥古斯丁的结论是：应该屈服于神圣的秘密。

对于人的认识能力来说，上帝永远掩藏在黑暗之中。这是奥古斯丁早期的认识，显然受到了新柏拉图主义的影响。奥古斯丁整个一生都保持了这个观点。上帝是"无法理解的、看不见的、深深地隐藏着"。"人的灵魂无法认识上帝，它只知道自己不知道上帝是什么。"这句有点自相矛盾、有点消极神学味的话，特别清楚地表达了这个观点。

这句话意味着，单纯的哲学思考，单纯依赖自己的天赋理性，人无法确切认识上帝。人对上帝的认识，只有通过人在信仰中得到上帝的天启才能获得。在关于上帝这个问题上，奥古斯丁的哲学思辨达到了极点，汇入到宗教信仰之中："我们太软弱了，无法通过单纯的理性找到真理。因此我们离不开圣经的绝对权威。"

奥古斯丁一再强调，信仰离不开认识。但尽管如此，它并没有撼动信仰位于思想之上这个观点。奥古斯丁认为，认识依赖于信仰，并以信仰为前提。人通过思维得到认识，但认识本身却位于信仰之中。因此认识并不可靠，可靠的只有通过信仰说得到的上帝的恩典。

奥古斯丁并非总是坚持理性应该服从信仰。他在年轻时受到哲学思想影响太深，不会轻易将这些思想弃之不顾。人的天赋理性有其本来的弱点，但它毕竟还有某种认识上帝的可能。只是和信仰相比，这种通过哲学思辨得到的认识非常不够。因为这种认识，就像新柏拉图主义那样，不是基于对上帝的某种直接的观察。如果说奥古斯丁也认为，认识上帝的途径分为几个阶段，在其最高阶段人可以直接看见上帝，在他的全部著作中，这种看法非常零散。特别在晚年，奥古斯丁收回了自己的这个观点。他的基本看法是：人只能以间接的方式，而不可能以某种直接的观察为基础认识上帝。也就是说，人只能从自己的经验出发，观察自己和自己在世界上的处境，并且由此设问：人和世界的存在应该感谢上帝，但上帝应该是个什么样子呢。

奥古斯丁认为，通过这条路，自然理性无论如何至少可以看到上帝确实存在。他提出的证明上帝存在的论据很特别。奥古斯丁的出发点与后来的托马斯·阿奎那不同，阿奎那的证明思路是，假设有限的世界能够存在的原因不可能位于存在本身，而是位于某个创造者之中，因而上帝便必然存在。和其哲学思辨的基本倾向相符合，奥古斯丁从人的自我经历中得到他的论据：人在观察自己的内心时就会发现有真理存在。因此也必然有尺度存在，依赖这个尺度可以衡量理性是否符合真理。理性服从于这个尺度的判断，所以尺度本身应该高于理性。超越了理性的，就是上帝。奥古斯丁的结论是：衡量真理的尺度，即上帝，必然存在。

人不仅可以认识上帝的存在，同样可以认识上帝的本质，尽管非常模糊。在这方面，奥古斯丁从人的自我感知与经历出发。我们知道我们存在，这甚至可以说是唯一能经得起任何怀疑的可靠认识。但上帝却将我们，如同其他所有事物，带入生存并且使我们能够存在。因此，我们必须把上帝理解为最高存在。另外，我们从自身的经历得知，人的特点是内心不安。但我们却从心底里追求对我们来说善良完美的东西，其他生物也是如此。这种追求由上帝引起，因此上帝是我们追求的最高存在，是所有追求和愿望的目的，是最高善。

奥古斯丁认为，通过理性思考，人甚至可以进而超越这些对上帝本质的最一般的认识。为此，他当然需要某种特殊的认识方式。他称之为类比认识法。奥古斯丁是首位有力地发展这种认识方法的人。他在此也是从人出发的：如果人正确认识了自己，他就应该承认自己是被创造的，也就是基督教传统所讲的，人是上帝创作的上帝的影像。其他所有的现实存在也是上帝创造出来的。但奥古斯丁进一步想到，被造物必然带有创造者的某些痕迹。因此，他便开始在所有现实之中，特别是在人身上，寻找那些标志造物主使这些东西能够存在的征象。如果找到了这些痕迹，就可以用某种方式，从人和世界，也就是说从上帝自己的造物出发，归结推出造物主的某些特征。

这种以类比为基础间接把握上帝本质的方法非常富有成果，借助于它，我们尤其可以理解基督教所宣扬的三位一体学说。事实上，奥古斯丁也认为哲学思考有能力做到这一点。人在观察自己时，会发现自己的本质由三部分组成：记忆力、意志力与观察力。所有其他现实存在也具有类似的三重结构。每个事物都是独立完整的，和其他事物有区别，同时又与之有联系。如果用类比的方式，将人和其他所有事物的这种三位一体性理解为上帝的痕迹，就无须通过信仰，只要依赖人的天赋理性便可认识位于三位一体之中的上帝的某些特点。

所有这些通过哲学思考认识上帝的可能，都以下列思想为基础：人与其他所有实在都是上帝创造的。奥古斯丁对此从未怀疑，因此他也认为无须专门做出解释。上帝是世界的创造者，世界是上帝创造的，这是前提。不只是奥古斯丁的神学思想，他的哲学思想同样建立在这个前提之上。

奥古斯丁要解释的，恰好正是上帝创造了世界这个思想，而且比以前的希腊哲学更激进。譬如柏拉图认为，神好比是世界的管理员，他调整混乱，创造混乱，混乱是神所面对的现实。而奥古斯丁却认为，倘若如此，上帝的权力就被削弱了，而上帝的权力又是至为重要的。如果上帝的权力是至高无上的，就不可能存在任何先于上帝的具有创造意志的东西，因此也没有独立的混乱。上帝必然从虚无中创造出世界。在古典哲学思想看来，这非常荒谬。但正是在这里，奥古斯丁对上帝的思考达到了顶峰。只要提到上帝，上帝必然是"绝对的至高无上的权威"。

上帝也统治着历史。对奥古斯丁来说，这具有特别重要的意义。和希腊哲学家不同，他关注的首先不是自然界，而是人类历史。这也和他对人的兴趣吻合。对历史的兴趣与对人的兴趣相联系，他看到的便不是没有历史的理性实体，而是位于历史进程之中。从此出发，奥古斯丁对人类历史做出了全面的解释。在某种意义上，我们可以称他是西方世界第一个最伟大的历史神学家和历史哲学家。在他看来，人类的历史如同阵地，在这个阵地上，上帝之城与世俗以及魔鬼之城展开了波澜壮阔的搏斗。历史的阶段表达了这场搏斗的各个回合。但在这里，奥古斯丁的眼光再次超越了人的范围，投向了上帝的天堂。历史并不是从人开始，而是随丑恶的天使的堕落开始。历史的中心是基督到来，结束是末日审判。丑恶将受到惩罚，上帝之城将会全面实现。这些具有决定性意义变化的产生，最终的源头不是人的行动，而是上帝的意志。这是奥古斯丁的一贯观点，这次也不例外。

因此，在奥古斯丁接触到的所有问题上，他的思想总是围绕地上之城与上帝之城展开。他总是竭力地从人出发去认识、去理解那些神圣的东西。在此之前，还没有人能够像他那样窥见过上帝的秘密。其原因在于，在这之前，没有思想家能够像他那样深入发现人的秘密。然而，只有具有人性的人，甚至也许只有像奥古斯丁这样具有人的所有优点与缺点的人，才能猜出人的秘密。

安塞尔谟

上帝存在证明

安塞尔谟（Anselm）是11世纪伟大的哲学家和神学家。他的生活如同暴风骤雨，而且这场暴风骤雨开始得很早。在15岁时，安塞尔谟想进修道院，但他的父亲，伦巴底地区的贵族，却极力反对。在这种情况下，年轻的安塞尔谟想出了非常虔诚的计策：他向上帝祈祷，请求上帝让自己得场大病，这样就可以感化修道院院长，从而满足自己的愿望。安塞尔谟真的得了病，但修道院院长却受到安塞尔谟父亲的怂恿，丝毫不愿让步。没有办法，安塞尔谟只好希望自己恢复健康。他的病还真的很快就好了。

成年以后，安塞尔谟如愿以偿，进入诺曼底的贝克隐修院，并且很快就成了那儿的院长。安塞尔谟出色地担任了这个职务，因为他，就像同代的传记作者描写的那样，具有丰富的关于上帝的知识，从而也很了解人。只有一件事使他感到生气，这就是他必须教修道院的学生们学习拉丁文的变格变位。最后，他成了坎特伯雷的大主教，从而也成了英国教会的领袖人物。当然这件事的发生不乏某些陪衬性的戏剧情节。安塞尔谟本想拒绝这个职务。他在神学界及政界的几个朋友便想出绝招迫使他就范。当安塞尔谟坐在皇帝的病床前，他们使劲按住他，掰开他的拳头，硬把大主教的权杖塞到他的手里。然后他们把安塞尔谟抬到教堂里，唱起了感恩圣咏。所有的抗议全都无济于事。安塞尔谟只好对这场恶作剧苦笑默认，登上了大主教的宝座。

安塞尔谟不愿接受大主教的荣誉，有其充分理由。因为，他会被迫卷入高层的政治斗争之中。除了无休止的争论，不会给他带来任何益处。争论的焦点是，国王是否有权给主教封地或授职。安塞尔谟必须同时服从国王和教皇，进退维谷，处境困难，随时都有被罢免的危险。晚年，他曾一度被英国驱逐出境。局势随时都可能白热化。安塞尔谟要到罗马旅行，皇帝竟命人检查他的行李，怀疑他想把金钱或者其他有价值的东西带往国外。在此之前，安塞尔谟就写信给教皇："我已经当了四年大主教。毫无用处，一事无成。整日生活在灵魂的巨大混乱之中，我每天都希望，与其生活在这里，还不如在远离英国的某个地方死去。"

令人钦佩的是，在这种狂风暴雨般的生活中，安塞尔谟竟还有时间、闲暇、兴致撰写影响深远的著作。通过这些作品，他为中世纪的哲学及神学奠定了基础。后代人甚至尊他为"经院哲学之父"。安塞尔谟做出的努力，主要表现在两个方面。第一，他澄清了思想与信仰的关系；第二，他试图论证了上帝存在。

就思想与信仰的关系来说，安塞尔谟受到奥古斯丁的启发。他坚持认为，从人本身来看，人的这两种能力都无法单独把握真理。单纯的思想不能触及事物的本质，思想必须根植于信仰。但是，信仰不和思想接轨也不行，单纯的信仰同样无用。最关键的是：信仰应该透明、可信。因此，安塞尔谟的基本原则是："我信仰，是为了我能够理解。"他所说的"寻求以理解为基础的信仰"也是同样的意思。信仰是所有深层认识的出发点，因为信仰必然促使我们去理解自己所信仰的东西。

安塞尔谟是怎样解释他的观点的呢？先说第二点吧，信仰必然促使我们去理解。在解释这一点时，安塞尔谟借用了爱情这个概念。爱的人总想认识爱的对象。同样的道理：谁爱上帝，就必然想认识上帝。因此，安塞尔谟的结论是："如果我们坚定了自己的信仰，但又不想尽力理解我们信仰的东西，我觉得这种态度非常轻率。"

第一个观点的意思是：信仰必须位于理解之前。"正确的顺序要求我们在借用思维的力量研究基督教信仰的深度之前首先信奉这种信仰。"对这个观点的解释，安塞尔谟也以爱情为例子。对上帝的理解不是中性的理解，而是由于对上帝感兴趣才产生的理解。因此，这种理解必须以对上帝的钟爱为前提，而这种钟爱就是信仰。安塞尔谟说："假如我不信，我就永远不会理解。"

从这种相互关系出发，思想与信仰之间就不会产生矛盾。安塞尔谟用神学观点解释了这个观点。上帝是思想的对象，同时又是思维能力的创造者，二者之间根本不可能发生矛盾。因此，人完全可以依赖理性思维，即使面对神圣的东西时也应该这样。也正基于这一点，安塞尔谟才坚信，无须天启理论的帮助，人从单纯的理性出发，也就是说，通过纯粹的哲学之路，也能找到上帝存在的证据。一位同代的传记作者说，开始时安塞尔谟曾以为他这样大胆完全是受了魔鬼的诱惑。但他又说，最后还是上帝的恩典帮助他最终完成了这个任务。

着手证明上帝的存在时，安塞尔谟起初完全遵循奥古斯丁指出的方向。他的出发点是：在现实生活中，每个事物或多或少都是善良的，或多或少都是完善的。但是，假如没有衡量善与美的标准，没有绝对的尺度，我们就无法把握和判断善与美。因此，必须有最高的善存在。以它为标准，才可以衡量其他所有的善。这个最高的善与有限的善不同，它不是相对的，不是比较而言的，而是本身就是善。安塞尔谟接着说：我们看到的所有善，都占有最高善的一部分。因此这个最高善同时是具有创造力的最高原则。安塞尔谟称这个善为上帝。与此相应，安塞尔谟进一步指出，所有的"大"都以绝对的"大"为前提，所有的存在都以绝对的存在为前提，这个绝对的存在必然是上帝。

安塞尔谟的另一个证明对后世的影响颇大。他找到了确实无条件的绝对出发点，并将此作为证明的基础。这个出发点就是纯粹的上帝这个概念。每个人，即便是傻瓜或根本不信仰上帝的人，都必然承认有个"无法超越的最大的东西存在"。这个"东西"其实就是上帝。也就是说，在每个人的精神里存在"上帝是绝对的大"这个概念。这个大并不表示数量关系，而是表示它同时也具有最丰富的成为现实的可能。因此就可得出结论：如果上帝存在于理性之中，就必然也存在于现实之中，因为单纯存在于理性之中的东西必然小于既存在于理性之中又存在于现实之中的东西。单纯想象出来的上帝将会缺少完美性，也就是说，缺少现实的存在，因而将会是不完美的。因此，上帝作为可以想象出来的最大的东西必须也是现实的："毫无疑问，有某种东西不仅在理性中，而且也在现实中存在。没有比它更大的了。"

安塞尔谟曾经非常生动地讲述过他是如何得到这个思想的："我经常为此绞尽脑汁。有时我以为已经抓住了我要寻找的答案，但刹那间它又溜走了，无影无踪。最后，我准备放弃努力，因为我绝望了，觉得根本不可能达到目的。我试图摆脱这个问题，不想让这个无用的思想占据我的精神，阻碍我去做另一件也许更有把握的事情。但就在这时，这个想法却狂风暴雨般地突然降临。尽管我没有想，尽管我极力反抗，但它却越来越强烈地抓住了我。有一天，我实在精疲力竭了，实在无力反抗了，这个我以为通过激烈思考无法得到的、因而也就已经放弃了的思想也就诞生了。"

从上帝这个概念出发证明上帝的现实存在，这是安塞尔谟的独创。但事情并没有到此为止。在后来的哲学史上，这个思想引起了一系列非常有趣的争论。托马斯·阿奎那对安塞尔谟的证明不以为然。康德也反对它，证据就是那个著名的一百塔勒的故事。康德说：一百个存在于思想之中的塔勒并不比一百个实际上的塔勒少，只不过是实际中的塔勒多了个实际存在这个特点。问题只是，实际存在并不是具有说服力的特点，不能说明有了存在，事物就会变得更加完美。然而，安塞尔谟并非后继无人。笛卡尔、斯宾诺莎、莱布尼茨特别是黑格尔均受到了他的影响。当然，黑格尔并不认为这个证明合乎理性，他说这是"精神通过思考成了上帝"，指的显然是安塞尔谟。

另外，安塞尔谟活着时，就有一个名叫高尼罗的僧侣对安塞尔谟的证明方式表示怀疑。他认为，按照这个逻辑，我们同样可以证明完美的小岛在思想中存在。如果再让这个小岛也在现实中存在，这就是世界上最漂亮的小岛。他对安塞尔谟的批评没有给自己带来什么好处，他被关进修道院进行忏悔。这个例子说明，为上帝的存在而奔忙倒也不是完全没有危险。

托马斯·阿奎那

经过宗教洗礼的理性

　　按照通常的想象，哲学家通常都身材瘦小、脸庞凹陷、面容清癯，好像位于他们身上的精神把肉体给吞食了。康德也许就是这副模样。但是，看看13世纪最伟大的思想家托马斯·阿奎那（Thomas von Aquin）的外表，我们就要彻底改变自己的看法了，因为托马斯是个身材伟岸、大腹便便的哲人。据说他使用的桌子总得截去圆圆的一大块，因为只有这样他才能坐下来学习研究。这件事完全可以公开，不必担心它会损害我们对这位伟大人物的崇敬之情。托马斯自己也曾调侃过他那有些可怕的体型。

　　与笨拙的外表相应，托马斯在为人处世方面同样显得不够灵活。他很少说话，同学们叫他"沉默的公牛"。但是，他的缄口少语并不是因为他无话可说，而是因为他希望无论如何不要太引人注目。他满腹经纶，肚子里装的知识比普通神学家加上哲学家还要多。这只是在偶然机缘下才被人发现的。有一次，某个好心的同学觉得有必要给这个显得有点不知所措的学友补补课。而正是在补课时，他发现，托马斯讲得比他自己、甚至比博学的教授还清楚。托马斯却不断请求这位同学一定要把这个发现当作自己的秘密，千万别张扬出去。

　　这件事显示了托马斯的重要性格特点：他认为自己并没有什么了不起。他所感兴趣的是事物，而不是他自己。这还不够。在某些重要场合，他有时会完全陷入思考之中，忘记周围世界的存在。这样做当然是很失礼的。有件轶闻颇能说明他的这个特点。法国国王路易九世有次请他吃饭。和平常一样，托马斯依旧沉默不语。但正在进餐时，他却一拳砸在桌子上，高声喊道："对，就应该这样批判摩尼教徒的邪说异端！"我们可以想象，那些宫廷臣子当时立马就目瞪口呆。但是，国王却在这时真正意识到他将成为圣人。他唤来书记官，命令他马上把托马斯刚才想到的反对摩尼教的论据记录下来。

　　这种对事业的忘我精神很早就表现出来了。他出生在意大利南部的某个贵族家庭，和霍亨斯陶芬王朝的皇室有某种值得炫耀的亲属关系。辉煌的前程似乎已经向他招手。托马斯是家里最小的儿子，父母决定让他成为神职人员，起码应该成为某个富有而著名的修道院院长。但是，年轻的托马斯却执意要成为托钵僧。这样，他便加入了刚刚成立不久的多明我会。等待他的，不是出人头地、显赫威风，而是以贫穷为理想。在那个年代，提倡戒欲清贫的多明我会对那些包括托马斯在内的年轻人产生的诱惑力是难以抗拒的。他们希望能够在基督的社会中，严格按照福音的要求生活。

　　参加这类托钵僧会要付出很多牺牲，需要有顽强的毅力克制自己。托马斯到那不勒斯和罗马旅行过多次。这些旅行必须全靠步行完成。多明我会有时甚至穷得不能给他提供足够的纸张，托马斯只好把自己的思想写在碎纸片上。另外，这场新兴的、被看成是革命性的运动马上招来了顽固的传统势力反对。托马斯对此有亲身经历。高贵的巴黎大学最初拒绝接受他当教员，后来又禁止学生参加他的就职演讲。

　　早在他决定加入多明我会时，就已遭到保守势力的敌视。人们指责他的家庭出卖了等级的荣誉与尊严。兄长们在半路上截住他，把他关在幽寂的古堡中，逼迫他放弃自己的计划。他们将打扮得花枝招展的妓女送到他的房间。年轻的女郎期待俩人温存一番，但这位血气方刚的巨人却从壁炉中拿出烧得通红的木头，举在手上向她走来。她肯定被吓坏了。兄长们采取的办法证明，他们并不了解自己的小弟弟。

这件事再次表现了托马斯对事业的坚贞不渝的献身精神。这种精神决定了他的一生。他不计声誉、不求闻达、不争富贵，甚至拒绝担任那不勒斯大主教的职务。他只想保持内心的自由，以便全力献身于自己的事业。这个事业就是重新奠定基督教哲学和基督教神学的基础。虽然他在世时，也曾受到各方面的攻击，但这种执着的追求精神最终还是使他成了这方面的权威。除他之外，只有一个人曾经在这个领域里获得过权威的桂冠，这就是生活在差不多一千年前的奥古斯丁。年轻时的托马斯就已让人感到他将产生的伟大意义。起码他的老师，著名神学家大阿尔伯特早已敏锐地看到了他的潜质。针对其他弟子对托马斯的讽刺揶揄，大阿尔伯特对他们说："你们叫他沉默的公牛。但我要告诉你们，这只公牛的吼叫将会惊天动地、响彻世界。"

当时的历史环境显然也在呼唤思想高度集中的伟大人物的出现。托马斯的时代是精神受到严重损害和挑战的时代，特别是在神学和哲学领域。经过无休无止的争论之后，在过去的几个世纪，神学和哲学之间达成了某种统一。希腊精神与基督教精神的接触最初导致了基督教哲学的诞生。代表这个哲学体系的，首先是博大精深的奥古斯丁。后来，安塞尔谟进一步发展了这个体系，并使其影响更加巨大。这种基督教哲学建立在自然理性与宗教信仰的糅合之上，但却强调，理性应该服从信仰，然后才能在服务信仰中充分地发展自己。

现在出现了新情况。早在托马斯之前，已经有一股潮流进入这个四平八稳的基督教哲学体系之中，并开始影响和冲击它。这就是亚里士多德哲学体系，当时的欧洲对它很陌生，但却能现成地和基督教哲学连接起来。以前的欧洲人很少了解亚氏学说，但通过阿拉伯哲学家，他的全部思想却被流传下来。现在，这个体系开始打入西方思想史之中。

这个发现带来的后果非常严重，甚至有导致精神革命的危险。因为人们现在所接触的这种对世界的解释，好像不愿意成为神学的辅助工具。它自身就是完整的体系，囊括了所有现实，从物到人，通向上帝。由此可能产生的对基督教哲学的威胁非常明显。因为这里所阐明的，好像是在通过信仰得到的真理之外，还有纯粹的世俗真理，即理性真理。事实上，当时已有人权衡两种真理并存的可能。这些人并不是某个博学的怪人，而是某些在当时的学术中心——巴黎大学任职的有名望的教授。托马斯在巴黎大学担任神学教师时，颇有影响的思想家，同样也是巴黎大学教授的布拉邦的西格尔的研究就很接近这种双重真理学说。如果这两种互相对立的真理都是正确的，必然会导致精神的分裂，而想到这，又非常令人不安。当时的另一位思想家，也是巴黎大学教授并且和托马斯私交很深的波纳文图拉就警告说：圣哲罗姆做过一个梦。梦见自己在末日法庭上受到谴责鞭笞，原因是他曾对西塞罗的哲学思想表示欣赏。

在这种环境下，不但基督教哲学，而且人的思想的统一也会受到损害。托马斯·阿奎那在这种情况下走向战场。他立志要调和这两种互相对立的世界观，并且要保证每个都不会失去自身合理正确的成分。也就是说，他要赋予亚里士多德哲学合理相应的地位，同时还要保存通过信仰得到的真理。时代要求这样一个综合。托马斯经过不懈的努力，思考了每个细节，完成了这个综合。他的著作很多，最著名的是大部头的《神学大全》，还有可以称为姊妹篇的、同样重要但更偏重哲学的《反异教大全》。这些著作规模宏大，结构严谨缜密，是中世纪基督教哲学的集大成之作。通过它们，流传长达一千多年的宗教信仰和长达一千五百年的哲学思想被融为一体。

要达到信仰与理性的综合，首先必须单独研究二者各自的范围与可能。在这方面，托马斯的结论是：信仰与理性各自占有自己的独立领域。信仰的对象位于自然真理之上，在认识现实事物这个范围内，信仰没有直接的作用。相反，人的自然理性面对的首先是现实世界。托马斯要求在这个范围内必须以理性为准绳。和奥古斯丁哲学思想的代表人物不同，托马斯认为，这个领域并不需要上帝的启示。认识世界的出发点是每个人都具有的感性经历，衡量它们是否正确的标准是理性判断。

当然这并不是说，人的自然理性根本不可能把握超验的东西。在一定范围内，理性也有能力认识上帝，只是这个范围很小，不像奥古斯丁和受其影响的中世纪思想家们认为的那么大。如果没有上帝的直接启示，没有信仰的帮助，人从自身出发既无法认识三位一体学说，不能理解原罪理论，也不能认识上帝在耶稣身上显示自己这类教义。但是，通过自然的方式，单纯依赖自己的理性，人可以认识到上帝的存在以及上帝的某些普遍特征。当然在这方面，认识也是从现实世界出发的。

托马斯如此明确地将理性与信仰分开，好像他主张的正是双重真理并存。不过事实上，他成功避免了这个危险。原因是他认为理性与信仰二者皆来自上帝。上帝一方面创造了信仰，另一方面又创造了理性。在根源上，信仰与理性一致，它们不可能处于矛盾与对立之中。信仰不是反理性的。理性如果正确地理解了自己，也不会宣扬那些与信仰相悖的学说。

在这个综合中，信仰当然占有某种优先地位。如果不是这样，托马斯就不是通常所说的基督教哲学家。信仰的真理比自然理性得到的真理更完美，理性服从于信仰，它是"信仰的导言与序曲"。尽管如此，信仰第一次赋予了理性以应有的地位。"上帝的恩赐并没有取消自然，而是使它更完美。"

对哲学思想史具有决定意义的是，托马斯的思想为认识自然开辟了相当大的阵地。我们现在会觉得这位思想家像个死守传统的人，但在他的同代人的眼中，他却是个大胆的革新者。他给了希腊哲学，也就是给了异教哲学一席位置，这对于在当时影响巨大的从奥古斯丁那里流传下来的神学和哲学，是无法容忍的。

这已经在托马斯对哲学提出的任务中表现出来。虽然类似于奥古斯丁以及希腊哲学家，他也认为上帝是哲学研究的最高贵的对象。但次于上帝、居于第二位的不是奥古斯丁提出的超越了世界的灵魂，而是世界本身。人的灵魂起码有部分归属于现实世界。托马斯的观点在此与希腊哲学家类似。正如希腊人看到的那样，托马斯看到的世界也是丰富的各种不同形体的组合，如同我们通过自己的感官看到的那样。人们所说的托马斯的"世俗性"就是这个意思。

当然他关心的，并非认识丰富多样的具体事物。作为哲学家，他探求的是事物的本质。类似于在他之前的亚里士多德，他试图通过区别事物的质料和事物的形式接近事物的本质。因此，托马斯几乎完全不顾事物的质料。在他看来，质料是重要的，只是因为通过质料，事物的形式才会单一、独特。相反，他在事物的形式中看到了事物的本质。事物的形式当然并非一成不变。类似于亚里士多德，托马斯也看到，事物恰恰是通过形式的变化在活生生地发展。形式正好表现了事物的本质。

托马斯认为，事物的形式，或者说，事物的本质作为理念存在于上帝的精神之中，如同创造时的模型。托马斯在此超过了他的老师亚里士多德。哲学在获得对世界的认识时，就要试图从现实之中提取事物的本质。本质位于上帝的精神之中，所以哲学追寻的就是上帝创造世界时的思想轨迹。人有这个能力，是因为人和"上帝的思想有某种相似"。这是托马斯对人的认识能力可靠性的辩护，同时又说明了他对认识的有限性的深刻观察。托马斯的思想和中世纪后期以及近代的看法有很大的距离。他不认为人可以自由创造自己对世界的看法。人的认识是和上帝按照自己的理念创造的现实相互联系。人的认识只能认识这些上帝的理念。

在思考上帝创造世界这个思想时，托马斯认为世界是由不同层次的形式组成的整体。形式越是自由地超越质料，这个范围内的现实就越高尚。因此，没有生命力的事物是最低级的存在层次，形式单纯凭借外力压在质料之上。更高一级的是植物，它们自己具有形式，具有自己的植物灵魂。比植物高的是动物，它们的灵魂不但具有植物性，而且还有感觉能力。然而，动物也是比较而言很低等的存在形式，因为它们的灵魂将同肉体一起消亡。人不一样。人虽然类似动植物，在自己的灵魂中也有植物性和感觉能力，但是，人和二者不同的是，人的灵魂具有精神性，因而也是不死的。人的灵魂，包括灵魂的精神部分，仍然依赖于肉体。比人的生存更高一等的是纯粹、不依赖肉体的精神，即天使。然而，天使也不是最完美的。它们虽然是纯粹的精神，但却是被创造出来的精神。而上帝超越了所有存在，它是纯粹、创造性的精神。这就是托马斯设想的统一完整、内容丰富、无所不包的现实世界图像。上下两方面都很吸引人。

　　上面叙述的这种层次结构当然非基督教哲学所特有。亚里士多德就曾把它看作观察世界的基础，只不过是在亚里士多德那里，占据天使位置的是星辰。另外，托马斯认为这个层次结构具有活力，并不是静止的。这也是亚里士多德的思想。万物都在努力摆脱质料的束缚，奔向更高级的形式。重要的是，托马斯借用潜在与现实这对概念解释这个过程。物质只是代表事物能够成为某种形式的纯粹潜能。在整个世界中，正在发生不断地从潜在转变为现实的运动。现实不是存在于质料，而是存在于形式之中。

　　我们理解托马斯所说的上帝这个概念，也必须从这个背景出发。如果整个世界都在不断从潜在走向现实，这个追求的最终目的必然是不再具有任何潜在的纯粹现实。这个最终、最完美的存在就是上帝。从这出发，还可以得到另一个对上帝的本质的解释：因为作为纯粹现实的上帝不具有任何物质性质，所以必须把上帝看成是纯粹的精神。托马斯在此也追随亚里士多德。

　　托马斯跟随亚里士多德亦步亦趋，哲学不是将会面临摆脱基督教的危险吗？因此，上帝便被纳入世界的变化之中，即使还不是这种变化的部分，起码也是自身不变的最高原则。万物都在朝上帝这个方向运动。由此出发，离泛神主义只有一步之遥。事实上，在托马斯时代，阿拉伯哲学及西方思想界已经产生了某些这方面的思潮。如果托马斯接受了这种泛神论，上帝绝对高于世界这个思想就会荡然无存。这意味着放弃基督教所奉行的上帝概念中的最重要的内涵。

这时候，托马斯再次显示了他所特有的高超综合艺术。为了摆脱泛神论，他捡起了上帝创造世界这个思想。作为万物追求的最终目的，上帝使这个追求能够进行，而且同时位于所有变化与运动的开始。上帝是世界的创造者，就像亚里士多德认为的那样。当然，通过哲学思辨，托马斯对此无法证明。也许他觉得上帝是世界的起源这个观点显而易见，无须任何证明。因为所有现实之所以能够存在，只是由于它们各自占有上帝这个绝对现实的一部分。但即使这种"部分占有"还带有泛神论的色彩，起码可以得到泛神主义的解释。因此，托马斯认为，创造者和被造者之间有无法逾越的距离，这是上帝创造世界这个思想的前提。依赖人的自然理性，这个距离无法得到表达与描写。所以我们可以说，上帝创造了世界，这是托马斯哲学的前提。这个前提是他从基督教那里接过来的，只有通过信仰这条路才能得到解释。

托马斯认为，如果我们先承认了这个前提，我们就可以由此出发，通过自然理性认识上帝的存在。托马斯自己证明上帝存在的方法就是如此。与奥古斯丁不同，他的出发点不是假设人的灵魂中有真实的理念存在，而是普遍的现实世界。他要说明的是：有限的现实世界的起因不可能位于现实本身，有限的现实标记着上帝才是它的起源。托马斯的推理很有趣，也很著名：每个存在着的东西之所以能够存在，是因为有存在的原因存在，但这个原因同时又依赖于另一个更高的原因。以此类推，我们无法顺着这个链条无穷无尽地追溯下去。但有一点是肯定的：必然有个第一因存在，这就是上帝。

凭借自己的天赋即自然理性，人不但可以认识上帝的存在，甚至可能认识上帝的本质。托马斯在此也是从现实出发，运用的方法是类比——人是上帝创造的。创造意味着创造者将自己的某些本质特点分给被创造者。因此，从被创造者出发，我们可以通过类比推导出创造者的某些特点。譬如，人是善的，从这点我们可以看出，创造了人的上帝也是善的。但托马斯在此非常谨慎。有限的人和无限的上帝之间存在的距离实在太大。上帝的善虽然和人的善有某种类比性，但却有非常大的差异，无限地超越了人的善良。通过类比，人可以把握上帝的某些特征，但这些认识又是非常模糊的。

只有借助信仰，才能得到比较完整的对上帝的认识。尽管如此，通过信仰得到的认识还不是最完美的认识。只有在彼岸，人才能看清上帝的真正面目。与此相比，所有哲学和神学方面的认识都会显得黯然失色。"在人生中，我们所能得到的对上帝的最高认识是——上帝超越了所有我们的想象。"

托马斯亲身体会到生命的终点。《神学大全》这部巨著还没有完成，死神就迫使他搁下手中的笔杆。他流传下的最后一句话是："我不能再写下去了。和我看到的相比，我觉得自己写出来的全是秕糠。"

埃克哈特

上帝即非上帝

长期以来，我们总认为哲学是男人的特权。但早在650年前就有人否定了这一偏见。他就是埃克哈特大师（Meister Eckhart）。他的任务本来是用拉丁文给神职人员授课，但他所属的多明我会却请求他也给普通的修女讲讲上帝的福音，并且要用德语。为了使虔诚的女士能够了解自己的神学主张与哲学思想，埃克哈特大师便发明了通俗易懂的特有词汇。修女们很感激他，写下稚嫩动人的诗篇表示她们对大师的敬意。有位修女在临终前还特别提到她从埃克哈特那里得到了许多重要的启发。只是她听到的学问"实在太高深、太难理解了"，以至于她的理解力与感觉力都难以跟上。

除了这些纯粹的私人小事，我们对埃克哈特的生活经历知之甚少。他大约生于1260年，被人称作"来自霍克海姆的埃克哈特"，家族为骑士世家。年轻时他就加入了多明我会。根据我们的推测，他可能接着在斯特拉斯堡和科隆上过学，后来成了那里的教会主教，然后又去巴黎教书，1302年被正式聘用。这就是人们后来称他大师的原因。从巴黎返回德国后，他被任命为新成立的萨克森教区的主教。该教区从尼德兰延伸到波罗的海的利沃尼亚。有时他还兼任波西米亚教区的总教士，负责改革修会的修道院。后来他再次去了巴黎。不久又受多明我会的委托，担任了多明我会在斯特拉斯堡大学的领导职务，最后在科隆大学任教。埃克哈特大约死于

1327年，不知葬身何处。他的精神遗产非常丰富。除了拉丁文著作，还有用德语写成的论文与讲演稿。

埃克哈特大师一生具有决定意义的经历是他和官方教会的争论。自古以来，官方教会总是很难容忍思想家走自己的独立之路。不管在哪，只要有人不愿循传统之规，蹈祖宗之矩，教会都要疑神疑鬼，最终使用自己的权力加以干涉。埃克哈特一生的遭遇正是如此。引起轰动的是，多明我会本来是个非常热衷于宗教法庭的修会，而现在它的某位首脑人物却将被推上法庭接受审判。人们当然还不敢马上对大师下手，而是首先迫害那些不属于修会的外人，他们大都受到了埃克哈特的启发与影响，发表过类似的观点。处理的方法也不是耐心地教导他们学习更好的东西，而是干脆把他们淹死或者活活烧死。后来，科隆大主教亲自向教皇告状，随后便专门成立了审判团。埃克哈特获得赦免，除了教团极力替他辩护，埃克哈特自己也庄严宣称他从来没有过异端看法。但埃克哈特死后，教皇却发表了通谕，声称大师学说中至少有28条观点要么属于异端邪说，要么容易引起误解。

晚年的遭遇使后世长时间内几乎忘记了埃克哈特。直到今天，他的影响及意义仍被低估。一般哲学史对他的评价也极不公正、极不全面，因为他们所讲的全是纯理性的东西。哲学家们很容易忽视，在整部哲学史中始终贯穿着一条地下河流，这就是神秘哲学。用这种方式进行思考的，埃克哈特并不是第一人。在他之前有公元3世纪的普罗提诺（Plotin），5世纪的狄奥尼修斯（Dionysius Areopagita），8世纪的爱留根纳（Eriugena）。除了当时的弟子，继承了这种思维方式的有库萨的尼古拉（Nicolaus von Cues）、伯麦（Jakob Böhme）、巴德尔（Franz von Baader）。神秘思辨的范围很广，因而影响也是多种多样的。譬如要是没有这种思辨方式，晚年费希特以及谢林、黑格尔的思想几乎都是不可能的。埃克哈特典型地代表了这种思维方式。

什么是神秘思辨呢？简单地把它看成怪异、晦涩的深奥思考甚或狂热主义显然是不够的。这意味着，我们并没有真正把握它的特征。与此相反，我们必须看到，神秘思辨本来是一种亲身经历，是本来意义上的真正的经历：个人出发走上了某条路，恰恰在这条路上出现了他所经历的东西。因此，要理解埃克哈特的思想，必须先观察他所经历的道路，而且不能把这条路看作是抽象的。这是一条真正走过的路。

这条路叫作遁世。第一站是放弃所有的现实存在。这样之后，我们就会达到隐遁、与世隔绝的目的。"隐遁"是埃克哈特哲学的基本概念。"只要我开始布道，我讲的总是隐遁。"因此，埃克哈特的神秘之路同时也是告别之路。人应该不再为外在的存在操心，不再为身外之物发愁。他应该认识到"万事皆空"，进而和所有的事物告别。他应该达到纯粹的"忘记所有被创造出来的东西"的境界。

因此，神秘经历的开始并不要求我们狂热地超越到所有现实存在之上。这只有极少数几个受到特别恩赐的人才能做到。遁世是每个人的任务，必须通过实践才能完成。遁世体现在人的内心，有时也表现在日常生活之中。位于世界之中的人能够摆脱世物的束缚，出污泥而不染。"住在烈火边，同时又在栏杆内。"埃克哈特说："一位生活的大师胜过千个学校的老师。"

谁依此放弃了世界，谁就获得了纯粹的内心世界。神秘的处世态度是"一种凝聚，将分散到外在事物的力量重新召集，使在内心发挥作用"。因为，"人自己本来就已经带有真理"。

紧接着的是神秘之路的第二步：向自我告别，彻底放弃自我。人必须放弃自己的爱好、欲望与意志，将自己从自我的束缚中解放出来。他必须摆脱自我，做到"泰然自若"。而且这种泰然并不单纯意味着灵魂的安静，它实际上就是完全地放弃自我。在这种状态下，人处于"精神的贫穷之中，一无所想、一无所知、一无所有"。

当然，这条路自有其险恶之处。如果我们放弃了所有的东西，放弃了我们的欲望、我们的知识、我们的财富，剩下的还有什么呢？一无所有。埃克哈特指出的这条路不是会通向虚无吗？是的。但埃克哈特还是要求我们有点勇气，接着走下去。"隐遁，什么也不要追求。"隐遁"处于纯粹的虚无之上"，它与"虚无如此接近，以至于在完美的隐遁与彻底的虚无之间也不存在任何隔离"。埃克哈特的看法是，正是通过这种状态，人才能实现自己的本质。他说："我们所有的本质不是别的，正是恰恰位于彻底地消灭自我之中。"

这当然不是说，通过对世界以及自我的极端否定，自我就完全消失了。恰恰相反。正是通过放弃自我，放弃世界，人的根本特点以及"灵魂深处""灵魂根基"才有可能表现出来。埃克哈特使用了很多新名词，试图描绘这种无法把握的位于灵魂深处的东西。他称这是"灵魂的头脑""精神之光""理性""灵魂中的堡垒"。还有个词更漂亮，即"灵魂火星"。尽管如此，这些发明都未能完全准确表达他所要表达的意思。原因很简单：这种东西根本"无法表达、无名无姓、无法知道"。可道非道，可名非名。

这里出现了一个问题：这个通过许多名词所要描写的灵魂根基究竟从何而来，对此，官方教会觉得埃克哈特的观点难以接受。这是上帝创造的还是人所自有的。假如不是被造，人就必然具有某种严格来讲只有上帝才有的特点。在这方面，埃克哈特的观点恰恰不很明显。灵魂火星有时被看成是"上帝的创造"，有时又被解释为"不是创造的"，因而也不具有"被创造物的特点"。官方教会无法接受第二种解释，他们要找埃克哈特的麻烦，倒也顺理成章。

现在，埃克哈特开始将他的灵魂深处学说与神学联系起来。如果人完全回归自我，他就会在灵魂深处找到某种与上帝直接相连的东西。"除了上帝，任何人都不可能碰到灵魂的根基。"这是埃克哈特的基本观念，它也决定了埃克哈特对人的灵魂的设想：在根本上，灵魂是神圣的，灵魂中带有某种与上帝相似的东西，灵魂本身带有"上帝的影像"，甚至灵魂自己就是上帝，因为"上帝秘密地掩藏在灵魂深处"。

因此，灵魂深处也是灵魂本来能够认识上帝的地方。"灵魂火星理解神明之光。"但是，只有通过彻底的遁世，人才能达到这种对上帝的认识。"谁要想进入上帝的本源，必须首先进入自己的本源。"彻底遁世的人，会来到"上帝附近"，甚至可以达到某种"与上帝纯洁的合一"。"在这里，上帝进入了灵魂深处。"而且，在这种与神明的接触中，不但人彻底放弃了自我，上帝也同样放弃了它自身。

埃克哈特不知疲倦地颂扬灵魂与上帝的完全合一："实际上，上帝附近和灵魂附近并没有区别，没有比这更伟大的合一。""在这里，上帝的基础就是我的基础，我的基础就是上帝的基础。""上帝与我完全合一。"在官方教会看来，这些观点当然全是异端邪说。

通过隐遁进而消灭自我，这种思想正是来自于与上帝的合一。因此，所谓的消灭并不是绝对的灭亡，而是消失在上帝之中，是新生。"灵魂不存在了，它被埋葬在神明之中。""我们安静地生活在上帝的本质之中。"自我的特征完全消失，上帝才能在灵魂中诞生。"上帝作为父亲在灵魂的深处与本质中诞生了自己的儿子，并由此与灵魂合一。"这种通过上帝的新生而产生的合一是最完美的。埃克哈特甚至说："上帝生了我就像生了他自己，生了他自己就像生了我。我成了上帝的本质，代表上帝的特征。"

这个过程是怎样产生的呢？我们无法用传统的思维工具予以解释。灵魂"对此有所感觉，但却不知道它是什么，如何产生。"我们对此只剩"无知"或"无法被认识的认识"。但是，这种被称为"无知"的知识或对"无法认识"的认识却比所有其他的知识和认识丰富得多，因为上帝的本质无法认识。"我们应该从有知走向无知，这样，我们的无知就会上升为超然的有知。"

从这种神秘的基本经历中，我们可以引申出对上帝的思辨。在这方面，首先应该肯定的是：上帝就是存在。这与传统的基督教哲学思想完全吻合："如果有人询问上帝是什么或者是谁，我们应该回答说，上帝是存在。"

　　这句话的意思是，上帝是"万物的起源"。在基督教思想看来，这是自然而然的，但埃克哈特走得更远。他的意思是：上帝不但是所有存在物的创造者，而且也是所有存在物中的存在。后半句要说明的是：被创造的事物本身并没有什么，它们只是上帝存在的恩赐所致。只有上帝才是"所有自然中的自然，所有光明中的光明，所有生命中的生命，所有本质中的本质"。埃克哈特甚至说，"万物皆上帝"。这句话非常大胆，又有点泛神主义，因而听起来同样属于异端邪说。按照这个解释，从某种伟大的整体观念来看，所有现实存在都是"围绕上帝产生"。而且："如果所有被创造出来的存在本身就是上帝，如果所有存在都在其生命中模仿上帝，这便意味着，所有存在都希望重新回到它们流出的地方，它们的本质与使命便是急于再次复归本源。"人更是如此："上帝的本质就是我的生命。如果我的生命就是上帝的本质，那么，上帝的存在就是我的存在；上帝的本质特点就是我的本质特点。"

　　但在这里，埃克哈特碰到了另一个困难。如果不想把上帝与其他存在物简单地等同，我们就必须将上帝的存在与其他事物的存在区别开来。这在表面上与上文提到的说法对立，但埃克哈特特别强调："上帝没有存在这个特点，因而它也不是某种存在物。上帝比存在物更高级。"否则，上帝就成了和存在物等同的东西。埃克哈特进而认为，比所有存在物更高级的东西只能是精神的，是"认识"，是"理智"，"它比存在更高级"。对上帝而言，存在概念完全消失在了"认识"概念之中。"上帝是纯粹的认识"，"它的全部存在就是认识自身"。

　　尽管如此，这种将上帝存在确定为纯粹认识的思想还是未能正确表达人在遁世中得到的体验。这种体验比上面提到的思想更深远，它碰到的是"上帝的根基"，是"宁静荒凉的沙漠"，是"处于深渊之中的上帝"。

　　语言在此彻底失灵。埃克哈特只能指出，"深藏不露的神明是无法被认识的"，"围绕着这个藏身之地的永远是无法洞悉的黑暗"。"上帝无名无姓，因为我们既无法了解也无法表达。"思维总想把握极限的存在，因而它必须超越我们对上帝的所有概念，因为上帝是某种"飘忽不定的实体，某种超越了所有实体的虚无"。

因此，认识和把握上帝的最根本途径倒是"我们应该摆脱上帝"。"如果你热爱上帝，你就不能认为上帝是怎样的上帝，怎样的精神，怎样的人，长相如何。诸如此类的思想必须全部除掉。""如果你真正热爱上帝，你就应该热爱真正的上帝：非上帝、非精神、非人、非物、非像。更重要的是，它是某种纯洁明亮的一，没有任何矛盾与对立。我们应该永远沉入一之中，除了虚无还是虚无。"

这样，"遁世"便达到了自己的终极可能："人能够放弃的最高级和最重要的事情是，为了上帝而放弃上帝。"

库萨的尼古拉

有关上帝的名词汇编

精神伟人很少同时也是历史舞台上的主角。库萨的尼古拉
（Nikolaus von Cues）是个例外。当然，他并不是从一出生就被赋
有了这些荣耀。他于1401年在库萨出生，父亲只是普通的渔夫兼
商人。虽然不是一无所有，却也不是贵族。在当时的欧洲，所有高
级教会及世俗职务都被贵族阶层把持。普通渔民的儿子能干出这样
的事业并不常见。尼古拉一生都对此感到非常自豪。他是否想到了
基督教历史上赫赫有名的使徒彼得也是渔家出身，我们在此并不深
究。尼古拉受父母家庭的熏陶，很注意合理用钱，不管什么时候，
总有固定的经济收入作后盾。另一方面，同代人齐声赞扬他生活简
朴，要求不高。他不讲究饮食，不愿意使用蜡烛而是点比较便宜的
油灯。如果情况需要，他也会不骑良马，宁愿骑毛驴进城。这样或
许影响更大，因为这会使人想起耶稣进入耶路撒冷时的情景。尼古
拉这个人很难捉摸，对这类事，我们永远不知道实情如何。

尼古拉年轻时的事情我们了解得不多。只知道他有次和父亲
吵架，被从小船上扔到水里。尼古拉一气之下离家出走，但也没有
流浪多长时间。如果传说可信，他不久就乖乖去代芬特尔的学校求
学。这个学校当时很有名气。入学不久，尼古拉的天赋就引起了大
家注意。他在15岁时决定学习法律，便去了海德堡大学。后来又
去了法律专业方面很有名的意大利帕多瓦大学，同时还学习了某些

人文学科。尼古拉在22岁时于帕多瓦大学取得博士学位，回到家乡当律师。只是时间不长，因为第一场官司他就打输了。吸取教训，尼古拉决定终生不再染指法律这门手艺，甚至拒绝了比利时鲁汶大学的邀请，不愿去那讲授古代法律。他准备改行，看看能否当神职人员。还没有正式接到任命书，他就被委托负责特里尔附近的教区。按照当时的习俗，又接任了一系列的其他职务，大大超出关心信徒灵魂的范围，也超越了他的能力和精力。

有位主教和尼古拉关系不错，邀请他参加在巴塞尔召开的宗教会议，尼古拉这才有机会再次走出他的故乡。到达巴塞尔之后，他马上加入了反对教皇的行列，竭力为教士的请求辩护。认真学习了所有原始资料后，尼古拉撰写了巨著《论天主教的和谐》，引起了很大轰动。只是时过不久，人们又惊奇地发现，尼古拉成了积极的保皇分子。我们并不知道什么原因促成了这个转变。投机虚荣或许是其中某个动机吧。尼古拉的一生追求过不少虚荣。另一种可能是，他或许考虑到，在混乱时代，教会方面的事情最好还是由公认的最高领袖管理比较好。

尼古拉在巴塞尔充分发挥了他的外交才能。他不只为教皇与大公会议之间的混战操心，而且开始关心诸如谁应成为特里尔大主教，或者波西米亚教区的胡斯派与罗马教廷怎样才能和解这类问题。同时，他还插手政界，受命出面调解巴伐利亚公爵的矛盾，甚至西班牙和英国之间的斗争。在教会的范围之外，他的谈判艺术受到普遍赞赏，甚至为诸侯联姻出过力。除此之外，尼古拉还研究过日历改革。经过大量复杂的计算之后，他断定所有死去的人将在1700年至1734年间复活。

力争罗马与东部教会和解，这在当时是教皇和大公会议共同关心的重要任务，尽管双方在具体的解决办法上还有不少分歧。为了解决这个问题，尼古拉作为领导者之一加入前往君士坦丁堡谈判的代表团。尼古拉曾说，在回程的船上，他发现了自己一生中最重要的哲学思想。他称这个发现是"上天的恩典，光之父的馈赠"。

他发现，在所有现实存在范围内，我们看到的总是矛盾与分裂，但占首要地位的却是统一。统一最终位于无限，位于上帝之中。受这个发现的启发，尼古拉在君士坦丁堡之行结束后，开始着手撰写《论有学识的无知》。

在以后的几年，作为教皇的使节，尼古拉在无休止的各种讨论教会改革的会议上代表教皇的利益与主张，同时阐述自己的看法，赢得很大的声誉。教皇赋予他最高荣誉——任命他为大主教，同时送给他数千威尼斯金币，以便他能够支付这个职位的开销。作为特别任务，教皇委托他负责整顿德意志教会，特别是教会所属的修道院。这当然是困难且得罪人的差事，因为，许多修道院已经恶习蔓延、积重难返。花天酒地司空见惯，寻花问柳比比皆是，修士和修女沆瀣一气，另外还有迷信成风。尼古拉大刀阔斧地革除弊端，据说，他每天只睡四小时。他有时甚至怒发冲冠，将接待他的满桌佳肴掀翻，往往弄得对方下不了台。更可怕的是，可怜的小教士自封为主教，尼古拉便命人干脆把他拉到莱茵河里淹死。

可怕的论战给尼古拉的下半生蒙上了层层阴影。教皇没有采纳主教们的建议，而是一意孤行，任命尼古拉当了意大利布里克森大主教。由于当时许多小国是和主教区相互重合，因此他也成了这些诸侯小国的行政长官。这个任命，首先引起了蒂罗尔公爵的不满，原因是公爵领地与主教区的关系不明确。后来矛盾激化，主教也被卷了进去。当时常常遭到威胁要挟，甚至发生抢劫绑架的事情。尼古拉没有办法，只好逃到附近的城堡。随后城堡被围，防卫工事遭到猛攻。尼古拉以为命不久矣。非常幸运，事件还是最终得到了和平解决，尽管谈判艰难，结果也不十分令人满意。另外，由于坚持推行自己的教会改革计划，尼古拉和富有的女修道院，特别是勇敢好斗的女院长发生激烈争论。这场争论同样引发战争，这位女院长招募了大批雇佣兵。尼古拉以牙还牙，下令将赶来援助女院长的农民赶尽杀绝。

尼古拉后来厌倦这种无休无止的战斗，便离开"暴风雪与黑暗的深谷"，来到阳光灿烂的罗马。教皇不在罗马的时候，他代行教皇之职。这样，尼古拉又被卷入了意大利诸小国之间的矛盾之中。当时，土耳其人刚刚占领了君士坦丁堡，尼古拉参与十字军东征土耳其的准备工作。在普鲁士，德意志骑士团开始向波兰皇室宣战，尼古拉又受命前往整顿普鲁士教会。在英法百年战争中，他甚至作为教皇特使试图从中斡旋调停，当然没有取得什么值得一提的结果。除了这些，尼古拉仍然致力于全面的教会改革，并在一份备忘录中详细研究了这个计划。但就在他前后奔波，促使十字军的战船尽快起航时，1464年，死神夺走了他的生命。尼古拉只活了63岁，他的遗体被葬于罗马的圣彼得大教堂，他的心脏则安葬在他的故乡库萨。

　　尼古拉在如此繁重而复杂的教会及外交事务之余，还能坚持撰写著作，实在令人称奇，何况这些著作读起来让人感到作者写作时一定思想高度集中。它们的数量也很可观，除了上面提到的作品，还有《论追求智慧》《论智慧》《论精神》《论追求上帝》《直观的顶峰》《论起源》《论隐秘的上帝》《论信仰带来的和平》等等。

　　尼古拉的思想离不开他当年从君士坦丁堡返回罗马时得出的发现。这个发现的内容是，应该把上帝理解为"无限"，其意义非常重大。在数学范围内，他已经通过研究微积分探讨了这个问题。在他身后很长时间里，直到牛顿和莱布尼茨的时代，微积分问题才得到进一步解决。作为从中世纪迈向新时代的过渡人物，尼古拉在自己的许多研究中为未来指明了方向：古典时代及中世纪占统治地位的方法论是对事物的质的确定。与这个主流相反，尼古拉已经开始提倡通过测量与称量对事物进行量的分析。他还极力主张具有革命意义的地动学说。当然，在数学与自然科学领域他并没有取得什么划时代发现。这两类学科只是位于他兴趣的边缘。

　　比这重要的是，尼古拉以前人几乎没有想到的方式深入研究了思辨神学。当时，这是哲学中的重要分支。他孜孜不倦地提出问题：上帝是无限，但作为无限的上帝到底是什么？我们怎样才能把握、理解它？在解决这个问题的过程中，尼古拉经历了一次又一次的失败，我们或许在某个瞬间理解了上帝本质中的某个部分，但随即一切又会显得无法理解。尽管如此，尼古拉还一次又一次试图从新的角度解决这个问题。这位思想家的伟大之处也正在于此。

通过概念，我们无法明确把握上帝的本质。当尼古拉将上帝理解为"绝对无限"，这就显得非常明显。如果说无限是绝对的，这就意味着无限这个概念必须理解为全面彻底、不受任何限制。这样的话，在无限之外，不可能还存在独立的有限的范围。因为通过这个范围，无限本身就会受到限制而成为有限。但现在非常清楚，无限没有任何对立面。这等于说，对于有限的思维来说，无限"无法接近、不可理解、看不见、无法表达"。

当尼古拉将上帝解释为"绝对的统一"，出现了同样的情况。关键问题仍然是，不能将统一理解为某个独立存在的有限的多样性之间的对立。否则统一就不是绝对的。这样，上帝摆脱了所有可比性，又再次变得"无法表达、无法描述、无法称谓"。因此，上帝这个概念被解释为绝对的统一，这也是不恰当的。

在寻找恰当的上帝概念时，产生的困难在于：一方面，作为绝对的无限和绝对的统一，上帝不容许在自己身旁还有一个有限的存在；另一方面，一个矛盾、有限的世界却又存在，不管以何种方式。这样，尼古拉又试图将上帝理解为"所有矛盾与对立的综合"。但即使这样，有限还是无法被纳入无限之中。进退维谷，尼古拉只好强调，"上帝甚至位于所有矛盾的综合之上"。

尼古拉进一步又想把上帝理解为某种"绝对大"或"没有任何东西比它更大"的东西。这样，上帝与所有有限的大之间的关系便遭到消除，因为有限存在的特点便是可以增多增大，绝对的大却不会再增大。即使如此，上帝还是处于对立的状态之中，即和"绝对的小相对立"。真正的上帝概念必须消除这个矛盾。尼古拉便强调，上帝是绝对大，同时也是绝对小，尽管这似乎自相矛盾。

上帝是绝对大，同时又是绝对小。只是这个定义还显得有点太呆板，太缺乏活力。也许正是基于此，尼古拉才要超越这个定义，寻找新概念来表示上帝的本质。在新概念中，应该把上帝无穷无尽的创造力考虑进去，这种能力不能理解为单纯的潜在性，因为对上帝来说，潜在性同时就是现实性。为了满足这个要求，尼古拉发明了非常大胆的复合词：上帝是"潜在即现实"。这样，上帝这个概念便囊括了所有现实存在。真正的现实"并不存在于现实存在之中，它只是对'潜在即现实'的模仿"。

　　尼古拉还不满意。他认为这种'潜在即现实'与有限存在的关系有一种危险，即我们很容易将上帝的能力与世俗意义上的能力等同起来。这样，尼古拉又试图把上帝理解为"非他"。原因是：每个有限存在总有另一个存在作为自己的对立面，着眼于对立面，这个存在自身便又成了另一个，成了对立面的对立面。这种情况不适用于上帝。因为作为"非他"，上帝便与所有有限存在分开了。

　　但就在这时，尼古拉又觉得这个概念似乎单方面强调了上帝本质中不动的方面，未能充分表达其活力。如此这般，他便想再次强调上帝的全能，只是不再着眼于潜在与现实的同一，而是更突出地指出，上帝即是纯粹的能力，上帝即是"能力本身"。尼古拉补充说："我不相信，还能为上帝找出其他更明确、更真实和更易懂的名字来。"他认为，到此为止，所有可能性已经用尽，关于上帝我们能表达的就是这些。尽管如此，如同其他上帝概念，他的这个定义同样词不达意。

　　尼古拉一再试图通过概念把握上帝，完全放弃了现实世界。尽管他一再强调应该从上帝出发观察现实，因为"所有有限的、产生出来的存在全部来自无限的本源"。但这并非说好像上帝将自身的某些东西释放出来，进而创造了独立自存的世界。准确的意思是，上帝在自身"浓缩"了所有现实，世界只是上帝自身的"展开"。从这来看，世界是神圣的。因此也可以说，"世界位于上帝之中"。

　　尼古拉为上帝的存在寻找了大堆概念名词与规定，同时所有规定又显得问题重重。他因此必须给自己提出以下问题：人到底是否可能认识上帝？因为从最初就很清楚，通过使用理智我们无法达到这个目的，原因是理智总是活动在矛盾与对立这个层面，能够使对立面之间互相区别，而上帝却位于所有对立与区别之上。与理智相比，也许思辨理性更具有认识上帝的可能，因为尼古拉认为思辨理性可以把握对立面之间的互相统一。但尽管如此，思辨理性仍然只是从人的眼光出发观察上帝，因而不可能看到上帝自身到底是什么样子。既然理智与思辨理性都只是人的认识能力，这便意味着，通过有限的认识根本无法把握无限的上帝。"我知道，我知道的一切都不是上帝，我所能够理解的，与上帝没有丝毫相似之处。"

在这种情况下，尼古拉又产生了非常大胆的想法：既然通过知道无法认识上帝，我们也许能够通过无知认识它。"如果要想看到你，上帝，思辨理性必须变得无知。"无知并不意味着绝望地放弃知识。尼古拉的意思是，在关于上帝这个问题上，无知应该是"有学识的无知"。这是接近上帝的唯一正确方式。"只有通过知道自己无知这一方式，人们才能接近不可思议的上帝。"

这样，尼古拉的思辨神学便成了"否定神学"。这是哲学的分支，历史悠久。它的主要特征是，人们只能通过否定句描述上帝。我们用来描写有限的现实存在的所有规定，完全不适用于描写上帝。因此，上帝的存在只能具有否定性的规定。最终，上帝便与虚无差不多，因为"那些动身走向上帝的人，好像完全是奔向虚无，而不是接近某个具体的东西"。因此，对于上帝，我们只能说，上帝"既不存在又不不存在，也不既不存在又不不存在"。这个不合常理的矛盾句将否定神学推向了巅峰。因为否定神学的思维目的就是要将上帝与所有有限存在之间的无限距离彻底拉开。

如果上帝是根本无法被认识的，我们为什么还要唠叨个没完，总是不断地提起它呢？面临这个问题，尼古拉提出了以下观点：虽然我们无法通过知识，也无法通过知道我们无知了解上帝，但人们可以在"向往"中接近它。"向往"的意思是，存在"追求那个单一的欲望"。这个"欲望"同时就以某种方式包含了被向往的对象，即上帝。问题在于，这个欲望也不是真正地把握上帝，而只是指明了某种通往上帝的方向。因此，上帝同样还是无法把握、无法认识的。

对尼古拉来说，还有一条路可走：神秘经验、单纯直观。这样，我们就必须"超越所有的界限、终极与有限"。达到了这一境界，我们就会发现，"我们具有精神之眼，可以看到位于所有认识之前的那个存在"。我们就会"在黑暗之中看到上帝"。这种直观无法理解，"如同瞬间的大彻大悟"。但是，就是这条途径也很难通向目的地。基调没有变："无论怎么观，上帝总是看不到"。

尼古拉的所有的努力都失败了。上帝是无法把握的，不管是通过哲学思维，还是否定神学，不管是在向往中，还是神秘的直观。最后结论是：人的所有努力都失败了，剩下的唯一办法就只有靠上帝自己。这里的意思是，接触上帝的所有可能只能来自于上帝的自我显示。"如果隐藏的上帝不用自己的光明驱逐黑暗进而显示自己，我们就永远无法认识它。"但这便意味着信仰高于所有的认识甚至直观。这意味着，尼古拉为了天启放弃了思辨神学。他探讨认识上帝的可能性，但得到的结论却是："上帝隐藏在黑暗之中，哲人的眼睛也看不见它。但上帝却向那些受到自己保佑的恭顺虔诚的小人物显示自己。"

尼古拉试图通过哲学思辨的方式回答上帝这个问题。他的目的没有达到。但我们不应忘记，在此之前，还没有人能够像他那样如此不懈地面对过这个问题。正是基于此，尼古拉可以算得上是思辨神学这块哲学阵地上的伟大人物之一。

笛卡尔

戴面具的哲学家

　　笛卡尔（Descartes）是17世纪初最伟大的思想家，近代哲学的奠基人。他曾经说过以下这段非常奇怪的话："就像演员要戴上面具，以便羞怯不会表现在脸上，我也是化装后才登上世界这个舞台的。"笛卡尔是戴面具的哲学家？笛卡尔志在揭示事物和人生秘密，自己却藏在面具之下，他要掩盖什么呢？

　　我们看看笛卡尔同代人的记述，他们不知道。在他们看来，笛卡尔这个人是不可捉摸的。在自己的书信和著作中，笛卡尔不断提出抗议，说别人误解和歪曲了他的思想。对他的学说的意义，人们也是众说纷纭，毁誉不一。有人坚信笛卡尔的思想和《圣经》中的真理完全一致，但荷兰的新教和几所大学却将他的著作列为禁书，天主教会也同样把他的书列为禁书。有人把他的哲学研究和上帝在六天中创造了世界的功劳相提并论，把他和《旧约》中的立法者摩西同等齐观，但也有人抱怨他是个无神论者，说他目无上帝，伤风败俗。这场争论延续至今。在研究笛卡尔的学者中，有人称他是基督教哲学家，说他为上帝以及教会的荣誉和声望而战斗，有人却认为他的哲学以反抗基督教开始。看来笛卡尔的面具到现在还没有被揭开。这位对自身和自己的思想遮遮掩掩的哲学家到底是谁？笛卡尔何许人也？

　　让我们先从最简单的方面说起！他生于1596年。他的生命差点就此走到尽头。因为，笛卡尔呱呱落地，马上就想从大地这个舞台上溜走，如此急不可待，甚至医生们都放弃了任何希望。然而，笛卡尔，这位新时代哲学的奠基人还是活下来了，新时代的哲学也随之诞生。这完全归功于一位保姆。她对医生们的诊断不以为然，硬是把这个小家伙给伺弄活了。

笛卡尔生来羸弱多病。这倒给他带来了某些好处。由于他必须不断照顾自己的身体，所以上学时也可以懒洋洋地睡早觉，日上三竿才起床。同学们当然都很羡慕他。笛卡尔一生都保持这个习惯。只是到了后来，有位很有权势的大人物还是迫使他恋恋不舍地放弃了这一享受。不过这是后话。

笛卡尔上的学校在当时非常出名，是耶稣会学校，按照良好的古老经院传统进行科学研究。笛卡尔在这里成了模范学生，恭顺、好学、责任心强。但就在那时，他已经开始戴上面具。在听话勤奋的表面现象下，掩藏着反抗精神，默默地和已然失去活力的中世纪传统作对。所有传授给他的被当作天经地义的知识，笛卡尔都觉得非常值得怀疑，特别是哲学方面。后来笛卡尔写道："对任何问题，某个哲学家在某个时候都已经说过。难以想象还有什么比这更奇怪更荒谬的事情了。"因此，笛卡尔不去关心这类经院智慧，而是偷偷转向研究刚刚兴起的、但在耶稣会学校受到蔑视的科学和哲学，后来还为它们奠定了更结实的基础。

当然在此之前，他曾一度放弃哲学。在回忆这段往事时，笛卡尔说："刚刚到了能够摆脱老师对我的束缚的那个年龄，我就完全放弃了那种经院式的学习。我决定不再寻找别的知识，而只观察我自己和阅读世界这本大书。我把剩余的青春完全用在旅行上。参加宫廷活动，服兵役，和各种不同地位的人交往，积攒经验，在命运安排给我的各种重大经历中磨练自己，对所遇一切进行思考，以便有所得益。"

在几位仆人的陪同下，笛卡尔首先在巴黎找到了"世界这本大书"，因为只有在这儿，他才能见到真正光怪陆离的大千世界。有位笛卡尔的传记作者写道，笛卡尔刚到巴黎，马上投入了享受娱乐的漩涡之中：骑马、击剑、跳舞、赌博。但这好像又是新面具。一夜之间，他又突然地从社交舞台上消失了，过起了寂寞遁世的隐居生活。包括他的家人和朋友们，谁也不知道他在哪。为了不被人认出，笛卡尔几乎足不出户，顽强地研究数学和哲学问题。

不久，大千世界再次引诱了他。笛卡尔决定旅行，并且认为再好不过的机会是当兵服役，奔向战场。这样，笛卡尔成了军人。当然，他是否将利剑对准过某位敌人的胸脯，我们无法知道。人们只说过，在一次航行时，他们遭到了强盗的袭击，打了一次胜仗。服兵役时，笛卡尔也不是普通的士兵，而是军官，而且是富有的上等军官，他还自愿放弃所有军饷。另外，为何种理想而战，他也无所谓。他在信奉天主教的元帅手下打仗，同时也在信奉新教的将军麾下战斗。也就是说，他并不想当参战的士兵，而只是观众。他感兴趣的，并不是人们互相残杀，而是观察他们如何打仗，作战时用的武器如何设计。为了这个目的，他先后去过荷兰、德国、奥地利、匈牙利，活像战地旅行家。也正因此，他并不热衷于可以打仗的季节，反倒更喜欢冬季安营扎寨的岁月。他写道："这样的话，我便可以整天将自己关在暖和的屋子里，尽情和我的思想交谈。"

就在这类冬营里，在多瑙河边的瑙堡城，笛卡尔获得了决定性的发现。这个发现也许就是他后来的哲学思想的萌芽。他写道："我恍然大悟，产生了非常奇异的认识。"这个认识具体是什么，笛卡尔没有讲，而是接着叙述了一系列奇怪的但显然意义重大的梦幻。这些梦幻深深吸引着他，他甚至发誓要去意大利洛雷托朝拜。脱下军装后，笛卡尔履行了这个诺言，以平民的身份游历了瑞士和意大利。最后，他再次回到巴黎，当然又只是为了将自己隐藏起来，不被人发现。不久，这块藏身之地又不能满足他了，因为"巴黎的气氛总使人产生胡思乱想，而不是真正的哲学思辨"。

笛卡尔现在所追求的，才是哲学的真谛。读完"世界这本大书"之后，他开始研究自己。为此，他需要绝对的安静。因此他再次去了荷兰，以便在"孤独寂寞的生活中"发现人类精神范围的秘密。这个任务"当然要求我全部、彻底地放弃迄今为止我所保持的信仰与观点"，而荷兰正是这样一块有利于在寂寞中进行创造的理想之地。"这儿的人只关心自己的事，很少过问别人。在这群伟大而非常勤劳的人中间，我可以深居简出，不为人知，如同生活在遥远的沙漠之中。""我可以在这过一辈子，而不被人发现。"笛卡尔和外界保持联系的唯一方式是遥远的书信来往。小心起见，用的还是假地址。然而正是这种隐居生活，给他带来了到此为止所苦苦追寻的幸福："在寻找真理中得到的欢乐，几乎是这个世界上唯一纯洁的，不被任何痛苦所干扰的欢乐……在这儿，我每天睡十个小时，还从来没有被什么忧虑惊醒过。"

在这种安静的环境中，笛卡尔开始著述写作。当然他很小心，尽力不让安静的生活由此受到任何干扰。写完一本书后，他听说伽利略已经对同一问题发表了类似的看法并且因此受到教会的谴责。他担惊受怕，竭力不想让他的著作问世。他写信给一位朋友说："我的愿望是安静。……世界将在我死后一百年看到这本书。在此之前是不可能的。"这位朋友的回答也很有趣："如果人们要读哲学家的书，看来没有别的办法，只有尽可能早早地把哲学家打死。"

笛卡尔竭力保护自己。但即使如此，他也未能幸免，还是受到了人们的攻击。他的作品，哪怕是极小的一部分，刚一发表，批判者便蜂拥而上。人们指责他鼓吹无神论，亵渎上帝。当时的公共舆论是神学的御用工具，"对神学家的胡子、声音和眉毛也感到害怕"。而受舆论影响，官方当局也开始和他过不去。笛卡尔感到委屈，曾振振有词地抱怨这些攻击太荒谬："神学家指控我宣传怀疑主义，因为我批驳了怀疑论。传道士骂我是无神论者，因为我试图证明上帝的存在。"但最后笛卡尔还是认为遭到别人的攻击，完全是自己的过错："人常说，在其他野兽看来，猴子都是会说话的，如果猴子们愿意这样做。但是猴子却故意不说话，人们也就不能强迫它去干活。如果我像猴子那么聪明，世界上就没有人知道我在写书。然而我比猴子笨，没有放弃写作，所以我就没有得到通过沉默所能得到的那么多的安静和闲逸。"

在荷兰生活不下去了。笛卡尔应瑞典女王克利斯蒂的邀请来到瑞典皇室。这下子，他必须彻底改变自己的生活习惯。他的一天总是从中午才开始的，但现在女王却希望早晨五点就和他进行哲学讨论。另外瑞典的气候也不好。笛卡尔叹息说，瑞典是"熊的国家，位于冰块和岩石之中"。总之，在北方他并不感到舒服。但在他还没有来得及决定返回之前，病魔就夺去了他的生命。笛卡尔活了54岁。

笛卡尔的一生可以说是不停与隐蔽自己而抗争的一生。他的著作也有这个特点，往往掩盖在奇怪的多义性之中。其原因当然在于笛卡尔所研究的对象本身。他以惊人的勇气开始和旧传统决裂，要赋予哲学新的开端。然后他又在面临深渊之时却步了，重新回到传统思想和传统信仰的轨道之上。沿着新开辟的道路前进，同时又被旧东西束缚。对于处于历史转折时期的思想家来说，这也许是无法避免的。笛卡尔这位谜一般人物的秘密正是这种承前启后的矛盾所造成的。但也正因为如此，他才成了哲学史上，更进一步说，人类思想史上，最伟大的人物之一。

他的伟大之处并不首先表现在数学和自然科学方面，尽管他在这些领域里同样做出了惊人的贡献，特别是发明了解析几何。比这些更重要的是，他致力于将数学上的严谨方法应用在哲学研究上，从而使哲学与其他科学同样具有准确性和明晰性，摆脱了迄今为止的由于各种意见的相互矛盾产生的不可靠性。他的目标是宏伟的。照他的话说，他要把哲学从黑暗的坟墓中重新引向光明。

然而困难也正在于这种对哲学的严格要求，因为哲学所研究的完全是另一类问题，这就是形而上学，特别是上帝的存在以及人的灵魂的本质。现在，笛卡尔重新捡起这些古老的哲学命题，并且坚信能够用崭新的、从数学公式上学来的方法完全科学地解决它们。在人生中，这类问题无法避免。笛卡尔对此也很清楚。他曾写道：没有哲学思考的生活，如同人闭着眼睛而不想睁开。但笛卡尔同时认为，哲学思考就是提出和解决形而上学方面的问题，而要解决这些问题，首先必须创造可靠的基础。也就是说，就像数学公理那样，要先找到基础。这个基础必须真实、直接、简单明了，能够撑起整座哲学大楼。但要创造这类绝对的开端，必须抛弃所有暂时看来具有可靠性的东西，必须对以前所有的、被认为是不容怀疑的真理提出怀疑。因此笛卡尔认为，他的任务就是"从根基开始摧毁所有，然后从第一块基石重新开始"。他果断、不顾一切地赋予自己这种怀疑一切的自由。正是这种大无畏的勇气，使他在那种怀疑一切的态度中同时孕育了近代哲学的开端。按照笛卡尔的观点，近代哲学建立在主观与主观的自由之上。

笛卡尔检验迄今为止被认为是天经地义的所谓真理，发现它们并不可靠。更严重的是，由于根基不牢固，所有都开始变得动摇不定。他写道："不知不觉，我好像是陷入了深不可测的漩涡之中，迷失了方向。我既不能在水底站稳，亦无法游在水面之上。"

首先，外部世界的存在是值得怀疑的。事物真的就像我们看到的那样吗？进一步，它们是否本来存在？我们经常经历的感觉会欺骗我们。但是，在这种对外部世界的怀疑之中，至少有一点是可靠的，这就是我们自己的身体存在。然而仔细想一想，这一点也值得怀疑。我们所说的自己的身体存在这个现象，也可能是个错觉，整个生活也许是"一场不停息的梦幻"。这个"荒唐的思想"也许是正确的。不过，在种种全面崩溃之时，又有一点是可靠的。这就是，说到底总还有一些永恒的，即使在梦幻中也不会改变的东西，譬如二加三等于五，或者如同广延、形状、时间、空间这些最普通的基本概念。但是，当笛卡尔开始走向极端时，这些构成所有认识的基础同样也陷入了可疑之中，因为这类东西和人的精神无法分割。也许那些人们认为最确实的东西也不可靠。人在其本质上，也许根本无法认识真正的东西。

经过这三步，怀疑达到了顶峰。但就在这时，关键的问题也显示了出来。如果说人本来就生活在迷误之中，如果说人是上帝创造的——笛卡尔对此极为坚信，这也就意味着，上帝将人投入了错误和假象之中。倘若如此，上帝就不是神学和哲学宣扬的那样，是什么"真理的本源"，而是"骗人的上帝"，甚或是"怀有恶意的魔鬼"。

笛卡尔当然没有勇气把这个思想作为理论提出来。但他敢于思考这个问题，尽管还只是以提问的方式。这已经具有相当深远的意义了，因为迄今为止人总认为自己由上帝创造，因而也相信自己处于上帝的保护之下，能够认识上帝的真理。在精神跨入新的历史阶段时，这个问题具有举足轻重的地位。现在，这个所有认识赖以存在的基础受到了大胆的怀疑，受到彻底的动摇。人类精神面临怀疑一切的危险。笛卡尔也是这样看的。在怀疑之路的终点，他看到自己被包围在"无法摆脱的黑暗之中"。

在《沉思集》这本书里，笛卡尔非常精辟地阐述了自己这种怀疑一切的思想。但在走完怀疑这条路之后，他还是得到了某种不容置疑的唯一可靠的东西。笛卡尔的一位朋友感觉到了这种首先怀疑一切的态度可能会带来的危险，并且通过非常奇特的方式表达了自己的看法。他问道：如果有人没有读完这本书，而只读到怀疑导致虚无这个章节，或者他恰恰读到这里时不幸死去，这个人不是就失去了永恒的幸福吗？他将会感到万事皆空。而这不正是哲学家的罪过吗？哲学家剥夺了人们自以为非常可靠的对生活的信仰。

笛卡尔当然可以指出，正是在所有认识的可靠性遭到破产时，才有可能产生新的可靠认识。在《谈谈方法》中，笛卡尔让某位谈话者对他的伙伴说："如同从固定不变的点出发，我要从这种怀疑之中引导出我对上帝、对自己和对世界上所有事物的认识。"这是西方思想史上的大转折。在所有认识变得不可靠时，笛卡尔不是通过回避寻找自己的出路，他顽强直面怀疑，敢于怀疑，迫使自己从怀疑之中得到某种本来、不容怀疑的可靠认识。"我所想象的也许是错误的，我以为能够认识的每个客观对象也许都是不可靠的，但是，我对它们的想象却的确存在。因此，创造了这些想象的我也的确存在。怀疑，恰恰是怀疑向我证明了我的存在。因为只要我怀疑，作为怀疑者的我就必然存在。上帝可能是个大骗子，但这个看法也不能动摇我对自己的信仰。上帝也许欺骗我，但我这个受骗者却的确存在。"这样，笛卡尔便得出了他的著名论断："我思，故我在"，"我怀疑，故我在"，"我受骗，故我在"。

因此，怀疑并不是认识与信仰危机的最终结果。新时代的哲学就是在这种危机中诞生的。笛卡尔成功地得出了崭新、不容置疑的认识。在怀疑一切的漩涡中，存在某种真正的东西，这就是人的自我存在这个事实。中世纪的哲学几乎全把上帝看成是本来、不可怀疑的存在。现在，笛卡尔将这个特性放到了人身上。这对后来的哲学发展产生了重大影响。从此以后，尽管强调的程度不一，但近代思想的重要特点之一，便是将人看成是独立的，认为只有人才具有可靠性。笛卡尔的哲学首次对这种"自我独立性"作了精辟的解释。

基础奠定了。现在就该在此之上建立哲学的大楼了。因此，笛卡尔便开始研究这种具有自我意识的"我"到底是什么。由于他通过思想找到"我"，所以"我"必须解释为具有思想的实体。"我"也是以这种方式意识到自己的。但进一步思考，笛卡尔并未单纯停留在"我"的自我感知之上。借用观察外界事物时得到的概念，笛卡尔对"我"作了进一步解释。他称"我"是"会思想的事物"。这意味着，他从物质世界出发看待"我"。这样，类似于自然界的事物具有颜色、重量，"我"也是物，以同样的方式具有思想、欲望、感觉等特点。但这样一来，"我"作为人的存在所具有的本质、特有的东西便被掩盖起来。笛卡尔虽然窥见了人存在的独特之处，但马上又把眼光转开。新的思想由此诞生，但刚刚发现的东西随即又被掩藏到传统看法的面纱之下。这是所有发现了新思想的人的命运，这也是笛卡尔的命运。尽管如此，通过他的发现，笛卡尔给未来指明了方向。后继者将沿着这条路去探寻人的特殊本质以及人与其他事物之间的区别。

笛卡尔对人的解释中，还有另外一个危险的趋向。在他看来，"我"的本质只是思想，没有别的。他所说的思想，当然范围很广，包括了感觉和欲望，总之，包括了意识的全部范围。这样，人作为有意识的实体，作为"会思想的东西"就和其他无意识的、不会思想的事物之间产生了很难连接起来的鸿沟。"我"并不是生活在现实世界之中的具体的人。单纯生活在意识之中的"我"失去了和其他事物之间的联系。从笛卡尔开始，近代哲学将现实存在机械地分成了与世界无关的主观和纯粹的客观。直到今天，这个裂痕还在束缚我们对人和对世界的哲学思辨。

笛卡尔发现人的思想是可靠的，他研究了"我"的本质。但事情并没有结束。在怀疑之路的终点，又出现了难题：人也完全可能生活在迷误之中。现实真的就是人所想象的那个样子吗？这是无法得到肯定的。因此，笛卡尔现在就面临着形而上学中的根本问题，即现实存在的起源，也就是说，上帝这个问题。在上帝创造了世界这个思想的统治下，人生活在迷误之中这个命题可能成立的前提条件是：上帝是个骗子。因此，为了说明人不可能生活在迷误之中，笛卡尔必须首先证明上帝是可以信赖的，上帝不是个骗子。但为了解释这个问题，他必须论证上帝是否存在。

证明上帝存在时，笛卡尔的出发点是：人在自己的心灵深处能找到完善实体的理念。笛卡尔认为，这个理念不可能是人自己创造的，因为自身不完善的实体，即"位于上帝和虚无之间"的人，根本不可能依赖自己的力量创造最完善的实体，即上帝的理念。那么，人怎么会有这个理念呢？笛卡尔说：只能是完善实体自己将这个理念移植到人的内心的。原因是：只有完善实体自己才能是完善理念的创造者。但是，这便意味着：既然人心中有上帝这个理念，作为理念起源的上帝就必然存在。进一步：如果上帝是完善的，上帝就不会故意将人置入迷误之中。因此，上帝肯定不是骗子，而只能是纯粹的真理。怀疑一切的态度也就不再必要。

这样，经过对一切的怀疑之后，"我"的存在和上帝的正确性就成了无须置疑的事实了。人在经历了暂时、孤独的自我意识之后，又重新回到了上帝的羽翼之下，将自己重新放入上帝创造的世界秩序之中。然而，这样建立起来的形而上学的根基并不牢固。因为仔细想想，我们就会发现，笛卡尔对上帝存在的证明是个循环论证。他的基本前提是：人不可能创造出那个完善实体的理念，作为有限的实体，人不可能成为永恒理念的原因。因为，原因至少必须和因它引起的东西相同等，而这个无限的理念比有限的人丰富得多。但是，笛卡尔怎么才能证明这种因果关系是正确的呢？他回答说：这是清楚明白，本来就是肯定无疑的。然而，在还没有解决上帝是否欺骗人这个问题之前，是否能有任何一个本来、肯定无疑的东西呢？何况这个问题指的是人是否具有某种本来的把握自身的能力。在没有成功证明上帝的存在和上帝的正确性之前，清楚明白这个原则本身就是值得怀疑的。如果笛卡尔恰恰把自己的证明建立在这个原则之上，他的推论实际上不是别的，只不过是循环结论罢了。这样，笛卡尔重建形而上学的尝试，在开始时就已失败。

笛卡尔借此确实是当之无愧的未来哲学的开启者。继他之后的哲学，在形而上学方面做出了努力，在启蒙运动中做出了贡献，发展了虔诚的迷信思想，陷入了虚无主义的绝望之中。在所有这些方面，都能找到笛卡尔的影响。站在我们面前的笛卡尔，就是如此矛盾，如此难以捉摸。

他满怀激情，转向新思路。但在有必要时，他便唤来旧思想帮助自己。他大胆把即将没落的思想推向极端，同时又对那里出现的新的可能感到害怕，只好重新逃回对上帝的信仰之中。他狂热地试图重建业已经支离破碎的形而上学，希望重新获得对世界形成的认识。在这个过程中，他获得了坚定的信仰：上帝是不可怀疑的，人有能力把握自己，这二者就是人的本来特性。但是，在距离信仰上帝不远的地方，又可怕地出现了怀疑。这种怀疑又会使人反抗自己的创造者——上帝，而最终将自我的自由看成是无边无际的。

笛卡尔担惊受怕地把自己掩盖在寂寞之中，也许就是因为他感觉到，他的新发现将会引起新的困境，但他自己又很难摆脱这个困境。通过对存在的直接感知，他试图以认识的方式满足人们对古老的形而上学方面的愿望。但这种直接感知又是矛盾的，隐藏着最终彻底摧毁形而上学的危险。在这个内心矛盾的逼迫下，笛卡尔自己也变得不可捉摸了，在自己得到的认识面前束手无策。他曾说，他是"孤独的、在黑暗中摸索前进的人"。也许正因为如此，他必须把自己掩藏在面具背后。

帕斯卡尔

钉在十字架上的理性

　　帕斯卡尔（Pascal）绝对是个神童。尖刻的评论家也许会说，这是因为他没有上过学。但帕斯卡尔并非完全没有受过教育。他的父亲是个受人尊重的收税员，最初的知识就是他传授给儿子的。这位父亲很严厉，他强迫帕斯卡尔学语言，不准他接触自己感兴趣的学科：数学与自然科学。然而，12岁的帕斯卡尔却无师自通，爬在地板上，用粉笔画些三角形和圆圈，发现并掌握了欧几里得几何学。起码在有关他的家族的传说中是这样讲的。16岁时，帕斯卡尔写了一篇论圆锥曲线的论文，马上在学术界引起轰动，到现在还没有过时。19岁那年，他为父亲的税务局设计了历史上第一台实用计算器。他还做实验，研究是否有真空存在这个当时颇有争议的课题。帕斯卡尔那时受牙疼折磨，觉得反正也干不了什么正事，便迅速草拟了一种滚动齿轮理论，对概率计算做出了重要贡献。后来，他又研究摆动线，即位于滚动轮边缘的针所画出的曲线，很接近后来使莱布尼茨成名的微积分理论。另外，帕斯卡尔的研究兴趣并不限于纯粹的理论。他设计了横贯巴黎的马车交通图。这个规划是否曾付诸实施，很难考证，史书上没有记载。

　　帕斯卡尔很有希望成为数学和自然科学方面的伟人，但总有别的事情横插进来。比如，他对哲学越来越感兴趣。从这点也可看出，哲学会损害科学。帕斯卡尔转向研究哲学，首先因为，在所有东西中，他对人最感兴趣。"人必须认识自己"，这是他的座右铭。"活着却不知人是什么，这真是糊涂得不可思议。"研究人才是"人所特有的真正的学问"。

但纯粹的哲学研究也不长。某次神秘的经历使帕斯卡尔走上了另一条道路。人们知道这件事，是因为在他死后有人发现他的上衣袋里缝着一张纸条，断断续续地叙述了这一经历。纸条上写着："火、确实、确实、兴奋、和平"，"忘掉世界和所有事物，上帝除外"，"彻底、发自内心的舍弃"。但开门见山第一句却是："亚伯拉罕（Abraham）的上帝，以撒（Isaak）的上帝，雅各（Jakob）的上帝，不是哲学家和学者的上帝。"显然，帕斯卡尔开始严肃认真地研究信仰这个问题。从此，他便陷入了与耶稣会士的狂热论战之中，写出了他那本没有完成的大作《思想录：论宗教和其他主题的思想》。这本书是帕斯卡尔对人类思想史的最伟大的贡献。

这都是在痛苦中完成的，因为从18岁起，病魔就没有离开过他。到了生命的最后几年，他完全沉默，谢绝了所有社交来往。有段时间，他干脆住进修道院，潜心祷告，参加社会救济活动，放弃所有享受。他的房间容不得半张图画，也不裱糊装饰。他放弃了自己最喜欢的食物饭菜，自己制作了带刺的皮带，系在腰上。他于1662年去世，享年39岁。

在对人进行哲学思考时，帕斯卡尔得出了什么结论呢？首先，他将人放入宇宙之中，想从宇宙的角度观察人。但在试图把握宇宙时，思维却跌入了极端的窄迫之中。因为把眼光离开地面，看看太阳的运行，地球就只是一个点。"和天空中其他星体的运转相比"，太阳的运转也只是一个点。继续推理："整个可见的世界只是大自然中微乎其微的一小部分。"人的想象力是无法把握整个自然的，因为自然是无限的。"面对无限，有限的东西自行消失，成为纯粹的虚无。"因此思维总是以"消失在无限之中"而告终。

撇开大自然的无限延伸，观察单个的自然现象，情况也是如此。如果研究最小的生物——帕斯卡尔以螨为例，便能发现，这种最小的生物也由各个部分组成。即使是原子，也还不是宇宙中实际存在的最小单位，因为原子还是可分的。在每个原子碎片的内部，都有"无限的宇宙存在，每个宇宙都有自己的天空，自己的星体、大地，类似于可见的世界"。在这方面，思维同样消失在无限之中。结果是零，而且连这个零也可想而不可即："思维必然消失在妙不可言的奇迹之中。"

以中世纪的哲学思想为背景，帕斯卡尔这种双重无限理论的意义非常明显。中世纪思想认为，在整个有限世界中，每个事物都有固定的位置。现在，这种规定不再不可能。以无限大为标尺，所有的事物就会紧缩为无限小。以无限小为准线，它们又扩张为无限大。在两个方面，存在的东西都是不可理解的。"所有事物来自于虚无，又上升为无限。谁能跟上这种令人惊讶的脚步？"我们永远把握不住事物的"真正本质"，看到的始终只是事物处于中间阶段的某个表象。我们永远处于绝望之中，因为我们既看不出事物的根源，也看不见它们的目的。"我们看到的只有黑暗。大自然展现给我们的，无不使我感到怀疑和不安。""万物皆在驰骋中消失"，万物自身全被掩盖在"无法洞悉的秘密之中"。

依照这种对自然的看法，再去观察人，问题就更严重了。以无限大为背景，人显得非常渺小，"在宇宙中几乎观察不到，而在大自然的怀抱中，宇宙本身又是微乎其微的"。另一方面，以无限小为背景，人又会觉得自己是"庞然大物"、整个世界、甚至一切。简言之，人处于自然之中，从与自然的联系来看："着眼于无限大，人是虚无；着眼于虚无，人是一切。"因此，人总是摇荡于"无限大和虚无这两个深渊之间"，"既没有能力看到他所来自的虚无，也无法认识他将消失之去的那个无限大"。

因此，对人来说，人本身就是"自然界中最不可思议的存在"。

"这就是我们在存在中的真正位置：我们在无法测量的中间地带徘徊，没有任何把握，摇来荡去，从一端到另一端。不管我们企图在哪个边缘上站住脚，找到支撑，这个边缘总是摇摆不定。我们遵循这个支撑的指示继续前行，而它自己却稍纵即逝，永远地消失了。"

　　人的生存标签就是这种分裂。它不光在人与自然的联系中表现出来，同时也深深地嵌入纯粹的人生之中。在帕斯卡尔看来，做人就是生活在矛盾之中，一方面是思维的力量，一方面是生命的脆弱。在精神上，人可以把握所有存在及宇宙整体。"宇宙通过空间包围我，我通过思维包围宇宙。"因此，"人的尊严就是思想"。但与此同时，人又表现出生命的无能为力："一缕蒸汽、一滴水便足以使他死亡。"人是"会思考的芦苇"。尽管如此，人又可以通过思维战胜自己的无能与脆弱，可以通过意识承受这种无能："宇宙完全可以把人捣成粉末，但人总还是比杀害他的东西更高贵，因为他知道死亡，知道宇宙占据优势，而宇宙对此却一无所知。"

　　这个矛盾不仅表现在人的本质之中，从人的日常生活及行动中也可看出。为了对此进行说明，帕斯卡尔列举了所谓的社会名流们经常经历的几个典型的生活场合，诸如打猎、玩球、舞会以及担任各种职务。在帕斯卡尔看来，所有这些行动，不管是消遣性的还是严肃性的，都具有某种奇怪的双重性，它们都不是人们表面上看到的那样简单。人们在从事这些活动时所表现的急切与热情表明，这些活动产生于人们对消遣本身的追求。富有的贵族打猎并不是想得到一只兔子，赌博也不是为了赢利。在很大程度上，他们只是为了消遣而消遣。

　　帕斯卡尔进一步思考发现，在这些活动的背后，最终是对孤独的恐惧在作怪。"世界上所有的不幸，都是因为人们不善于安静地呆在一个房间里。"但孤独之所以可怕，因为寂寞之时人会被迫赤裸裸地面对自己。因此，人总是寻找那些剧烈、令人销魂的事情，因为这类活动可以转移他的思想，使他暂时不想到自己。"人总是试图忘记自己。"但是，面对自己为什么如此难以忍受呢？帕斯卡尔回答道，因为在想到自己时，人就会看到生存的悲惨。在孤独的时刻，"无聊会袭击人"，还有"抑郁寡欢、悲伤不幸、苦恼烦闷、厌烦不乐与绝望"，人就会感到人生的"虚无、寂寞、无能、依赖性、脆弱与空洞"，就会预感到死亡的威胁，感到死神主宰人类的生存，人生不可避免地走向坟墓。"我所知道的，只是我不久必然死去。而我最不理解的，却是我无法逃脱的，这就是死亡本身。"显而易见，人的生命是"世界上最易破碎的东西"，我们几乎是"无忧无虑地奔向深渊"。

在这种贫困之中，帕斯卡尔看到了人生的伟大之处，即人可以知道自己生存的悲惨。"人的伟大之处正在于，他能够意识到自己是悲惨的，树显然不会有此认识。因此，看到自己的悲惨，这是可悲的，但看到自己的悲惨，同时又是伟大的。"然而帕斯卡尔又说："人想伟大，却看到自己是渺小的；想幸福，却看到自己是不幸的；想完美，却看到自己充满了缺陷。"

这个矛盾贯串在人的本性与生存之中。它必然导致人无法准确地认识自己，甚至无法把握任何事物。"我们追求真理，寻找真理，在自己身上发现的，却是我们对任何东西都没有把握。""人只不过是充满了错误的生物。错误是天生的、自然的、无法消除的。任何东西都不会让我们看到自己的真实面目。""我们心急如焚，渴望找到坚固的陆地，找到最后一块永远不会陷落的地基，以便建造通向无限的高楼。然而，整个基础却爆炸了，大地裂开了。我们看到的只有深渊。"从自身出发，人无法准确地认识任何东西。"我环顾四周，看到的只有黑暗。""说上帝存在，这是不可思议的；上帝不存在，同样是无法理解的。无法理解的是，身体内还有灵魂存在；我们没有灵魂，同样是无法解释的。上帝创造了世界，世界不是被创造的，这些都是不可捉摸的。"一切都处于自相矛盾之中。因此，帕斯卡尔要求我们："看看吧，你是怎样的矛盾体！"总结起来，他断言："人是怎样的变色龙呀！多么稀奇的存在！多么可怕的怪物！阴差阳错的混乱！无法解释的矛盾体！怎样的奇迹！人是所有事物的法官，又是单纯幼稚的可怜虫！人是真理的保管员，又是汇集无知与错误的阴沟！他是宇宙的光辉，又是宇宙的残渣！"

人对任何事物都不可能得到准确的认识。面对这种状况，采取厌世绝望或者软弱的怀疑主义态度，甚至干脆逃入无须任何解释的教条主义之中，也情有可原。但是如同教条主义，怀疑主义是否正确同样难以证实。"我们很难说所有的东西都是无法被认识的。"人就是生活在教条主义之间，生活在"双向的矛盾"之中，生活在某种可疑的黑暗里。然而人又不能停留在这种状况之中，因为这里牵扯到的，是生死攸关的大事："仔细观察无声无息的宇宙，到处看到的是人的愚蠢与可怜，看到他徘徊于黑暗之中，孤立无援，没有光明。糊里糊涂来到这个角落。不知道谁把他放到了这里，也不知道自己为何而来；不知道死后成为什么，无法得到任何准确的认识。看到这些，我就会不寒而栗，陷入恐惧之中。就像人沉睡时被带到可怕的孤零零的小岛之上，醒来时无法辨认自己现在何方，也无法从这里逃走。更使我感到惊奇的是，生活在如此可怜的境况之中，人竟然不绝望。"这样，在帕斯卡尔面前便出现了下列可能：人的生存毫无意义。而正是由于这种可能，人必须在上帝与虚无二者之间做出选择："就像不知道我从何而来，我也不知道我将走向何方。我只知道，在我走出这个世界时，要么将陷入虚无，要么将落到发怒的上帝的手里。我不知道这两种可能中哪种是我永远的归宿。因此，我在生存中的地位动摇不定。我无能为力。"

这样，在思维的整体循环中，理性彻底失败了。哲学思辨达到了无法逾越的界限。在这种状况下，帕斯卡尔真诚献身于基督教的福音，因为他看到，"没有上帝，人将完全生活在无知之中"。只有上帝的福音才能解开人生之谜及生存中那些"令人惊讶的矛盾"。上帝福音不把人这个谜看成是人的本质中所固有的，而是看作历史过程。这个谜由某种"奇特的误入歧途"所造成，是"人类罪孽的结果"。"因此，人显然迷路了，离开了自己的真正处所。在不安与无法穿越的黑暗之中，人到处寻找这个地方，但没有任何结果。"也就是说，人本来有真正的安身之地。"我们曾经生活在完美的阶段之中。不幸的是，我们从那里掉下来了。"帕斯卡尔称此为人的"第一天性"。由此，人也保留下来某种看不见的憧憬，"本能的、但又无能为力的对第一天性的幸福的向往"。也正因此，人才如此痛苦地感觉到眼下所处的这种失落之后的状况的悲惨，感觉到这种"失去皇冠的帝王的不幸"。人本来是位于完整的秩序之中的，现在人却脱离了这种秩序，这是人的"第二天性"。第二天性最终并非建立在第一天性之中。它表明，"人无限脱离与超越了人"。

现在，帕斯卡尔便可以大胆借用基督教对存在的解释。上帝仁慈，人可以得到大彻大悟。从此出发，自然存在不再那么不可理解。然而，即便如此，困难并没有完全被排除。因为对人的认识能力来说，基督福音本身就是无法理解的谜。首先，"原罪说"就是"最不可解释的秘密"。帕斯卡尔一步步强迫自己超越人的认识能力所能达到的最大可能：并非理性，而是信仰，才能使人得到真正的安全感。信仰源自于心灵，而不是理性。"心灵有自己的符合理性的原因，而理性是无法认识这些原因的。""不是理性，只有心灵才能感知上帝。信仰的定义是：不是理性，而是心灵感知上帝。"信仰当然没有客观性，不能提供可靠的把握，因此宗教也是"不保险的"。这样，上帝与人之间便出现了一场无穷无尽的混乱。上帝永远隐藏自己，只在耶稣身上显示出来。信仰是赌注，当然这种赌注能带来它所特有的安全感。

到头来，哲学的本来任务就是向信仰屈服。"理性的最后一步，就是承认事物的无限性，承认事物超越理性。""唯一符合理性的，就是不承认理性，没有比这更合适的了。""只有彻底征服理性，我们才能真正认识自己。""全面崩溃之时，思维所能做的，只有放弃思维。""你们所有的认识最终只能到达这里：你们在自己身上既不能找到真理也不能找到拯救。哲学家许了这个愿，但他们无法还愿。"因此，放弃哲学才是所有哲学思辨的合理结果。"嘲笑讽刺哲

学的无能，这就是真正的哲学思考。"当然，只有像帕斯卡尔那样
呕心沥血研究过哲学的人，才有权力这样说。

斯宾诺莎

封锁真理

如果要在哲学史上找挨骂最多的思想家，毫无疑问，非斯宾诺莎（Spinoza）莫属。他受到咒骂的厄运在他生前就已开始，死后还持续了很长时间。赫赫有名的莱比锡哲学教授托马修斯，称斯宾诺莎是个"惧怕阳光的文痞""令人讨厌的地地道道的犹太种和彻头彻尾的无神论者""可恶的怪物"。当时颇有名气的医生兼化学家蒂波尔，搜肠刮肚，几乎用尽所有可以用来骂人的词汇："笨鬼""有眼无珠的骗子""发疯的糊涂虫""廉价地为疯人院效劳的傻瓜"，还有"病态的醉鬼""哲学上的破烂货""江湖骗子"，净说些"无聊透顶、混账之极的胡言乱语"。他写作的那本厚书中，几乎每页都充斥着这类污言秽语。当然，在那些医学家、化学家竞相登台的场合，数学家、物理学家也不会沉默。纽伦堡的教授施兰姆使用和蒂波尔类似的语言，咒骂斯宾诺莎是个"可怜的恶棍"，是头"外国动物"，认为他"脑袋里全是值得咒骂的胡思乱想"。总之，只要和斯宾诺莎有关，不管是他的著作，还是他的生活，统统都受到了类似的攻击。当人们在斯宾诺莎的生活中又找不到太多的值得鞭挞的事情时，便挑些鸡毛蒜皮之类来个欲加之罪。斯宾诺莎习惯"开夜车"，也成了众人咒骂的借口。有位为他写传记的人觉得没办法解释这个事实，便说斯宾诺莎所写全是些"黑暗著作"。有黑暗的地方，必有魔鬼出没。神学家就该上阵驱魔了。他们中有个人名叫穆萨斯,耶拿大学教授。他声称"在魔鬼派来的那些意在摧毁上帝及人类权力的家伙中,没有比斯宾诺莎更卖力的了。他生来就是为了给教会和国家带来无穷的灾难"。比这位神学家更尖刻的是一位修辞学教授。与他的职业相称,他在论述斯宾诺莎某本书时写道,这本书"目无上帝,放肆之极,在地狱里写成,意在侮辱人类。确实应该把它重新扔回黑暗的地狱之中。数百年来,地球上没有过比这本书更伤风败俗的了"。数百年这个时间还太短。有位名叫杜尔德雷希的粮食商,也想挤入学者们的大合唱:不是数百年,而是"自从地球存在以来,还没有出现过更肮脏的书",它"打着做学问的旗号,招摇撞骗,充满罪恶"。

不光这些。那些有名的学者也同样毫不含糊地表示,他们对斯宾诺莎及其哲学思想的厌恶。伏尔泰说,斯宾诺莎的哲学体系"建立在对形而上学的令人难以置信的滥用之上"。莱布尼茨称斯宾诺莎的一本书是"难以忍受的放肆的胡言乱语",一本"可怕的书"。最后还有哈曼,康德的同代人与朋友,他干脆认为斯宾诺莎是"大街上的强盗,杀害健康理性与哲学的凶手"。

然而就在此时,奇怪的事情发生了。在这个由仇恨者与谩骂家排成的密集性方阵的对面,走来大群狂热的服膺者。莱辛在同雅各比的谈话中说,"现在人们说起斯宾诺莎,就像说到一条死狗",但"除了斯宾诺莎的哲学,就再没有真正的哲学了"。赫尔德写信给雅各比说:"我必须承认,斯宾诺莎的哲学使我非常幸福。""只要听到这个可惜有点太高雅的哲学中的某个音符,我就会感到心花怒放。"歌德说自己"发自内心地喜欢和崇拜斯宾诺莎这个人"。他与施泰因夫人一起阅读斯宾诺莎的著作,并写道:"我觉得我的思想与他很接近,只是他的要比我的深刻纯洁得多。"施莱尔马赫在他的《关于宗教的讲话》中加入了一段热情洋溢的颂词:"让我们一起,满怀崇敬地给神圣的、遭到摈斥的斯宾诺莎的亡灵献上一束卷发。……他充满了神灵,充满了虔诚的宗教之情。"长期以来受到唾弃的斯宾诺莎,紧紧攫住了这代人的心灵。关于这一点可以在柏林哲学家卡尔·佐格尔的一封信中找到一个非常有趣的证据："几乎一个上午，我都在研究斯宾诺莎。我弟弟的儿子阿尔布莱希特才三岁，但他已经会说，斯宾诺莎是个聪明的家伙，卡尔伯伯说，他对所有的问题都比别人知道得多。"

这个哲学家到底是什么样的人呢？无神论者？圣教徒？受魔鬼驱使，还是为上帝代言？他有什么过人之处，以至于到了1800年，某位崇拜者还感叹道："这个时而遭到诅咒，时而受到祝福，时而令人仰止，时而被人嘲弄的斯宾诺莎！"

斯宾诺莎的学说引起的阵阵旋风从侧面说明，学者本人并非信心百倍、疾声捍卫自己学说的人。在所有哲学家中，他也许是最寂寞、最隐遁、最谦虚、最安静的人了。1632年，斯宾诺莎生于早年从西班牙迁到荷兰的犹太家庭。斯宾诺莎名为巴鲁赫，这个词的意思是'受上帝祝福的人'，按当时的习惯用拉丁文写成了本尼迪克图斯（Benedictus）"。

当然，表面看来，斯宾诺莎并没有"受到上帝的祝福"。刚刚长大成人，便和母城的犹太教会发生了激烈痛苦的论战。事情的起因，是他对《圣经》中的传统理论提出了挑战。他认为《旧约》充满了自相矛盾与不合理的地方，因此不愿意也不能承认《旧约》的所有章节里讲的全是无可非议的真理。教会曾对这位思想敏锐的年轻人寄予厚望，但现在感到非常失望，并开始和他划清界线，派密探监视他的言行，还试图贿赂他。当这一切都无济于事时，甚至要暗杀他。最后他被庄严神圣地革出教会。宣判书中写道："按照天使和圣人的判决，征得英明上帝及整个教会的同意，我们将巴鲁赫·斯宾诺莎逐出教门。我们诅咒他、憎恶他、赶走他。……法律上规定的所有诅咒方式都适用于他。但愿他白天受到诅咒，晚上受到诅咒，睡觉时受到诅咒，起床时受到诅咒，出门时受到诅咒，进门时受到诅咒。但愿上帝永远不会饶恕他，但愿上帝将自己的愤怒降临于他，……将他的名字永远除去。但愿上帝让他倒霉遭殃，从所有以色列种族中将他消灭。……我们庄严宣布：任何人不准和他有口头或书信来往，不准向他提供任何形式的帮助，不准和他在同一屋顶下逗留，不得走近他，最少保持四埃伦距离，不准阅读由他起草或撰写的文章。"

斯宾诺莎没有挑起这场战斗。为辩论而辩论本来也不是他的事情。他曾写道："让每一个人依其天性生活吧！谁愿意的话，也可以为他的幸福去死。只要人们能允许我为真理活着就行了。"然而正是这引起了人们的愤怒。一个人只想为自己的真理活着，无视众人的看法，不想遵循自古以来就被看成真理的东西，这是无法容忍的。斯宾诺莎要坚持自己的真理，权势与传统力量就必然和他过不去。正因为这样，他被卷入了和犹太教会的论战之中。正因为这样，所有的同代人都憎恨他。然而这却恰恰证明了斯宾诺莎是个真正的哲学家：服从真理，只服从真理，义无反顾。不管他人如何品头论足，他对由此产生的后果并不在乎。

斯宾诺莎本来就自甘寂寞。被迫离开自己的民族与信仰团体，更使他陷入极端孤立之中。他完全遁世，先是默默无闻地住在阿姆斯特丹附近，后来又搬到海牙周围的小地方。有人曾说他整整三个月没有出过家门，就像某位访问过他的人所形容的，他被"活埋在自己的书房里了"。他告诉朋友们："我在远方同你们讲话，你们也在远方，我们只能天涯若比邻了。"朋友嘛，他当然也有几个，但极少与他们书信来往。一位为他立传的作家写道："就连他的学生们也不敢公开承认他。"为了度日糊口，斯宾诺莎靠磨光学镜片挣钱。朋友们自愿接济他，但他只取少量急需。很难想象，当时还有谁比他的生活更简单、更清贫。生活的最后几年，他甚至被迫亲自操持家务，只能时而抽上一袋烟。然而，就连这种不求闻达、自甘清苦的生活方式也同样遭到了对手们的攻击。百年后还有人写道："他那索然独居的生活是最不值得同情的。他之所以这样生活，不是为了别的，正是为了绞尽脑汁去杜撰那个企图否定真正的上帝，否定上帝的思想，消灭宗教的可恶的哲学体系。……仔细观察就会看出，他最主要的日常任务就是在四堵墙内炮制那些侮辱上帝的邪书。"

　　与世无争的生活并没有使斯宾诺莎幸免于对手们的攻击。当他以匿名的方式出版了一本题为《神学政治论》的书时，这种攻击开始变本加厉。在这部著作中，斯宾诺莎竭力为思想自由辩护。而他对这种自由的要求，远远超过了那个恰恰不很宽容的时代所能允许的最大限度。如果他能保证教会的学说不受侵犯，人们还能给予他某种程度的思想自由。而斯宾诺莎却偏偏认为，寻找真理的脚步也不能在宗教门槛前停止。不仅如此，他甚至要求国家限制教会的干涉，保证宗教与政治信仰的自由。这个要求更使当时的权贵们暴跳如雷。在斯宾诺莎看来，国家的"真正目的就是保障公民的自由"。

　　斯宾诺莎在那种历史情况下表达的思想，使人觉得好像是在我们这个时代写成的："假如自由是可以被压制的，人民可以被限制在一个框架中，没有最高权力的允许连动也不敢动，那么即使如此，要让他们按照权贵们的意志去思考也是永远办不到的。由此产生的后果，必然是每时每刻人民都会言不由衷、口是心非。这样下去，国家所必需的忠诚与信仰便会荡然无存。讨厌的阿谀奉承及阴谋狡辩就会横行世界。由此又会产生欺骗，所有美好的风尚则会受到败坏。……诚实的人被当作罪犯驱逐出境，只是他们政见不同而又不愿人云亦云。对于一个国家来说，还有比这更不幸的事情吗？人不是由于作恶犯罪，而是由于思想自由，便被打成敌人，判处死刑。刑场本是戒恶的震慑场地，却变成了最漂亮的舞台，敢于反抗和道德高尚的仁人志士登台亮相，堪为楷模。还有比此更严重的事情吗。"

　　《神学政治论》刚问世，就不仅遭到大学，同样也遭到了教会和政府当局的禁止，而且不管这些当局是信奉什么教的，天主教也罢，新教也罢。荷兰总督严格禁止出版和发行这本书，违者处以极其严厉的惩罚。人们甚至不准以赞同的口气提起这本书，因为它"侮辱上帝、败坏灵魂"，"可怕至极，充满了毫无理由的非常危险的观点"。某出版社印发了赞同这本书的短文。出版商被罚款三千荷兰盾，外加八年徒刑。大批攻击《神学政治论》的小册子却纷纷出笼。在某份虚构的图书目录中有这么一条："《神学政治论》——变节的犹太人和魔鬼一起在地狱中共同炮制。"

面对这一切，斯宾诺莎的唯一武器只有沉默。他绝望地写道："谁要是尽力以学者的态度去理解自然界的事情，而不愿像个傻瓜似地呆呆看着，这个人处处都会被人看作异教徒和否认上帝的家伙。"但在观点上，斯宾诺莎丝毫不让步，也不能让步。他对朋友们说："真理不会因为许多人不承认它而变成假的。真理的代价是很高的，这也不是今天才有的事情。恶意的诽谤不会使我放弃我的思想。"

然而，也有赞赏承认的声音从遥远的德国传到了斯宾诺莎那与世隔绝的小天地里。普法尔茨的选帝侯卡尔·路德维希派人询问他是否愿意到海德堡大学"担任哲学正教授的职位"。这位选帝侯的使者，海德堡大学的神学教授对他说："您不会在任何别的地方找到这类君主的。他对伟大的思想家，包括您在内，总是充满了敬意。您将享有完全的学术自由，从事您的哲学研究。相信您也不会滥用这种自由，扰乱已经得到社会承认的宗教的。"机会很诱人，但斯宾诺莎还是顾虑重重。他回答说："哪怕我曾有过一次想当教授的念头，我肯定会选择选帝侯殿下通过您给我提供的这个良机，而绝对不会选择别的，特别是因为仁慈的殿下允许我享有研究哲学的自由。……但是，我从来没有打算当一名教授，所以现在也不能改变初衷，担任这个令人眩目的职位。……另外我想我并不知道，哲学研究的自由应该被限制在怎样的框架中，才能不至于引起好像我意在扰乱已得到公认的宗教信仰这类印象。冲突往往不是产生于人们对宗教的发自内心的热爱，而更多的是由于人们的气质不同，或者只是人们的天性就是好辩。因此人们总是习惯于对所有正确的东西产生误解，再判其大逆不道。我与世无争，自甘寂寞。如果再让我高升到如此荣耀的地位，那会有多少比此更可怕的事情让人担心啊。您看看，最尊敬的先生，使我不能成行的，并不是我还有希望得到更好的机会，而只是我对现在这种默默无闻的生活的热爱。这种热爱告诫我最好不要登上大学的讲台。"

这样，斯宾诺莎还是选择了他那沉静的书房，继续默默地研究、思考。正如当时的传记作者写到的，他如同"被埋在博物馆里"。他长期遭受由肺结核带来的痛苦，最后默默死去，只有44岁。

斯宾诺莎死后，他最重要的哲学著作才得以问世：《知性改进论》和巨著《伦理学》。就在此时，人们才看到这位思想家终生所表现的巨大力量来自何处。这种力量曾使他能够面对几乎整个社会的仇视和攻击而忠实于自己和自己所寻到的真理，曾使他能够抵制荣誉的诱惑而几十年如一日安贫乐道。他之所以能够做到这些，是因为在思想上他早已超脱了这个世界和它那纷纷攘攘的生活。超越暂时、奔向永恒这一崇高的渴望充满了他的内心，给他以动力。在所有时代中，这种对人生短暂的感叹和对永恒的向往构成了哲学家们最基本的感觉。

斯宾诺莎的《知性改进论》开篇写道："经验告诉我，在平庸的生活中所遇到的一切都是虚荣所致，如同过眼烟云。从此以后我便决心探讨是否有永恒的善存在。在摈弃了所有的东西之后，它才是唯一真正与灵魂息息相关的。也就是说，是否有某种东西存在，如果找到并得到了它，它就会给我带来永不枯竭、最为高尚的快乐。"斯宾诺莎所摈弃的，是为平庸生活而奔波，对财富的追求和对声名的渴望。在他看来，这一切都是虚假、空洞、暂时的。他带着悲伤的心情看待这些东西，然而正是由此产生了超越的渴望。渴望达到把所有的悲伤与痛苦都可以置之度外的精神境界。他找到了这种真正的能够使人幸福的存在。他写道："对那种永恒的无限的存在的热爱滋润着灵魂，给我们带来了唯一真正的欢乐，使我们抛弃了所有的忧愁。"

这就是斯宾诺莎进行哲学思考时的主旋律。经历了对暂时性的痛苦之后，满怀热爱地奔向永恒，在这种爱中，灵魂得到安息。

他称这种爱是Amor intelletuali ergo Deum——"对上帝的精神之
爱"。正是基于此，诺瓦利斯说："斯宾诺莎是个醉心于上帝的人"，
"斯宾诺莎主义横溢着对上帝的一片深情"。施莱尔马赫也是这样
理解斯宾诺莎的："崇高的世界精神占据了他的思想。无限是他的
开端、他的目的，宇宙是他唯一的永恒之爱。怀着神圣的纯洁之
情，揣着深沉恭顺之心，他将自己置身于永恒世界，同时又看到，
他自己也是世界的可敬可爱的镜子。"法国哲学家维克多·库辛写
到，斯宾诺莎的《伦理学》是"神秘的颂歌，灵魂在激情与叹息中
奔向自在的上帝。只有上帝才可以说：我就是我自己"。

巨著《伦理学》的出发点是：上帝就是上帝自身的原因。哲
学从上帝开始，这在斯宾诺莎看来非常自然。笛卡尔通过首先找
到自我进而找到上帝，与他的老师笛卡尔相反，斯宾诺莎则认为：
"我们对任何事物的存在都没有对无条件、永恒、完美的神明即上
帝的存在更有把握。正因为上帝在本质中自身已排除了所有可能不
完美的东西……所以也排除了每个可能怀疑它的存在的理由，并对
它自身的存在提供了最可靠、最完美的确证。"同样的意思："上帝
是所有事物的原因，同时也是它自身的原因，并且只通过自身显示
出来。"

既然如此，那些犹太教及基督教的代理人们又为什么如此仇
恨这位哲学家呢？以至于他不但在活着时，而且在死后还不断遭到
他们的迫害。原因很简单。斯宾诺莎所无限渴望的上帝和基督教
以及犹太教所说的上帝不同。斯宾诺莎的上帝不是那位依赖自己的
无边意志创造了这个世界而又在创造的过程中遗弃了这个世界的上
帝。斯宾诺莎不承认世界是独立存在的。受渴望永恒这种基本感情
的支配，他看到了暂时的东西是虚伪、不可靠的。仔细考察，暂时
的东西就根本不是本来的真实存在。在实际上，上帝只是上帝。这
样，斯宾诺莎就超越了上帝是创造者、世界是被创造的这个思想。
后代的思想家中，几乎只有费希特从相近的观点出发看到了这一
点："所有严肃认真地寻找统一的哲学面临的困难在于：要么我们

必须灭亡，要么上帝。……第一个看到这一点的冷静的思想家，肯定也认识到了，如果上帝灭亡，那我们也必然要经受同样的被灭亡的命运。这个思想家就是斯宾诺莎。"

当然我们可以反问，世界不存在，人也不存在吗？斯宾诺莎并不否认，但他问到：如果在本来的意义上只有上帝，那世界和人是什么呢？回答是：和上帝自身的存在相同，世界也是上帝存在的方式。如同上帝自己思考，人的思想应该是上帝思考的方式。人们常说某种东西存在，其实这是不恰当的。人们本来应该说我觉得某种东西以某种方式存在，上帝的存在也是如此。我自己本身就是上帝的思想，因为上帝是存在于万物之中的，存在于所有的现实、事物及人之中。或者准确来讲，所有的现实都包括在上帝之中，"所有存在都存在于上帝之中"。按斯宾诺莎的话讲，事物和人的精神都不是独立的实体。只有上帝才是实体，事物及人的精神只是这个唯一实体的变体。坚决摈弃了尘世一切暂时性的东西之后，斯宾诺莎必然得出以下结论："我对上帝及自然界的看法和近代基督徒们习惯捍卫的看法大相径庭。我认为上帝是一切事物的内部原因，……但不是超越了这些事物的原因。我说万物存在于上帝之中，在上帝之中运行。我坚持认为，我的观点和使徒保罗，也许也和所有的古代哲学家，我甚至要补充一句，和所有古代希伯莱人的观点相近，尽管表达的方式不同。"

我们现在能理解当时及后世的人们对斯宾诺莎的仇视了，能理解人们为什么再三把这位倾心崇拜上帝的哲学家咒骂为卑鄙的无神论者。在斯宾诺莎的思想中，没有人格化的上帝存在的地方，更没有只对先知和耶稣显现的上帝。上帝在万物中显现自己，这是斯宾诺莎的观点。正是这种思想，促使在时代变化之际，诸如莱辛、歌德、荷尔德林、施莱尔马赫、费希特、诺瓦利斯和谢林这些思想家和诗人们想起了阿姆斯特丹这位寂寞的哲学家。出于相似的对上帝与世界的看法，他们觉得自己和斯宾诺莎很接近。斯宾诺莎的思想将上帝与现实从内部相联系。当然，上帝与现实的关系这个不可捉摸的问题并没有因此变得明了。因为如果说上帝存在于所有现实之中，那么它不是也必然存在于矛盾与战争之中吗？因为矛盾与战争显然也属于现实。1700年左右，某个生活在帝国自由市梅明根的人以非常戏剧化的方式指出："在这个世界上，我看到了战争的残酷，听到了厮杀的声音。这样说，那肯定是上帝在为保卫自己而战，同时又在为反对自己而争。上帝在自己的胃肠里发疯。它在自我毁灭、自我残杀。所有人与人之间的愤怒、仇视、恶意和矛盾必然是上帝反对而又拥护自己的自作自受的苦难史。……我们也必须说，不是人，而是上帝通过人在生活、受苦、死亡、降生、吃饭、喝水、睡觉、性交等等。人的忧伤、绝望与不适也完全是上帝自己的忧伤、绝望与不适。人所具有的一切疯狂可恶的想法、亵渎神明之言行以及那个在我们头脑中喋喋不休的理性所产生的骇人听闻的狂想全是上帝自己的胡诌，都是上帝自己的自我反射与写照罢了。两人甚或多人之间的交谈只不过是上帝与自己的甜言蜜语而已。"

这位忧心忡忡的可爱读者，当然没有理解斯宾诺莎哲学思想的深度。他也没有看到，斯宾诺莎在对上帝的无限渴望中早已抛弃了在这个世界之中以及这个世界之上的所有争论与纷纷攘攘。然而正因此，斯宾诺莎的哲学思想潜伏着深深的危机：谁要是单纯生活在对永恒的献身之中，对他来说时间就会变为虚无，现实就会远离他，甚至他自己也会成为不真实、不现实。这就是斯宾诺莎的遭遇。这促使他敢于大胆将有限纳入无限之中，但这也正是他无比寂寞的深层原因。黑格尔在谈到斯宾诺莎的死时，曾说过一段令人瞠目的话，但这话也许是对的："他于1677年死于结核，才44岁。长期以来，他就忍受着这种疾病带来的巨大痛苦。与他的病情相应，在他的哲学中，所有特别、单一的东西也都被那个唯一的结核吞噬了。"

莱布尼茨

有趣的单子拼盘游戏

从某个角度来看，我们可以把17世纪称作贵妇人的时代。莱布尼茨（Leibniz）的一生正应证了这个说法。当然这并不是说他曾寻花问柳，至少我们不知道他曾有过类似的风流艳事，也没有娶过某位有点影响的大家闺秀。相反，莱布尼茨终身未婚，过了一辈子的流浪寄居生活。只是，莱布尼茨喜欢和那些非常富有的阔太太交往，给她们写过洋洋洒洒的书信，以便及时将自己在自然科学和哲学方面的最新发现以及外交上的胜利告诉她们。与他交往的，有皇后、女王、侯爵夫人、公爵夫人等等。在莱布尼茨写给她们的信中，几乎找不到任何轻佻献媚之词。他总是一心一意想着自己的事业。莱布尼茨是名副其实的以精神为生的人。

这很早就表现出来了。和帕斯卡尔相同，莱布尼茨也是个神童。没人教他拉丁文，他便一个字母一个字母地啃了八年，最终熟练掌握了这门语言：他偶然弄到罗马历史学家李维的书，带有铜版画插图。从副标题上，莱布尼茨就猜出了书名的意思。他攻读正文，硬是一个词一个词地读完了。对逻辑学这种"填鸭式灌输知识"的学问，他也有着浓厚的兴趣。他15岁就上大学了，攻读法律。但不久便碰到哲学问题。从那以后，他一直在研究这个题目。当时的哲学大约可分为两派：一派是亚里士多德的目的论，以目的为核心；一派是笛卡尔的因果论，以机械的因果关系为出发点。莱布尼茨有次在莱比锡附近的罗森塔尔独自散步，发现必须在二者之间做出选择。他当时并没有解决这个问题，后来的莱布尼茨也没有提出二者之间必择其一，而是试图将这两种对立的学说综合起来。但不管怎样，可以肯定的是，15岁的年轻人已经为自己未来的哲学研究找到来突破口。除了哲学，莱布尼茨主要学习法律，并且准备做博士。但莱比锡大学那些知识渊博的教授却认为他还太年轻。也有人说，由于校长夫人不喜欢他，导致他断送了在莱比锡读博士学位的可能。这样，就像有位传记作者写的那样，莱布尼茨便拿起"旅杖"，漫游到纽伦堡附近的阿道夫大学去了。在教授们的赞叹声中，他体面地通过了博士考试，年仅21岁。校方主动提出他可以马上升教授。莱布尼茨谢绝了这个建议，他不想把自己送入大学教授的枷锁之中。

莱布尼茨后来的生活非常不安定。有段时间他担任过美因茨选帝侯及大主教的政治顾问，尽管他自己信奉路德派新教。后来应汉诺威公爵的邀请，来到汉诺威，开始为韦尔夫皇室服务，直到他逝世。他在那儿的主要任务是充当外交使节，曾去过巴黎、维也纳、柏林和慕尼黑等地。就这些外交使命所作的报告，他不光呈送给他的主人，也送给开始提到的那些贵妇人们阅读。另外，起草政治及法律方面的文件也是他的任务。类似的外交事务莱布尼茨在美因茨时就做过。那份写给法国国会的大胆冒险的建议书就是在这段时间写成的。在这份备忘录中，莱布尼茨请求法国举兵占领埃及。暗中用意是：由此便可转移法国对德国的注意力。法国国会对此当然不屑一顾。但据说一百年后，拿破仑在制定他的作战计划时曾参考过这份建议。

不管在何处，为何人服务，莱布尼茨的想法与主张总是从均衡出发，这是他的最大特点。他致力于建立世界联盟，各民族有自己特定的任务，但只能和其他民族联合起来才能完成：这是基督教各民族的大合唱，也是世界和平。

莱布尼茨的正式职务是汉诺威及沃尔夫布特尔图书馆馆长。

但他是很奇怪的图书管理者。据说如果有人异想天开想借本书，莱布尼茨就会大发脾气。还有，根据他的建议，皇家委托他撰写韦尔夫家族史，因为他说可以从史料中找到对皇家有用的历史事实。然而在动笔时，他又下笔千言、离题万里，并且振振有词地说，韦尔夫家族的历史必须和皇室统治的这块土地的历史联系起来。因此在研究家族史之前，有必要先研究研究地理。这还不够。韦尔夫这块地带又只是地球的一部分，所以有必要先考察考察地球的形成。在这位韦尔夫家族的历史学家看来，这种推理非常合乎逻辑。因此他便开始着手撰写地球发展史的古代部分，迟迟不写具体的历史事实，这也就不是什么值得大惊小怪的了。公爵三番五次、颇不耐烦地询问写作的进展情况，本也是人之常情。和所有诸侯一样，在他的眼中，自己家族的荣誉当然要比世界的形成重要得多。

除此之外，莱布尼茨还想把已经四分五裂的教会重新统一。首先是路德派和革新派联合，然后是新教与天主教，最后是西欧教会和希腊东正教联合。这也和他那以和谐均衡为中心的思想体系相吻合。当然在这个领域，他的运气欠佳。对立与矛盾实在太多太大，并不是他那几篇和解文章及谈判艺术所能消除的。

与此同时，莱布尼茨在科学和艺术方面做出了许多努力。但在相当大的程度上，他的精力主要花费在组织方面。在维也纳、德雷斯顿、柏林、彼得堡，他四处奔走，呼吁成立专门的科学研究院，并且为此制定了详细计划。但只有普鲁士科学院（起初还不是这个名字），在他活着时成立了。莱布尼茨是该院的第一任院长。为了筹集资金，他曾提出过非常荒诞的想法，其中包括征收历书税、灭火器税、桑树税、旅行证件税和烧酒税。然而，人们并没有对他的这些努力表示感谢。莱布尼茨不断受到排挤，难以插手科学院的工作，举行开幕典礼时，他们连这位院长都没有邀请。

值得惊叹的是，像他这样的大忙人，居然还有时间静心地从事科学研究，而且涉猎范围之广，可以说自亚里士多德以来没有第二人，莱布尼茨以后没有第三位。但这又是事实。腓特烈大帝曾说，莱布尼茨自己"就是一所科学院"。数学、物理、机械、地理、矿物、法律、国民经济、哲学，他齐头并进，同时研究。数学方面他成功地发现了二进位制。当然为此和牛顿及牛顿的弟子们发生了非常不愉快的争论，两家都说是自己先发现的。莱布尼茨还顺手设计了计算器和潜水船。另外，他还和几乎所有在科学界有名望、有地位的人士保持广泛的学术方面的通讯联系。保存下来的信件不下一万五千封。

具有深远意义的是莱布尼茨在哲学方面的努力。他发明了一种文字，即"表示思想的字母"，每个概念都有相应的符号。这样，他便成了现代逻辑学与语义学的先驱。当然他的发明对后世只是个启迪，本身并没有发展为系统。他的最大成就在形而上学方面。但就在这个领域里，他也没有写出一部完整的巨著。他的大部分论文都是即兴而成，是对朋友们提出的问题或看法的答复。当然这些问题与看法又主要来自那些富有的贵妇人以及诸如奥涅金王子这类有影响的名人。有篇反对洛克的论文没有发表，因为文章写成时，莱布尼茨得到了对手刚刚去世的消息。除了几篇小文章，他发表的完整著作只有一部《神义论》。这部成名作是受到与普鲁士王后索菲·夏洛特谈话时的启发写成的。

关于他的外貌，莱布尼茨自己在未署真名的自传中写道："他中等身材，显得很瘦，脸色苍白，常常双手冰凉。和手指一样，脚也长得和身体的其他部分不成比例。很少出汗。声音微弱，但清晰委婉。声带不很复杂，很难发出喉音和带 K 的音。"有位同时代的传记作者写道："他很早就秃顶了，头顶正中长着一撮鸽子蛋大小的头发。双肩很宽，走路时低着头，好像背很高似的。饭量不大，不强迫他的话，也很少喝酒。由于从来没有自己做过饭，因此在这方面也不挑剔。他总是让人把饭菜送到旅馆房间。"

对莱布尼茨的晚年生活，这位作者做了如下描述："他从未中断学习，常常整日坐在书桌前。我认为，他右腿上的伤口就是这样形成的。由于行走不便，他只好抓紧治疗，但用的办法也只是给伤口上贴些吸墨水纸。伤口痊愈了，他又患上了剧烈的痛风病。为了减轻痛苦，他只好静静躺在床上。学习时把腿弯起来当桌子用。为了免除疼痛，麻木神经，他让人制作了一付木头夹子。哪儿痛便夹在那儿。我认为他由此损坏了自己的神经。后来，脚也不好使了，但反正他几乎整天躺在床上。"

人们也许会想，他学问博大精深，又特别和宫廷诸侯有多方面联系与交往，葬礼必定也很豪华排场。事实并非如此。当他1716年去世时，宫廷和上层社会已远远地避开他了。他活了70岁，几乎是悄然下葬的。

现在请问，莱布尼茨在哲学方面的成就是什么？回答也许是：创立了单子论。再请问：什么是单子论？回答大约是：关于某种奇怪的小物体的有点莫名其妙的学说。这种小物体被称为单子，用来表述现实的存在原理。再追问，得到的回答就是沉默了。因此，要理解莱布尼茨的哲学，首先必须搞清楚他的单子论是什么意思。进一步，他为什么要用这种独特的方式去解释现实。

首先，在关键的问题上，莱布尼茨和他的伟大先驱、法国哲学家笛卡尔观点相反。笛卡尔认为，只有把事物的现实存在理解为"广延"时，才能充分把握它。莱布尼茨反对说，这个观点需要修正补充，因为单纯的"广延"不能解释当人接触物体时，物体会产生反抗力这一现象。也就是说，不能解释一个东西，譬如一个动物，可以从自身产生运动这个现象。为了在解释现实存在时把这也考虑进去，莱布尼茨引入了"力"这个概念。在每个物体中都有力或者说力量点在起作用。只有在这方面，该物体才是真实的。可见的现实背后，还有这个本来的、真正的现实，即看不见的力的世界。

理解单子概念的第一步已经迈出。莱布尼茨从力出发来解释现实。这种力是某种最小单位。但它们并非以物质的形式存在，因为莱布尼茨认为物质可以无穷无尽地被分割，而这种最小的力量点是不可分的，因而也是最原始的。希腊语中，单位这个词是

monas，因此莱布尼茨便把这种力量点称为monade，即单子。

通过对生物即有机体这种具体的现实的观察，莱布尼茨进一步认识到，在生物体内，内在力表现得最为明显。每个生物体内都有一个中心、一种起作用的规律、一个自身的单位在组织和引导着生物的一切活动。这样，莱布尼茨便认为，所有的现实存在均可以通过类比的方式得到解释。因为无生命的存在要从有生命的存在出发去解释，要从生命出发解释死亡，而不是相反。无生命存在中的力量点与有机体中的力量点具有类比关系，因此所有最小的单位即所有的单子都具有生命力。

从这种视点去观察，世界便充满了辉煌壮丽的活力。"整个大自然洋溢着生命。"莱布尼茨自己的描述非常生动直观："每一块物质都可以被看作长满植物的花园或者鱼群游荡的池塘。植物的每一枝条，动物的每一部分，果汁的每一点滴又同时是这样的花园与池塘。花园中植物与植物之间的土地与空气中布满了新的花园，池塘中鱼与鱼之间的水中还有新的鱼群，只是它们很小很小，我们难以看到罢了。大千世界，茫茫宇宙，没有荒凉，没有不毛之地，没有无生命的存在。"现实存在的无穷无尽的丰富性来自于数量上无穷无尽的富有活力的单子。它们之中没有一个与另一个完全相同。黑格尔讽刺说："世界上没有两种完全相同的东西。这句话曾在宫廷里引起极大兴趣。据说莱布尼茨解释这句话时，贵妇人们便兴致勃勃地去公园里找树叶，看看能否找到两片完全一样的。对形而上学这门哲学学科来说，那是多么幸运的时代啊！达官贵人们都关心研究这门学问，而且不必花费多大力气，只要比较树叶，就可检验某种观点正确与否。"

到此为止，莱布尼茨在观察现实存在时，抛开了精神的存在这个重要范畴。现实存在显然也包括精神存在，所以莱布尼茨也必须把它们纳入自己的设想之内。更有甚者，按照低级可以通过高级来解释这个原则，他必须根据精神存在的特点类比解释其他所有的现实存在。精神的本质特点有两条：一是它有概念，可以想象；二是它总是从一个概念向另外一个概念运动。如果现在要从精神出发解释单子的本质，那就必须承认每个单子也有概念与运动这两个特点。事实上，莱布尼茨也是这样看待现实存在的：表面存在的背后有本质的存在。这个存在就是具有活力的力，被称为单子。力的特点是概念与运动。

这种设想非常大胆。依此来看，我们就应该说椅子、桌子、床根本就不是我们看到的以物质的方式存在的东西，它们的真正现实应是那些具有概念与运动的力。然而，这恰好是莱布尼茨的基本思想。他举例说，在无生命的存在中，力只具有混乱模糊的概念，就像人虽失去知觉但概念却还继续存在。尽管如此，莱布尼茨的思想还是令人瞠目结舌。莱布尼茨的例子也没有使他的思想变得更容易接受。

莱布尼茨将单子中的概念分为模糊型和清晰型两类。这样他便把单子的范围从根本上分成了不同的等级。位于最底层的是那些只有模糊概念的单子，即"赤裸裸的单子"，它们组成无机界。有生命的世界即有机体则更高级，它们的单子除了具有许多模糊概念以外还有清晰的概念。在人这个范围内，清晰概念所占的数目就更大了。人的认识过程，就是那些中心单子，即统治人体中其他单子的单子，从模糊概念过渡到清晰概念的过程。上帝是原始单子，它只有清晰概念。它所看到的，才是真正的、实际上的现实，即单子的伟大王国。

这样一来，莱布尼茨又碰到难题：单子与单子之间的相互关系。既然在可见的现实中事物与事物之间产生影响，那我们必然认为单子之间也可以互相影响。但莱布尼茨否认有这种可能，原因是他对力这个概念的理解非常单方面。他认为单子产生的一切变化都是单子自身发展的结果，就像弹簧，他的运动均来自弹簧内部的力量。因此单子的变化只有其内部原因。这样的话，单子就不会受到其他单子的影响，也不可能影响其他单子。莱布尼茨对此做了非常形象生动的比喻："单子没有窗户，所以没有任何东西可以进入单子或者从单子里跑出来。每个单子自给、自足、自治。"如果这样，莱布尼茨就必须解释，那些具有清晰概念的单子如何感知外界存在。为此，莱布尼茨提出了下列假设：每个单子从开始就以混乱的方式含有对其他所有单子的概念，因而也含有对现实存在的概念。宇宙万物皆住于每个单子之内，因此每个单子都是"宇宙的一面生动永恒的镜子"，都是"小宇宙"，甚至可以说"小上帝"，因为它同时包括了整个宇宙。它的概念不仅包括了现实存在，而且也包括了过去发生的事情以及将要发生的事情。单子"孕育着未来，充满了过去"。具体来说，这句话的意思大约是：欧洲人的中心单子对数千年前冲到中国海岸的一块木头也有着模模糊糊的印象。

这样去解释世界不是有点太大胆了吗？如果每个单子完全以自我的方式存在，和其他单子没有任何联系，那这不是彻头彻尾的唯我论吗？如果其他单子没有显示自己，具有意识的单子怎么能知道它们所想象的世界实际上也存在？到头来，世界不是完全没有实际存在的纯粹概念吗？莱布尼茨不是把自己逼进了绝对唯心主义的泥潭吗？按照唯心主义的看法，除了主观，全部的现实存在不过是个纯粹的假象罢了。

莱布尼茨没有进一步解释。他还是坚持认为存在着带有无数单子的现实世界。不过，他提出了为什么这个单子世界不可能是混乱、杂乱无章的这个问题。他的回答有两点：第一，他认为，每个单子从一开始就有一种内部原理，调节单子的一切变化；第二，他引入了"预定和谐"理论。按照这个理论，在那些完全不同的单子内发生的所有变化最开始就是互相配合、预定和谐的。譬如当两个人对视，按照单子论的解释，这并不意味着两个人各自向对方开火，而是在一个人的中心单子中，从最初就安排好了将在这个时刻把早已存在的对另外的中心单子的模糊概念升华为清晰概念。在另外一个人的中心单子里情况也是如此。

这种"预定和谐"是怎么来的？谁在安排所有单子之间的默契配合？在他所处的时代里，没有别的可能，莱布尼茨只能求助于上帝这个概念来回答。如果每个单子的内部原理以及单子之间的和谐从最开始就安排好了，只有上帝这位创造者才有这种可能与权力。因此，单子论的总括，便是上帝创造宇宙的思想。

为了保证这个学说的高度统一，莱布尼茨便着手证明上帝的存在。他的第一个证明使人想起安塞尔谟大主教的思想："我们必须设想有一个上帝或者非常完美的实体存在，它包括了所有完美的东西。现实存在是诸多完美体中的一个，因此一个这样的上帝必然存在。"另外一个证明是从下列事实出发的：现实中有许多永恒的真理或实体存在，譬如数学定理。这些真理必然有起源。这个起源必然是上帝的智慧，即"永恒真理的王国"，因为上帝的智慧包括了所有可能存在的东西的理念。此外，上帝还是现实中诸多偶然事件的起源。因为既然有偶然性存在，则必然有超越偶然的充分原因，这就是上帝。最后的证明是典型的莱布尼茨式的，因为它从预定和谐这个系统引申而来：预定和谐系统需要一个安排一切的精神实体来负责调节单子世界发生的事情，这个精神实体就是上帝。

上帝的本质及职能也是从单子论和预定和谐思想出发而得知的。按照这种解释，上帝如同伟大的数学家。他计算在世界上发生的事情，为每个单子制定其内部规律，使单子之间互相配合。同时，莱布尼茨还认为上帝是所有单子的起源。它们以"不断地闪电式的运动"，从上帝那里诞生出来，就像谢林所讲的那样，"上帝成了孕育现实的云彩"。另一方面，上帝还用无数的目光观察世界，每一道目光代表一个单子。世界体现了上帝的目光点的多样性。

这样，问题又来了。既然世界来自上帝，世界为什么还有如此多的痛苦、贫穷与丑恶？这在当时是特别迫切的问题，因为这里牵扯到为上帝辩护的问题。莱布尼茨认为，这个世界从整体上看是有限的。正因为是有限的，所以不可能所有的东西同时也是最完美的。上帝也没有办法，只好将丑恶与痛苦混杂在善良与美好之中。即使如此，莱布尼茨还是认为，在所有可能中，上帝选择的这个世界是最好的。"善促使上帝创造了世界。同一种善，再加上智慧，促使上帝创造了最美好的世界。"后来,伏尔泰在他的小说《老实人》中对这种现实提出了质疑,淋漓尽致地讽刺了莱布尼茨的乐观主义思想。

　　黑格尔对莱布尼茨也持彻底的批判态度。他称单子论是"形而上学方面的小说"。他认为,莱布尼茨毫不费力地把所有对立与矛盾统一在上帝之中,而未能真正解决这些问题。黑格尔的评价非常刻薄:"上帝如同臭水沟,所有的矛盾与冲突在这里汇集而同流合污。"

伏尔泰

陷入困境的理性

伏尔泰（Voltaire），举世公认的启蒙运动的泰斗，神圣且富于理性的伟人，一生都在混乱中度过，而且从呱呱落地时就是这样。众多学者考证研究，竭尽心力，到现在对伏尔泰的生辰时日、出生地点还没有定论。另外，他的父亲到底是不是他的生父，也众说纷纭。当然，这仅仅只是个开头。奶妈觉得他可能活不长，便匆忙给他洗礼，以至后来费了好大力气，才给他补了个正式的洗礼仪式。伏尔泰在摇篮里就和上帝过不去，后来一生都和他争来吵去。

为什么这样说呢？因为不管什么时候，伏尔泰总是和上帝的代理人即神学家闹矛盾，也和那些乐意顺从教会的尘世上的统治者合不来。他有段时间连栖身之地都找不到。巴黎禁止他居住，有时还把他投进巴士底监狱。当然，在监狱里，伏尔泰还享受特权，可以在监狱总长的餐桌上用餐。人们诬蔑他，仇视他，流放他，禁止他的学说，烧毁他的著作，称他的作品是疯子的产物、反宗教的邪书、不堪入目的货色。人们指责他恶毒、放荡，要大家提防他如同提防带有传染病的细菌。有位神学教授甚至问道，上帝怎么能允许这个人来到世上？但伏尔泰却颇能自我安慰。他觉得遭遇的所有都不是他个人的命运："哲学从诞生之日起，就不断受到攻击和迫害。"他的许多著作只能匿名发表。即使人家知道了他是真正的作者，伏尔泰还是矢口否认。他并不觉得会受到良心的谴责："人嘛，就必须像魔鬼那样会撒谎！"为了自己的观点，伏尔泰还做出了许多努力。只要对自己有利，他可以信仰天主教，甚至接受洗礼。他完全承认自己的弱点："我宁肯做个经常忏悔的人，而不愿当个殉道士。"

伏尔泰的私生活同样波澜四起。那支尖尖的鹅毛笔成了他的厄运。他用这支笔，开始向整个世界宣战。普鲁士皇帝钦佩他，邀请他去波茨坦。最终，他被人误会，遭人暗算，不欢而散。当然也有他的错。还有，风流艳事接二连三，可以说是层出不穷。和他有过暧昧关系的，包括侯爵夫人、女演员、朋友之妻、温顺的良家女子、社会上不三不四的女人，最后还有他自己的侄女。对这种及时行乐的生活方式，伏尔泰有神学方面的解释："上帝把我们送到这个世界上，就是为了让我们享乐开心，其他的都是庸俗的、可怜的、难以忍受的。"为了这种无休无止的享受，钱当然是少不了的，恰恰在这方面不尽如人意。尽管有位腰缠万贯的父亲，伏尔泰在开始时还是不得不以借债为生。经过好长时间，才积攒下可观的财产，尽管这些财富的来源有时不明不白。到晚年，他倒是成了阔佬，有座城堡，几处乡间别墅，整整160个仆人。但就在此时，生活还是难以安宁。晚年的伏尔泰曾写道："我已经习惯了这种肉体和灵魂的纷乱。"

就在这种纷纷攘攘之中，他的名声却越来越大。在整个欧洲大陆的精神领域，他成了最有名望的伟人。在几乎一代人的时间里，他是欧洲的思想泰斗。直至今日，哲学家狄尔泰还称赞他是"世界上最有活力的人"。和上帝，与尘世，他都保持着这样或那样的联系，当然更多的是与尘世。因为在伏尔泰看来，上帝显然不是可以直接被称呼的客体，不是可以随便给他写信的。伏尔泰给我们留下了两万多封信。在这些信件和那些难以数计的著作中，他几乎对所有比较重要的问题都发表过非常有价值的、起码具有启发性的见解。还有他的剧本，一再遭攻击，一再被禁演，却又一再被搬上舞台，并且一再受到观众的欢呼与青睐。他的小说一版再版。连歌德也说，伏尔泰具有以辉煌的方式占领这个世界的所有才华与技巧，因此他把自己的英名传播到了整个大地。

在思想领域里，伏尔泰的人生如同一场战斗。他为之抗争的是思想自由、宽容、理性、和平、人的幸福以及消灭不平和压迫，简而言之，是启蒙。不只在理论上，而且在实践中。他说："世界已陷入黑暗。如果可能，让我们将光明带入茫茫黑夜吧！"基于此，尼采称他为"人类最伟大的解放者"。

伏尔泰的主要对手是教会。他坚持不懈、不知疲倦地揭露基督教理论的荒唐，揭露"这个充斥了整个世界、可怕而又神圣的谎言"。他认为："教会所宣传的，不是理性的上帝，而是令人发指的魔鬼。"上帝"创造了世界，然后又用洪水将之淹灭。上帝这样作，并不是为了创造更纯洁的人类，而是让世界充满强盗和暴君。上帝淹死人类的祖先之后，又自愿为人类的子孙后代去死。当然没有起到任何作用。他自己不让其他民族知道他死在了十字架上，又反回来惩罚他们无知"。"这位统治者具备无数在我们看来无比高尚的品德，这位热爱孩子的慈父，这位无所不能的上帝，难道他按照自己的想象创造了人，就是为了让丑恶狰狞的魔鬼去诱惑他们，并让他们倒毙在魔鬼的诱惑之下吗？为了让自己创造的本来不朽的生物去死吗？为了让他们的后代生活在不幸与罪恶之中吗？然而，在我们的可怜巴巴的理性看来，这还不是最令人发指、最难以理解的自相矛盾。上帝为了拯救人类，让自己唯一的儿子去死，或者准确地说上帝自己去死，因为他也成人了。这样的上帝，怎能忍心让几乎整个人类遭受如此可怕、永久的苦难？在哲学家看来，恐怕没有比这个学说更可怕、卑鄙的了。这个学说将上帝自身说成了罪孽的化身。"

以上两段文字，只是我们信手拈来的两个例子。伏尔泰志在揭露全部基督教教义的迷信本质。因为在他看来，教会的历史就是迷信的历史。"迷信这个东西，发源于多神教，犹太教继承了它，从一开始就使基督教会充满了臭气。""迷信极为可笑、可鄙、可恶。"我们应该纯洁地崇拜最高神，但迷信却是我们这种崇拜的

"最可恨的敌人"，因此，"给迷信这个怪物戴上镣铐的时刻到了"。

伏尔泰认为，"狂热主义"是比迷信更危险的。因为狂热主义必然导致"血腥的激情"，"促使人们犯罪作恶"，如"地狱般癫狂"。"如果只按照每百年夺走一百万人来算，那基督教已经夺走了整整一万七千万人的生命。"伏尔泰认为，"我们应该早晚向上帝祈祷，请求他把我们从狂热者的魔爪下解脱出来。"由于他觉得所有的教会权力都带有这种狂热，他便起身反对那些"追求功名的、被某个过于轻信的民族所崇拜的领袖们"，说"他们表面上代表天的意志，背后掩盖的则是难以告人的私利"。伏尔泰声称，"每个有理性的、心地纯正的人，都只能对各种基督教教派表示厌恶。"后来他自己甚至不乏狂热地用"消灭龌龊卑鄙"这句战斗口号作为他的每封信的落款。在这个意义上，伏尔泰认为自己是"伟大的暴动分子"。

伏尔泰的自信基于下列信仰：总有一天，眼前的所有丑恶与不平将被铲除。"基督教会变得更明智，因此也会更少迫害他人。"他坚信，这种对未来的憧憬并不是遥不可及的乌托邦，因为新一代憎恶狂热主义的人正在成长。"总有一天，哲学家将占据首要位置，理性的王国已经处于孕育之中。"

伏尔泰对基督教的斗争，并不是完全的反宗教思想的表现，也不是彻底的无神论的产物。相反，他认为无神论"对所有人都不利"，同样是"魔鬼"。他特别强调，"只是为了更加热爱上帝，我才不是基督教信徒"。他还强调"信仰最高神的必要性"，并使出浑身解数，开始研究由此产生的问题："我们对所有关系到整个人类的事情都感兴趣，因为我们是人。而诸如神、天意的问题，都与我们的切身利益息息相关。"

伏尔泰崇拜的上帝是什么样的上帝呢？当然肯定不是《新约》《旧约》中的上帝。在很大程度上，是普普通通的、无须经过什么天启就已呈现在人们面前的上帝。伏尔泰写道："想想吧，至高无上的永恒智慧已经亲手在你的心灵深处打上了自然宗教的烙印。"人对上帝的信仰便根植于这种自然宗教之中，出自"感情"与"自然逻辑"。也就是说，人自身已具有认识上帝的能力。

　　然而，根据伏尔泰的看法，人怎样感知上帝的存在，对上帝有什么看法呢？

　　首先，人可以确切知道，上帝存在。伏尔泰提出证明："事物存在，也就证明了上帝存在，因为任何事物都不可能产生于虚无。"这已经是"可靠的真理，我们的思想完全可以信赖这个真理"。另外，人还可以通过其他可能来认识上帝的存在，从这些可能中得到的认识"虽然不具有绝对的正确性，但却具有完全可靠的准确性"，"每个可以让人看出其方式和目的的事物都自身表明了有创造者存在。整个宇宙由各种力量和方式组成，它们都有自己的目的，所以整个宇宙后面必有全能全知的创造者。这虽然只是推测，但却非常可靠和准确。"伏尔泰认为牛顿的发明恰好对此进行了说明："既然许多法则总是相同、不变的，那么就不难推出，存在着法则的创造者。"这样，人对上帝就有了明确的概念。"上帝是必然性的生灵，普遍存在于自然界中的上帝的智慧，是宇宙中的伟大精神。"除此之外，还可以比较可信地证明上帝具有统一性和永恒性。

　　当然，人对上帝的认识只能到此为止。至于"这个至高无上的创造者是否是无限的，是否无处不在，凭我们有限的智性和可怜的知识无法回答这类问题"。另外，我们也无法知道上帝到底有哪些具体特征，而人总是试图将自己的某些特点附会到上帝身上。"看来我们对神明不可能有恰如其分的想象。我们艰难地从一种猜测走到另外一种猜测，徘徊于一种可能与另一种可能之间，最终只能获得少许比较确实的认识。"然而不管怎样，"哲学告诉我们，这个世界由不可理解、永恒、自在的上帝创造。"

　　按照这种推理，伏尔泰发现了在他之前谁也没有想到的对上帝存在的证明："我实在感到奇怪，人们想出了如此繁多、冠冕堂皇的证据来证明上帝的存在，但怎么没有人想到，享受也是证据呢？因为享受确实是上帝的恩赐。我想每位有幸喝杯上等托卡伊葡萄酒的人，每个有幸亲吻美丽夫人的男士，每个感到快乐的人都必然承认，存在着善良、至高无上的上帝。"

在伏尔泰看来，面对这些出自人之常情的证据，那些历史上流传下来的"吹毛求疵的形而上学式"的论据简直可以说是苍白无力，甚或无地自容。"形而上学是一块怀疑之地、一部关于灵魂的小说。""在形而上学中，我们得到的几乎都是似是而非的、具有或然性的所谓知识。我们大家都在同一个海洋里游泳，却永远看不见海滩。""我们都是在某个谁也说不清的、无岸无边的海水里扑腾。当然也没有其他办法，因为我们都是动物，大约五尺半高，各自顶着大约四立方寸的脑袋。"

但在有些方面，伏尔泰认为人可以超越这种无法认识上帝的界限。在给某位即将登基掌权的统治者的信中，伏尔泰写道："大自然已经向您证明了存在着至高无上的上帝。您的良心将告诉您，也存在着主持正义的上帝。"正是着眼于这种对良心的信任，伏尔泰坚信存在着伟大的上帝。"它惩罚罪恶但不残忍，道德行为将受到奖赏。"在解释这一观点时，伏尔泰的思路不很明确。有时让人觉得他好像是在表达自己的内心，有时他又写道，他要求上帝必须这样，因为这一思想对维护国家与社会的秩序非常有益。"让我们，不管是君主还是普通一民，一起深深地记住，有一个创造性的、掌舵的、奖善惩恶的神明在看着我们。""社会需要这一观点"，"人民需要宗教"。据此，伏尔泰提出了一个非常著名的论断："如果真的没有上帝，那也必须发明创造一个。"

如果说在人是否可能认识上帝这一点上，伏尔泰的怀疑论还很一般的话，那么，当他开始考察上帝与世界的关系时，他的怀疑就简直变成了绝望。特别是里斯本大地震后，这个问题一直折磨着他："大自然太残忍了。我们也无法想象，在如此一个所有可能中最美好的世界上，运动的法则竟会引起这样一场骇人听闻的灾难。千百万我们的同胞如同蚂蚁一样一下子被压得粉碎。他们中的一半是在无法描述的苦难挣扎中死去的，被埋在一片废墟之下，拉也拉不出来。人类生存的这场游戏是多么可怜的一场赌注啊！"里斯本大地震的消息，当然还有切身的经历和对现实的观察，使伏尔泰陷入了对世界本身的怀疑之中。"连大自然自己也在没完没了地干蠢事：怪胎、瘟疫、毒品、不毛之地。在众多的秩序之外，又有无数的混乱；具有如此伟大的创造力，又有如此可怕的破坏力。我常常对这类问题感到头痛。人生也不例外，到处都有人在忍受痛苦，还有结石、痛风、关节炎、罪恶、诅咒、死亡。谁能理解这些，就让他慢慢理解吧！"在这方面，伏尔泰特别对痛苦和死亡感到诧异。世界是"一场充满痛苦的洪水，我们都将被淹死"。人类历史所显示的，也几乎全是黑暗，总是恶人称王，罪恶成功。因此人类的历史几乎全是由血淋淋的场面组成的，是"一条不幸与残暴汇成的污水沟"，一条"几乎没有中断过的苦难的链条"，"一堆罪孽和恶行"。所以，这个世界并不是莱布尼茨想象的那样，是什么所有可能中最美好的、最理想的。恰恰相反，它是"所有星体中最糟糕的一个"。"幸福只是一场梦，只有痛苦才是现实的。八十年来我已经体会到了这一点。而我没有其他办法，只有将自己交付给这个世界，只有对自己说，蚊子之所以生存，是为了被蜘蛛残食。我们人之所以活着，只是为了被折磨到死。这个世界是苦难的深渊。"

　　基于这个认识，伏尔泰必然不可避免地面临生存意义这个问题："这群人之所以被创造就是为了让他们永不停息地自我毁灭；这群动物，一代又一代，就只是为了吞食他人，而自身又被吞食；这群有感情的人，就是为了忍受那么多的痛苦；还有这群有理性的人，又表现得如此缺乏理性。虚无难道不比此更好？这一切到底有什么意义？"按照他的思想主题，伏尔泰必然把这个问题和上帝的问题联系起来看待。既然在这个由上帝创造的世界上有如此多毫无意义的现象，我们还能相信上帝是善良的吗？伏尔泰几乎是绝望地试图解决这个难题，试图为上帝辩护。他起初认为，世界上众多的痛苦并不是上帝的安排，"我们不能因为自己发了一次高烧就否认上帝"。"对上帝来说，痛苦并不存在，痛苦只是我们的感觉。"但不久伏尔泰又觉得这些托辞并不能使人满意。这个问题就只好以上帝的行动不可捉摸这个观点告终："我不想研究这位创造了世界的伟大建筑师是否善良。上帝存在就已经使我满足了。"这当然不是问题的答案。所以最后的结论是："善与恶的问题是场混乱。对于诚实的研究者来说，这个问题是无法澄清的。"

这样，怀疑主义最后还是趾高气扬地战胜了对理性的崇拜："你们周围的一切，你们心中的一切。都是谜。人没有办法解开这个谜。"剩下的就只有悲观与绝望了："经过所有的探究之后，我至今还是不知道我从何处来，我是什么，我向何处去，我将成为什么。想到这些，我剩下的只有绝望。""我看到的一切，所做的一切，都没有丝毫理性可言。八十年来，我经历的和我自己所干的全是蠢事。仔细想来，我觉得这个世界好像充满了令人恶心的虚荣、无聊和夸夸其谈。这就是生活。年老的，年轻的，我们所做的全是在吹肥皂泡。我们都是气球，命运之手任其摆动。在我们飘起过几次之后，有些碰破在大理石上，有些落到粪堆上，最终永远地结束了。""在这个世界上，我们是被判处死刑的战俘。眼下还可以通过各自的方式寻欢作乐。每个人都在等待，等待轮到吊死他的时候，但又不知道准确的时刻。时间一到，人们才发现一生都属徒劳。"

有时候，这种面对人类痛苦所产生的绝望又会转变成温和的失望和遗憾："我很晚才获得幸福，但我毕竟得到了幸福。在这个世界上，只有少数人才可以对自己这样说。""现在我到底得到了一生所求：独立与安静。"然而他又不能不去参加时代的战斗，因为"我写作就是为了行动"。在伏尔泰看来，这才是哲学的意义："团结起来吧，哲学家们！然后你们就会制定法律，成为民族的主人。"

但是，忧愁又悄然而至："一切都消失的时候，最后自己也消失了，剩下的只有虚无。"这时候，只有哲学这帖安静的沉思剂能带来点安慰："我完全以哲学的态度准备这次最大的旅行"，因为"哲学还是有用的。它起着某种安慰剂的作用"，"能使灵魂感到镇静"。当然，人必须首先坚定不移地献身哲学。"做人应该有点胆量。哲学是值得鼓足勇气试一下的事情。"

卢梭

不幸的感情型哲学家

我们可以思考上帝，可以思考世界，但也可以把思考的主线和自己的生活联系起来。让－雅克·卢梭（Rousseau）就是这样做的。哲学史上，他也许是最喜欢观察自己的思想家。他的学说首先是关于人的学说，他自己就写道，他对人的认识全是观察自己得到的："描绘人的天性的艺术家和为人性辩护的人，如果不以自己的内心活动为模型，他还能在何处寻找灵感呢？他叙述了人的天性，就像他在自己身上所感觉到的那样。"

因此，《忏悔录》成了卢梭最重要的著作之一。在这本作者死后才发表的书中，卢梭坦坦荡荡、毫无掩饰地叙述了自己的发展过程，记载了他一生中的重大经历，细枝末节也不放过。卢梭开篇就写道："我的这个举动，前无古人，将来也不会有人效仿。我想给我的同代人如实描绘真正的人。这个人就是我自己，我这个人。""我叙述我的善良美德，同样坦率地叙述了我的罪恶过失。我没有粉饰任何错误，也没有虚构任何善行。"卢梭非常正确地意识到自己与众不同，同时又怀着某种几乎称得上狂妄的自负。整部《忏悔录》就是这二者的糅合。"我学习和观察自己的心灵。我了解人。我和我看到的那些人不同。如果我不比他们好，但起码和他们有区别。大自然将我铸成了这个样子，而大自然是否最好应该毁灭我这个样子，大家只有读了我的书后才能判断。不管末日审判的号角何日吹响，我将手捧这本书，站在最高法官的面前。"

卢梭1712年生于日内瓦，1778年在巴黎附近逝世。他生命的66年是无休止的混乱。真正的倒霉，幻想的不幸，与朋友们的痛苦争论，和对手们的唇枪舌剑，所有这些互相交织，构成了他的一生。他时而疯狂地读书写作，时而又想入非非、听天由命、浑噩度日。面对丑恶的世界，他时而奋起反抗，时而又一蹶不振，神经处于崩溃的边缘。他年纪轻轻就从受人尊敬的家庭中叛逃出来，从事过各种职业：抄写员、手艺工人、教父仆从、音乐教员、私人秘书、老师、四处流浪的音乐家、地籍局的管理员。后来又当过外交使团秘书、乐谱誊写员，并发明了简谱。他还当过乐团指挥，曾是颇有成就的作曲家和戏剧作家。凡尔赛宫甚至上演过他的作品，但作者却因衣着不整引人注目。在这极不安定的一生中，卢梭游荡于日内瓦、意大利、瑞士和法国的乡村以及巴黎之间。每隔几年，有时甚至几个月就要搬家。卢梭坦率承认，在这动荡不安的日子里，他染上了几乎所有的恶习：偷窃、撒谎、流浪、调戏引诱天真纯洁的少女、毫无选择地阅读各类小说。后来又良莠不辨地读了历史和哲学方面的书籍。

在《忏悔录》中，卢梭还详细地叙述了自己的性生活。当然他自己也承认，这些并不全是实际中发生的事实，某些部分只是他的想象。具有决定性影响的事件是家庭女教师常常用打板子惩罚他。后果是，卢梭在其一生中，挨揍成了最高级的享受，尽管他从来也没有勇气请求某位女士以这种方式表达对他的爱慕。他还非常坦荡、甚至有点自豪地写到他终生喜欢手淫，喜欢在公共场合暴露性器官，有时几乎为此遭到众人的毒打。后来，他认识了一位有点放荡的贵妇人——德·华伦夫人。她虽然使卢梭一度信奉天主教，但也给这位流浪汉提供了栖身之地。长期以来，大他12岁的德·华伦夫人充当着母亲兼情人的双重角色。当然她给卢梭也带来了苦恼烦闷，因为她水性杨花，不会满足于只有一个情人。与德·华伦夫人分手后，卢梭和威尼斯的妓女们有过一阵风流，尽管他始终害怕染上梅毒。最后，卢梭结识了一位在某旅馆当招待的普通女子。他耐心地教她识文认字，同居十三年后终于和她结婚。这位伟大的教育理论家，对家庭生活一窍不通。他把自己的五个孩子全送到孤儿院去了，因为他们太吵闹，花费也太高。另外，不管是固定的婚姻关系还是作为大丈夫的地位都未能妨碍他继续向那些贵族女士们调情献媚。当然多数情况下没有成功。

卢梭这种不规律的生活轨迹与他那跳跃式的思维相吻合。严格来说，他并不会系统地发展思想，而是受灵感驱使的人。因此，他的最重要的思想观点，也全是一时灵感的产物。第一个使他一举成名的认识就是这样得来的：里昂科学院出了一个题目，有奖征求答案："科学和艺术的进步是否为纯洁人类的道德做出了贡献？"完全按照启蒙运动时代的精神，善良的院士们当然期待着一个肯定的答复，期待着一首赞美人类文化进步的热情颂歌。但是，卢梭却反其道而行之，彻底、果断地否定了这一进步。在他看来，科学及艺术的进步没有意味着别的，只是人性的没落。对他的同代人来说，这个观点无疑是当头棒喝，具有振聋发聩的作用，因为卢梭的回答恰恰揭露了启蒙运动这个非常自豪的时代的空虚。"神圣的智慧本来将我们放入了一种幸福无知的状态之中。但在所有的历史阶段上，我们人类总是觉得自己不可一世，总是千方百计地试图摆脱这一状态。上帝对我们的所作所为的惩罚是，我们变得奢侈无度，毫无顾忌。我们成了奴隶。""全能的上帝，将我们从我们祖先的知识和所谓的文化艺术中解脱出来吧！重新将无知、无辜和贫穷还给我们吧！"

这是卢梭思想的核心。而这一思想就是卢梭在去凡森宫殿的路上得到的。当时卢梭的朋友狄德罗被关在这里，原因是有人指控他宣扬无神论。一天，卢梭去探望他："如果真有灵感突发这一类事情的话，这时攫住我的就是这样一种灵感。我忽然觉得千道光芒照射着我，一大堆理不清的思绪泉涌般地出现了。它们是如此地巨大，使我陷入了无法描述的不安之中。一种如醉如痴的混乱占据了我的头脑。我觉得压抑、憋闷、呼吸困难。无法继续走下去了，我便坐到一棵树下。在这儿，我呆了半个小时，思绪万千，心潮澎湃。当我起身时，我的大衣沾满了泪水，而我竟没有发现自己已经热泪滚滚。天哪，我要是能写出我在这棵大树下看到的、感觉到的一小部分，那我就万分满足了。那么，我将能够系统地、清晰地揭示我们这个社会的所有矛盾，表现这个制度的所有弊端。我将有力地证明，人性本善，只是我们的社会制度使人的天性变坏了。我所记住的以及在我的文章中所表达的，只是我在这棵树下得到的伟大真理的一小部分，只是当时使我激动不已的真理的微弱的余音。"

通过这一经历，卢梭思想中杂乱无章的东西被理清了，被升华了。他写了两篇文章，给他带来了世界性的声誉:《论科学与艺术》《论人类不平等的起源》。在这两篇文章中，卢梭试图从人的起源出发解释人的本质，从根本上批判整个人类历史。这一思想在后来的著作中得到了进一步的阐述。这些著作是:《新爱洛依丝》《爱弥尔》《社会契约论》。所有这些著作都围绕着同一个问题:人的天性怎样才能与他在国家、社会之中的存在以及与教育的必要性统一起来。

卢梭的著作获得了人们的承认与赞赏，但卢梭的生活却没有因此趋向安定。经济拮据，他只能靠写作卖文勉强度日;健康状况不佳，疾病折磨着他;由秉性而带来的抑郁寡欢越加厉害。他对整个世界充满了怀疑，渴望生活在寂寞之中。他移居到法国乡村，想在田园风光中得到满足，但心理与健康状况均未好转;成名了，慕名而来的拜访者络绎不绝，却被一一拒之门外。卢梭将自己孤立起来，甚至和那些启蒙运动中的朋友们断绝了关系:伏尔泰、狄德罗、雅各布·冯·格林等等。在给伏尔泰的一封信中，他干脆用"我恨你"这句话作为结束语，意思是再明显不过了。伏尔泰当然以牙还牙，把卢梭骂了个狗血喷头，说他是"大笨蛋、魔鬼、骗子、文学界的恶瘤、本世纪的浊物、没有驯养的动物、诽谤者"。巴黎和日内瓦政府通缉他，因为他的思想不符合基督教精神。他的书甚至被公开销毁。尽管如此，他感觉到的并且为此感到非常痛苦的所谓"迫害"大多数只是他的想象，实际上根本没有那回事。他感到全世界都和他卢梭过意不去，都在反对他和他的大作。他抱怨道："八年来，我被可怕的黑暗包围着，却无法冲破它。"他觉得到处都有人要迫害他。哲学家大卫·休谟邀请他到伦敦住段时间，同样无济于事，甚至和这位慷慨大方的朋友的友谊也是以争吵而告终。衣着方面他也有那么一点点与众不同的地方。穿着一件很少见的亚美尼亚服装，头戴一顶皮帽子。最后，他痛苦地死去了。留下的其中一段话是："我孤身一人活在世上，没有兄弟，没有亲属，没有朋友，只有我一人形影相吊。我是所有人中最可亲、最喜欢交际的人，而我却被众人一致地抛弃了。不是吗？从我身边走过的人从不和我打招呼，而是在我面前狠狠地吐口唾沫。"

卢梭的身后之誉当然是一发不可收拾。法国革命期间，他的遗骨被安放到名人纪念堂里。后世的伟人们，几乎没有一个没受到过他的启发或影响，不管是赫尔德（Herder）还是歌德，不管是康德还是德国唯心主义的哲学家们，不管是尼采还是托尔斯泰。

卢梭这个人是非常矛盾的。一方面，他不懈地追求真理，另一方面内心却充满了恐惧与不安，总觉得有人在陷害他。两位同代人对他的不同评价，清楚地说明了卢梭的这种矛盾性格。莱辛（Lessing）写道："不管在哪一方面，卢梭都是沉着冷静的哲学伟人。他直接地走近真理，不为任何偏见所羁，不管这些偏见如何地得到世人的赞同。他不为假象所迷惑，尽管他每走一步都必须和这些假象战斗。"狄德罗却这样说："这个人使我感到不安。他在场时，我总觉得好像是一个受到诅咒的灵魂游荡在我的身旁。我不想再看到他，他会使我相信确实有地狱和魔鬼。"

卢梭在思想史及哲学史上的意义首先在于他动摇了启蒙运动的基础。他认为，理性只是冷酷的、无用的判断力，习惯只是僵化的矫揉造作，人类不断进步的想法只是一场幻想，人的天赋自由成了被掩盖着的奴性。因此，恰恰那些启蒙运动引以为自豪的东西在他看来是值得怀疑的。按照他的信仰，正是这些东西毁灭了自由独立的个性。"和我们的思想一样，我们的道德也被庸俗、骗人、千篇一律的公式统治着。所有的头脑如同是一个模子铸出来的。所谓的礼节不停地左右着我们的行动，所谓的尊严命令我们做这做那。我们总是服从于习惯，而不是服从于我们的心灵。人已经没有胆量真实地表现自我了。他们组成了一个群体，还将这个群体称为社会。在不断的强迫下，所有的人生活在同样的环境中，做着同样的事情。"

卢梭批判这一点。他的主要论点是：这种人与人之间的关系是虚假的、人为的。在这种大一统的社会中，所有原始、自然的东西消失了。他认为这是启蒙运动的最大失误："我们在什么地方还能找到自然人呢？还能找到真正过着人的生活的人呢？找到只按照自己的爱好、按照自己的理性生活的人，找到敢于把他人的意见看作一文不值，也不考虑社会与众人批判什么赞扬什么的人呢？在我们中间，找不到这样的人。我们看到的，到处是华丽动听的辞藻、貌似存在的幸福。无人再去关心真正的东西，所有人都把自己的本质藏在假象之中。他们是自珍自爱的奴隶，是傻瓜。他们糊里糊涂地度日，不是为了生活而活着，而是为了使别人相信他们活着。"

针对这一点，卢梭要尽力将人真正成为人的可能性发掘出来，展示在世人面前。他给同代人带来的这一解放是前所未有的。长期以来遭到排挤的思想现在一下子重见阳光。康德写道："你们给人的生存假设了许许多多的形式。卢梭却第一次发现了在众多的形式中深深掩盖着的人的天性。"

卢梭独特的哲学思想就是要将人的天性还给人。因此，这个思想的最高原则不是理性，而是人的原始的东西，即感觉。真理首先不是来自于思考，而是位于感觉之中，来自于直接的感知，要靠心灵去把握。"我不想在这里进行形而上学方面的讨论。这种讨论超越了我的界限，也不会有什么突破性的结果。我不想进行哲学思辨，我只想帮助你们，请你们问问自己的心灵。如果所有的哲学家都证明我错了，而你们却觉得我是对的，那我就心满意足了。"整部《新爱洛依丝》就是一首感情与感觉的颂歌，一首直接的、冲破所有传统束缚的爱的赞美曲。这种感觉先于理性的思想所产生的影响是深远的。与启蒙运动所崇拜的纯粹的理性判断相左，对感觉的崇拜成了时代的新潮。

如果关键问题是，人应该回归原始状态，卢梭就必须假定，人在初期本来是善良的。也就是说，人在单纯地听从心灵的呼唤，依赖自己的直觉时，人在不为社会交往所迷惑而真正和自己在一起时，人就是善良的。"摆脱这些多灾多难的所谓文明和进步，丢掉我们的迷误与恶习，驱逐所有人为的东西，剩下的就是善良。"

这一思想对卢梭的伦理学构建具有非常重要的作用。行动的准则来自于本来的感觉，这是卢梭的伦理学的基础："我不是从某个深奥的哲学原理中获得这些准则的，而是在我的心灵深处找到的。自然将这些准则不可磨灭地印在了我的心灵之中。我应该做什么，想什么，问问我自己就知道了。所有我觉得好的东西就是善良的，我觉得不好的就是丑恶的。"

当然这并不是说，人可以为所欲为，可以服从自己的一时冲动。也不是说，人的每个一时的想法，在道义上都是正确的。这段话的真正意思是：人的心中有一个最高存在。它可以知道人的某个感觉是否善良，由这一感觉所产生的行动是否善良，并且最终评价所有感觉和行动。这个存在不具有理性的特点，它本身完全是一种本来的原始的感觉。它就是"良心"："尽管我们有自己奉行的基本原则，但在灵魂的深处还有一个与生俱来的正义与道德的原则存在。我们就是根据这个原则来判断自己与他人的行动是否善良的。我称这个原则为良心。"

回想一下卢梭关于人性本善的理论，我们会觉得，他所崇拜的完全是一种草率轻信的盲目乐观主义。但再仔细看看，我们就会发现，人性本善这个命题离不开另外一个限制性的思想。卢梭写道："所有来自万物创造者之手的，都是善良的。"但他又补充道：

"通过人之手，一切都堕落了。"因此在卢梭看来，人同时也是矛盾的。"人不是统一体。我在想，我又不想；我觉得我是奴隶，同时又觉得我是自由的；我看到了善良，热爱善良，却在做恶事；听从我的理性，我是主动的，激情左右我时，我又是被动的；如果我失败了，我的最大痛苦便是，我觉得自己本来是可以反抗的。"因此，卢梭提出的人性本善理论的意思是：人有善良的可能，也应该是善良的，但同时人也有丑恶的一面。丑恶作为危险的力量，作为诱惑，同样存在于人性之中。

卢梭将人的原始状态叙述为纯粹的善良。他这样做，并不是想提出符合历史实际的设想。他并不认为，原始民族的生活就是善良的、和谐的。他的真正用意是为了从这种假设的性本善命题中引申出他对人类的呼吁，呼吁他们在具体的个人生活和社会生活中使这一点变为现实。卢梭给自己的时代举起了一面镜子，描绘了一幅与时代的没落完全相反的理想的图画。"我们所讲的自然状态是这样的一种状态：它已经不存在了，也许从来没有存在过，很可能将来也永远不会出现。但是，为了使我们正确地理解自己的时代，我们又必须假设这种状态的存在。"

从这一基本思想出发，就很容易理解卢梭对人类社会的批判了。人类社会掩盖、篡改和阻碍着人性中本有的善的可能，因为在社会生活中占统治地位的是赤裸裸的自私自利，而自私自利却是所有恶行的根源。通过这条途径，卢梭找到了丑恶的来源。自古以来，这个问题就使哲学家们激动不已而又争论不休。卢梭的答案是：丑恶不是上帝所为，因为人性本善。但丑恶也不是反对上帝的独立的丑恶的力量所致。丑恶只是人的事情，通过人的社会化而引起。这样，在人类历史上，卢梭第一次明确地将社会存在看成了应对丑恶负责的主体。从这一点出发，就可理解为什么社会主义理论一再借用卢梭为自己辩护，为什么法国革命把他看成了自己的先驱。

卢梭的教育理论也是从这个根子上长起来的。最核心的思想是引导和促进儿童自身已有的善良天性的发展。为了达到这一点，就必须使他们远离来自社会的有害影响，特别应该避免强制手段和道德说教。应该努力使儿童自由发展，因为自由发展就是天性的发展，善良的发展。这样做当然不是为了培养原始人。如果伏尔泰说他读《爱弥尔》真想"伸开四肢到地上爬爬"，那他就误解了卢梭的思想。卢梭的目的是，将人教育为独立自由的人，使他们从自身出发而生活和行动，要他们按照自己的能力掌握他们所碰到的一切。正是由于这一点，卢梭成了整整一代教育学的理论楷模。

卢梭对人类社会的看法和批判来自于他对人的理解。在这方面也应该首先指出，卢梭的主张并没有要求自己忠实于历史。如同上面看到的，他提出的只是与时代的没落状况相对立的一面镜子。如果人性本善，人的生活本来就应该是自由的、幸福的。"人天生是自由的"，但卢梭又补充道，"却又无往不在枷锁之中"。人的这种被奴役性是随着私有财产的产生而开始的，"那个第一次圈了一块地，声称该地属他所有的人是国家与不平等制度的始作俑者"。因为这样一来，就有必要相互保证财产不受侵犯，但只有每个人都放弃自己的一部分自由时，这种保证才有可能。人的社会生活恰恰是随着这部分自由的丧失开始的。而社会又必然导致堕落，因为社会的特点是：人成了"非自然的人"，有了"非自然的欲望与热情"。"这些欲望与热情只是这种新的人际关系的产物，其根源并不在人的本性之中。"

这样，同时又爆发了人的天赋自由与人在社会及国家中的生存方式之间的矛盾。人在国家中的生存意味着，"人必须一丝不剩地放弃自由，行动与思想必须尽可能地达到统一，参加这个契约的每个成员再也没有任何有必要保留的东西了。"这不就意味着，人们在决定建立一个国家时，就必须完全放弃他们的自由吗？卢梭认为这并不是必然要发生的。他设想的国家的本质是：在国家中，尽管有妨碍自由的东西存在，但自由同时也是可能的。人的自由与国家的限制怎样才能相互统一呢？卢梭回答说：只有国家本身根植于自由之中时，这种统一才有可能。国家存在的根本基础应该是所有成员的自由联合。这样，卢梭便成了人民主权论的代言人。

这一思想的具体表现是：卢梭要求通过契约的方式建立国家，所有自由的人都是契约的缔造者。这样的话，国家恰恰就变成了使自由成为可能的因素。因此，卢梭所说的自由并不是一群人的胡作非为，而是个人自由与他人自由的联合。"由于每个人都是为了大家牺牲了自己的部分自由，因此并没有将自己变为任何人的私有财产。由于每个社会成员享有同样的权力，所以每个人又可以如数地重新获得自己付出的那部分。同时，每个成员又必须更有力地坚持自己的意志，保持自己的存在和所有。这个契约是所有公民同意的，而且也是每个公民通过自己的理解与认识能够同意的。所以，只要所有公民服从这个契约，每个成员便无须听从任何人的指挥，而只须服从自己的意志。这样，他们当然就会放弃自然状态时的那种无约束的生活，并由此换来真正的自由。这种自由是所有人都受到法律约束时的自由。"

卢梭这种国家学说产生的影响非常巨大。原因是卢梭那个时代的国家恰恰不是建立在纯粹的国民意志之上，而是富人对穷人、有权者对无权者的压迫。因此，卢梭的国家理论便很自然成了革命的导火线。他自己也认为，这场革命就在眼前，"我们正在向危机的深渊和革命的世纪迈进"。

但是，卢梭思想中最具有哲学意义的，是他创立的新的自由这个概念。按照这一概念，最重要的并不是人放弃了什么，将自己从何处解放出来。与此相反，卢梭非常强调自由的方向。自由应该抛弃肆意的成分，将自己和法律联系起来。卢梭的这一理论对后世的影响很大。康德就说过，卢梭使他"认清了方向"。因此，卢梭的伟大贡献并不在于他指出了人本来的自然存在，虽然这也是他的一大哲学上的发现。卢梭的真正伟大之处是，他发现了真正的自由："服从自己制定的法律便是自由。"

休谟

怀疑主义带来的沉船之难

大卫·休谟（D.Hume）是个怀疑论者。1711年生于一个苏格兰贵族家庭。按照一般的想法，怀疑主义者都是瘦骨嶙峋、双唇紧闭、鼻子尖尖的。休谟却完全是另外一个样子。甚至一位同时代的崇拜者都写道："他的外貌对相面学是个极大的讽刺。因为即便是最能干的相士，也不会在他那毫无表情的面部发现丝毫智慧的痕迹。他的脸宽大臃肿，嘴却很小，神态单纯憨厚，两眼暗淡无光。看看这副大腹便便的样子，人们会以为他是位喜欢吃乌龟的市政议员先生，而很难想象他是个极富修养的哲学家。智慧还从来没有把自己裹在这样一个稀奇古怪的躯壳之中。"尽管长相与众不同，但有一点却是不可否认的：休谟是个哲学家，而且是个怀疑一切的哲学家。他自己曾写道："如果我们是哲学家，我们就应该对一切持怀疑态度。这样才能名副其实。"

研究哲学，这个决定休谟早就做出了。啃了几本书之后，16岁的休谟颇受启迪，马上就写道，他想"像一个哲学家那样讲话"。当然一年之后，他还是按照家庭的愿望，开始学习法律。这门呆板枯燥的学问很使他反感。因此他便着手认真地研究哲学问题，精神上以西塞罗为榜样。由于不务正业，他未能参加毕业考试。失之东隅，收之桑榆。休谟不在乎，而是认为自己将在哲学上做出一项重大发现。"大约18岁时，经过许多学习与思考之后，我终于觉得我将开拓一个完全崭新的思想世界。在这些事情上，我不乐意拜倒在任何权威的脚下，而是被迫去寻找一条新的路径。通过这条路也许能够找到真理。"这条路是什么，可惜现在已很难搞清。休谟已把他在这段时间写的文章全部付之一炬。

后来，休谟生了一场大病，长达四年，病情与精神抑郁症有关。塞翁失马，这场病大大促进了他的哲学研究。经过铁一般的自我约束，休谟终于重获健康，而他的治疗方法中有一条，就是迫使自己每天进行几小时的哲学思辨。"我现在有时间，也有兴致将自己狂热的幻想冷却一下。因此我便开始严肃认真地思考着怎样才能把我的哲学研究推向前进。"

进展显然并不怎么迅速。因为痊愈之后，休谟还是被迫去寻找一份得以糊口的职业。他来到布里斯托尔，开始在一家糖店当学徒。不久他就发现这份差事并不令人满意，特别是他和老板合不来。原因很简单：休谟不去老老实实地誊写主人的书信，而总是自作聪明，在抄写的同时，还要在风格和遣词造句方面对信件润色加工一番。

这样，休谟便再次试图纯粹以哲学为生。他来到与英国相比生活并不太贵的法国。在这里，休谟住了三年，并着手撰写他的第一部著作《人性论》。此书后来在伦敦脱稿。28岁的年轻人当然坚信这本书将给他带来全世界的承认。但类似的事情并没有发生。这深深地刺伤了作者的自尊心，一辈子对此耿耿于怀。休谟感到极度寂寞，甚至认为同代人如此地颇有挑战性地保持沉默完全是故意敌视他。"我的哲学将我带进了空荡荡的寂寞之地，使我陷入了恐惧与迷惘之中。我甚至觉得自己是个奇怪、笨拙的庞然大物，不愿挤进人群和他们一起生活。社会抛弃了我，我无法与人交往。寂寞荒凉，得不到丝毫安慰。我激起了所有形而上学家、逻辑学家、数学家甚至神学家的仇视。将目光投向外部世界，四面八方全是争论、反对、愤怒、诽谤与蔑视。看看自己的内心，找到的只有怀疑与无知。"

　　后来的几年中，休谟发表了一些伦理学及政治方面的文章，给他带来了一点声誉。休谟便想谋取一个伦理学与政治学教授的职位，但由于宗教界人士的反对，始终未能受到聘用。他们指责他鼓吹自然神论、怀疑论和无神论。另外，哲学界的朋友们也对他支持不够。休谟至死没有发表当时写成的《自然宗教对话录》，这次失败也许是其中的原因之一。他不愿引起新的争论。

　　此后数年中，休谟被迫从事各种各样不能完全令他满意的工作。先是陪伴一位患精神病的侯爵。在回忆录中，休谟称这个职业是他一生中最可怕的经历。后来他又给一位将军当秘书，并与他一起同赴前线。接着他成了军事法庭的高级法官。由于身体肥胖，军装不合身，当兵时常常遭人嘲笑。当年的将军晋升为外交公使后，休谟再次充当他的秘书，去过维也纳和都灵。忙里偷闲，休谟着手修改他的第一部著作，将其分为两本，分别以《人类理智研究》和《道德原则研究》为题出版，取得了一定的成功。

　　当了爱丁堡大学法律系图书管理员后，休谟这种动荡生活开始趋向稳定。但就是得到这样一个相对来讲无关紧要的差事，也不是没有困难的。人们再次指责他宣扬自然神论、怀疑论和无神论。事情闹大了，甚至引起了一场公开的论战。休谟自己曾津津乐道地提到一件事：一位女士和情人断绝了关系，就是因为她的情人赞同人们对休谟的指责。当了图书管理员后，休谟有了时间，开始修改他那四卷本的《英国史》。这本书终于使他一举成名。另外，在图书馆任职时，休谟喜欢安排购买那些"伤风败俗的现代作品"，这引起了有些人的不满。但休谟依然我行我素。

　　五年之后，休谟辞去了这份工作，以使馆秘书的身份来到巴黎。在这里，休谟一夜之间声名大噪、身价倍增。法国首都中以蓬皮杜夫人为首的启蒙社团张开双臂对他的到来表示欢迎。休谟写信给一位朋友说："您询问我的生活。我只能告诉您，我生活得如同神仙。食仙丹，啜琼浆，呼吸着崇拜者点燃的缕缕圣香，漫步在鲜花丛中。"法国启蒙家格里姆男爵说："女士们简直是竞相争夺这位固执的苏格兰人。"另一位观察者谈道:"歌剧院中,人们常常看到他那宽大肥胖的躯体坐在一群年轻女士们的笑脸之中。"不必担心,休谟不会走得太远。他称自己"对女士们殷勤有礼,既不会使丈夫们也不会使母亲们感到害怕"。他也根本不认为,这种和漂亮异性的关系可能会发展为婚姻,因为"女人并不是必不可少的生活必需品"。

在巴黎的时间并不长。休谟不久就写道:"我很清楚,我住的并不是好地方。我每日三次地怀念我的靠椅,希望回到我的避难所去。""我决心已下,要在这些达官贵人们抛弃我之前,离开他们。"因此,休谟回到了英国,当然并不是回到他那寂寞狭小的故乡,而是来到外交部,当了副国务秘书。一年之后,他放弃了这个职务,终于急流勇退,来到爱丁堡,回到他的朋友们中间,潜心研究哲学,却没有写出多少东西。另外,在此期间,他那"伟大的烹饪天才"得以施展,有了用武之地。1776年,休谟辞世。就像他的朋友亚当·斯密写的那样,他在"精神的完全安静"中死去。尽管许多人忠告他最终放弃他那怀疑主义思想,但休谟还是表示反对,至死不改初衷。

从古希腊开始,哲学一直被形而上学主宰。而休谟所怀疑的,首先就是这座人类精神颇引以为骄傲的宏伟高楼。他和形而上学进行了一场激烈的战斗,始终反对那些对感觉观念以外的东西进行的思辨。形而上学方面的那些思想"要么是人的虚荣所做出的毫无结果的努力之产物,要么就是迷信之幽灵。虚荣驱使人们试图进入那些人的认识能力无法接近的对象之内,迷信不能在公开的战场上保卫自己,只好钻进杂草丛生的荆棘之中,以便保护自己,掩盖自己的耻辱。"因此,休谟认为,应该毫不留情地揭露这种伪科学,穷追那些冠冕堂皇的所谓问题,使它们没有藏身之处。正是基于这种思想倾向,休谟堪称是一个真正、彻底的启蒙运动的代表人物,因为启蒙运动的理想正是要将光明带入认识所面临的黑暗之中。不过,休谟走得更远,他甚至要求公开清除那些愚弄人的形而上学方面的书籍："让我们把所有的图书馆都仔细搜寻一遍吧！我们如何才能清扫这块地方啊，拿出一本神学方面或者形而上学方面的书，那我就必须提问，这本书研究了大小或数目之类的抽象东西吗？没有；以经验为基础，对事实和生存进行了探讨吗？也没有。好啦，让它化为灰烬吧，因为它所讲的全是些巧言诡辩的骗人之道。"

形而上学受到如此激烈的抨击，休谟要用什么取而代之呢？还是对他来说，哲学从此就彻底灭亡了呢，绝对不是。休谟认为。抛弃了形而上学，哲学可以得到一块新的领地。因此，他要"将哲学彻底地调整一番"。而要将研究从这些毫无结果的空洞的问题中解放出来，道路只有一条，这就是：严格研究人的认识本身，通过对人的认识能力与极限的准确分析，表明人根本不适宜于探究那些遥远的处于黑暗之中的东西。也就是说，人的认识不应该在这些超感观的范围内游来荡去，而应该坚守经验这块阵地。因此，有必要把"我们的研究限制起来，只探讨那些对人的有限的认识能力来说最合适的东西。人的想象力天生的异常活跃，喜欢以探讨那些超常、虚无缥缈的东西为乐趣，喜欢没有控制地奔向时空中最遥远的地方，以便逃避那些我们根据习惯已经熟悉的东西。正确的判断能力却遵循完全相反的程序。它把所有远不可及的、无法捉摸的研究弃之一旁，只把自己限制在普通的生活之中，探讨那些属于日常实践与经验的东西。"简而言之，休谟是个彻底的经验主义者。"没有经验的帮助，我的理性不能对实际存在和事实做出任何推论。"

进一步研究经验这个问题时，休谟对形而上学的战斗就更激烈了。他问道：在形而上学思辨中，什么东西能保证所说的是真理呢，回答是：只有认识和理性本身，别无他物。休谟之前的欧洲大陆的理性主义哲学就持这种观点。理性主义哲学认为，在人的精神中，有某些与生俱来的思想，无须和经验发生任何联系，它们本身就是真实的。譬如一般的存在概念，自我这个思想，或者对上帝的设想。休谟坚决反对这种看法。单从自身出发，认识能力与理性不可能把握真理。除此之外，剩下的还有什么呢？最终只有人的感官印象，即我们在听、视、爱、恨、触摸、追求时所得到的生动的直觉。所有认识源自于直觉，直觉最终又是检验认识正确与否的标尺。我们不可能回到感觉的背后，再去寻找某种引起这些直觉的客体。只有感官印象才是构成所有认识的基础，同时它又是认识的唯一直接的对象。

但是，单纯的感官印象不可能形成人们对宇宙整体的图像，而人的认识却具有这一能力。为此，休谟引入了想象这个概念。它起一种中介作用，表示人对事物、行为以及事物之间的相互联系的想象。但想象本身不是直接真实的，只有将它还原为感官印象才能证实它的正确性。基本的一条没有变：只有那些经得起感官印象检验的认识才能称得上真理。因此，哲学的中心任务，便是将所有的想象分解为直接的感官印象。

在下面两个方面，休谟的这种观点具有特别的意义：一是关于自我，二是关于因果性这个问题。在解释第一个问题时，休谟仍然采用他的基本原理：在本源上，根本就没有统一、可以把握的自我，因为自我虽然是感官印象发生与存在的地方，但它本身并不是感官印象。"我们的自我，或者个性，不是印象。准确一点，它只要一个和我们的各种各样的印象和想象有关的某个东西。"在休谟看来，我们所说的自我，并不是像形而上学所认为的那样，是特别的本体，而倒更像各种感觉的联合体，"单纯地捆扎或收集各种不同的意识内容的东西。这些意识内容以不可思议的速度不断产生，始终处于变化与运动之中"。

休谟对因果性原理的批判具有更大的哲学意义，例如，它曾对康德产生过决定性的影响。康德写道："我公开承认，对大卫·休谟的回忆才使我在许多年前从独断论的沉睡中惊醒。我的形而上学研究才开始步入完全相反的方向。"

休谟的出发点是：我们总喜欢用因果性的观点观察所有的过程。也就是说，我们总是喜欢假设一种现象必然产生于另外一种现象，因为只有这样我们才能觉得这个世界有秩序。但休谟现在问道：什么东西使得我们可以如此有把握地认为事物或现象处于因果联系之中呢？真理只存在于感官印象之中，而因果性并不属于感官印象。借助于感官印象，我们只能说，一只手在运动，一个球在滚。而这两种过程处于一种因果关系之中，手推球才动，这是很难有把握给予肯定的："感官发现事物的特性，而任何事物都不会通过这一特性暴露自己产生的原因，也不会暴露它将产生的作用。"

在实际生活中，我们当然觉得好像有这种因果性存在，并以此指导我们的行动。因为如果没有这种假设，行动就根本是不可能的。但因果性这一点又不是十分准确可靠的，因为我们的"思想不可能证实这一点"。既然如此，那我们在日常行动中所表现的那种自信心又是来自何处呢？休谟将此归结为"习惯"，也就是说，看成是纯粹的主观原因。他称这个准则为"信仰"：因为我们一再发现一种状态会跟着另外一种状态发生，因此最终我们也就相信这里有某种必然的联系存在，为此我们创造了因果性这个概念。实际上这是错觉，只不过是有益无害的错觉罢了。

休谟对人类认识能力的怀疑，颇有代表性地刻画了启蒙运动后期的状况。启蒙运动以人的自豪与骄傲开始，认为凭借神圣的理性之光，人类将永远告别认识的黑暗与混乱。到了现在，理性本身倒成了问题。休谟强调指出，我们再也不能相信"理性"那套"骗人的演绎推理了"。"看到人的无知与弱点，是所有哲学思辨的必然结果。""整个世界是个谜，无法解释的神秘。最精辟、最细致、最严格的研究带给我们的结果便是：没有任何把握，应该放弃所有判断。"

这就是休谟所选择的这条路带来的严重后果。当然休谟认为自己可以避免这一后果，尽管他也看到了，为此他必然放弃许多观点。"我觉得我好像是这么一个人：在经历了多次搁浅之后，费了九牛二虎之力，终于在一个狭窄的海峡里幸免了沉船之难。但是，我还是有胆量驾驶同一条已被风浪损坏的漏船再次下海，甚至打算在如此恶劣的状况下环驶地球一周。"当然，休谟没有完全达到目的。因此也许康德的话是有道理的。他写道，为了保证安全，休谟"只好将自己的船只永远放在（怀疑主义的）沙滩上，任其腐烂"。

康德

准时的哲学

　　人们一般认为，真正的教授总有教授特有的风度与习惯：庄重威严、不苟言笑、呆板迂腐。再有就是丢三落四，心不在焉，绝对地超然脱俗，与世无争。简言之，他们这种书生气是特有的，滑稽而感人，既值得钦佩又让人觉得可笑。要举例子的话，便少不了康德（Kant）的大名。

　　事实正是如此。康德，起码在晚年，是一位天才的老学究，特别遵守时间。一位同时代的传记作者曾写道：康德每天都要拜访老朋友格瑞，"他下午动身去朋友家。到那时，格瑞正在躺椅上睡觉。康德坐到旁边，继续思考，慢慢地也就进入梦乡。过一会，银行家拉夫曼准时到来，他也和康德一样，坐在一边打盹。到了一定的时间，莫特白走进来，叫醒他们三位。一场热烈的交谈便开始了。七点正，聚会准时结束，朋友们各自回家。我就经常听到街上的居民说，不可能到七点了，康德教授还没有走过呐。"

　　晚年时的康德，每天的日程安排非常呆板。他的一位朋友写道："不管冬夏，康德每天早晨五点起床。仆人四点三刻准时来到床前叫醒他，直到主人起来后才离去。有时，康德睡意正浓，请求再让他休息片刻。但按照康德事先的命令，仆人从不让步。"起床后，康德便开始在书房里学习，然后去上课，机械而准时。下午和朋友们一起吃饭，用餐时间一般很长。晚上十点上床。一位同时代人这样写道："经过多年的习惯，他能特别轻巧地钻进被窝。一般是要睡觉时，他先坐在床上，轻轻地躺下，将一个被角拉到肩膀上，再掖到背下，然后特别熟练地将另一个被角用同样的方法整好，接着再将身体的其他部分盖好。这样把自己像茧子一样裹好后，他便等待着睡意的来临。"

如同日程的安排，康德的环境也必须布置得井井有条。剪子或小刀放错了方向或者稍微移动了一下，房间的某个椅子放错了位置，都会使他心烦意乱，坐立不安。

最使康德感到气愤的，莫过于好心好意的朋友打乱了他的生活节奏。一次，某位富人邀请他坐车郊游。由于玩的时间长了，康德到了晚上十点才在自己家门口下车。对此他感到非常生气。作为哲学家，这点小小的经历便变成了一条普遍的生活准则："绝对不要让别人带你去坐车郊游！"报道这件逸闻的作者补充道："从此以后，世界上便没有任何事情能使他偏离自己所制定的这条金科玉律了。"

这些都是些事与愿违的事情。比此更难以忍受的，是周围环境中的声音。有一次便是邻居的一只大公鸡，使康德思想难以集中。他决定买下这只于思维不利的小动物。报道这件事的人写道，他无论如何也不能理解一只公鸡怎么会打扰一位哲人。邻居不卖，康德没有办法，只好搬家。但这也没用，因为新房子位于市监狱旁边。按照当时的习俗，为了改造犯人们的思想，服刑的人必须唱宗教歌曲。而这些人便每天打开窗户，声嘶力竭，不要命似地歌唱。康德无可奈何，向市长提出抗议，对"监狱中的虚伪言行"感到气愤："我不相信，如果让这帮人关上窗户、低声咏唱的话，他们就有理由抱怨，好像他们的灵魂就会因此而得不到拯救似的。"在《判断力批判》中康德还提到这件事。该书第一次再版时，他在注释中补充道："那些建议在家中祷告时也要唱宗教歌曲的人，根本没有想到，这种闹哄哄的因此也是卑鄙虚伪的祷告恰恰会给别人带来不堪忍受的痛苦。因为这样就会迫使邻居跟着歌唱或者干脆放弃自己的思考。"由此也可看出，康德对类似的外界干扰是感到多么气愤。

除了绝对地保持安静、机械呆板地安排时间，康德晚年时还给自己制定了一系列的自我约束，当然也对这些约束的必要性作了严格的论证：早餐时只喝两杯茶，吸一袋烟，晚餐时面包要全抹上。一位认识康德的人还说："康德喝的茶是从茶花中提取的非常淡的茶叶，抽烟斗是为了同时调节空气。"对喝咖啡，康德对自己更严格："康德非常喜欢咖啡，但他不喝，总是极力战胜自己的欲望。这非常困难，特别是在公共场合，咖啡味的刺激几乎使他垂涎。而他认为咖啡油对身体有害，便彻底放弃这一享受。"

康德的另一条严格的自我约束是：不管医生怎么说，病情多么严重，服药量一天最多两片。在这种情况下，他总是提到一个人的墓志铭作为自己的理论根据。这个人是由于服用了过量的预防药物而死的，他的墓碑上写着："某某先生本来是健康的。但他希望自己更健康，所以他现在躺在这里。"

受这种严格的自我保养法的启迪，康德写了一本小册子，名为《论心境的力量——单纯通过意志战胜疾病》。书的内容从标题就可看出，其中有"论睡眠""论饮食""论通过调节呼吸防止和消除疾病的偶然发生"。他对这类健身诀窍的解释当然有时很奇特。譬如他写道："一个人一生中总共睡多少觉，这是命中注定的。一个在中年时睡觉多的人，不能睡很长时间的觉，也就是说，他不可能指望自己长寿。"用下面一段话，康德介绍了自己的另一个绝招："几年前，我常常流清鼻涕、咳嗽，这使我很痛苦，特别是它们常常在我睡觉时发作。夜间休息受到干扰，我当然很窝火，下决心解决这个问题。用的办法是紧闭双唇，迫使自己用鼻子呼吸。起初很吃力，但我不中止、不让步。后来鼻子完全通了。呼吸自由了，我也就很快睡着了。至于咳嗽么，我最讨厌的便是英国人所说的那种老年性咳嗽，因为这种病总是被窝刚暖热后发作，弄得人久久难以入睡。这种病是由于张着嘴呼吸时吸入的空气刺激气管上端引起的。要预防它，无须药物，直接调节心境即可。方法如下：尽最大的力量将注意力转移，从而阻止气体喷出。我刚开始这样做时，感到全部血液都被憋得涌到脸上，但正是这种刺激产生的唾液能够阻止空气的排出，即咳嗽，所以我迫使自己将唾液咽下去。这种自我调节需要很大的决心与毅力，但也因此对身心特别有益。"

健忘是教授们最大的恶习。对此，康德也有非常奇特的治疗办法。解雇了仆人拉穆柏后，康德对由此产生的环境变化一时难以适应，因此他决定不再去想这件事。为了使自己不忘记这一决定，他就在备忘板上简单地写上："必须忘掉拉穆柏！"

在这位哲学家的一生中，还有许许多多不寻常的事情。出于某种基本的考虑，康德禁止仆人给他的卧室通风。一位传记作者写道："由于观察的错误，康德得出了一个非常奇怪的自以为是的假设。事情是这样的：为了防止阳光直射，他的一个房间的窗帘总是拉上的。有次到郊外小游，临行前忘了告诉仆人将窗帘拉好。回来后他发现房间里臭虫成灾。他认为以前没有过这种虫子，便由此得出结论：阳光是臭虫生存与繁衍的必要条件，防止阳光直射是预防臭虫的有效办法。他认为这是一条真理，所以就一直坚持他的观点，对别人的一点点怀疑都感到生气。……我不理他那一套，让人把房间和床铺打扫干净，臭虫也随之减少了。为了新鲜空气能够进入，窗户和窗帘每天都要打开。只是康德不知道罢了。"

康德一生几乎没有离开过他的家乡哥尼斯堡，他的这些奇怪的秉性也许与此有关吧。他于1724年生于此城，学生时代也是在这里度过，随后在贵族家庭当教师。他是否胜任这个工作，我们很难回答。他的传记作者写道："康德认为，有目的地和孩子们打交道，用他们的语言概念交谈，是一门要求很高的艺术。但康德也曾说，他到底还是没有掌握这门艺术。"

九年后，康德如愿以偿，成了大学老师。另外，他按照聘书所承担的任务要比今天的教授们的范围广得多。除了哲学，他还讲授数学、物理、地理、天赋人权、机械、矿物学，而且每周二十个课时。对这种颇费时间的苦役康德也时有抱怨："就我来说，每天都坐在讲台前的铁砧旁，按照同一个节奏把沉重的铁锤抡下去，作着那些几乎内容雷同的讲演。"

　　不要以为康德因此就是枯燥的讲坛哲学家。同时代的许多人都称赞他才气横溢、诙谐幽默。赫尔德写道，康德"人到中年，但仍保持着年轻人特有的那种欢快与乐观。我甚至觉得这种气质一直到晚年也没有离开他。他那开阔、专为思考而生就的额头同时又是永不枯竭的愉快与欢乐的源泉。他谈起话来滔滔不绝，思想丰富而深刻。诙谐、幽默、玩笑、戏言，他全是信手拈来，用得恰到好处。内容严肃认真的讲演同时又是令人高兴的娱乐。……从来没有任何一个阴谋，一种山头之见，偏私或名利之争曾对他产生过诱惑，妨碍他去探讨与阐明真理。他的话极富启发性，迫使对方愉快地进行自我思考。他的词汇中没有专横这个词。我怀着深深的敬意与感激之情提到的这个人，就是伊曼努尔·康德。他的形象总是浮现在我的眼前。"

　　尽管如此，他却没有什么名气，也没有多高的地位。这当然使康德感到压抑。他当了十五年未经国家正式聘请的大学老师。两次争取教授职位，两次都是他人捷足先登。后来，人家给他提供了一个教授位置，请他讲授文学，附加义务是每逢科学盛会或国家大事要为此做些应酬诗。康德拒绝受聘，由此后人才有幸读到《纯粹理性批判》，而无缘欣赏康德的诗作。对此我们应该感到庆幸。46岁时，康德终于如愿以偿，被聘为哲学教授。在国王的任命书上，用那个时代所流行的华丽文体威严庄重地写着："极其卑顺之臣民们"齐声称赞康德"勤奋聪慧，尤在哲学领域知识博大精深，成就斐然"，因此皇上特任命他为哲学教授，相信他将"为人师表，克尽厥职，毫不懈怠地培养学上进之青年，使他们成为栋梁之材。"

　　从此以后，康德的生活便在安定从容之中慢慢前进。除了和普鲁士文化部长有过冲突，再就没有什么值得一提的大变化。这位部长先生责备康德在有关宗教的问题上言辞过于直率。康德听到后，马上做出让步。理由是："即使一个人所说的全是真理，那也并不意味着有义务将真理公布于众。"

　　生活安定下来，康德也该考虑成家了吧。但两次尝试均遭失败。一位认识康德的人曾谈道："我认识两位康德崇拜的女性。她们先后赢得了他的爱慕。"如果他主动些，肯定是不会遭到拒绝的。但康德却"一拖再拖，坐失良机，不久，一位迁居到一个遥远的地方去了，另一位嫁给了一个比康德迅速果断的老实人。"他人捷足先登，康德只好用些具有普遍意义的哲理安慰自己。譬如他说："多数情况下，未婚老人比结了婚的同龄人看上去更年轻。"不仅如此。康德颇有点恶意地补充道："这些结了婚的老头子，面部都很粗糙，这不正是他们生活在桎梏之中的写照吗？"

　　1804年，康德在哥尼斯堡辞世，终年80岁。他说的最后一句话是："好！"

　　回顾康德的一生，人们会觉得，康德的生活是那种非常典型的德国知识分子的生活：呆板、准时、不合潮流，还经常有些乖僻。但在这并不显眼的一生中，康德却完成了人类哲学史上最伟大的贡献。在他发言之后，后人就不能继续像他那样在同一意义上进行哲学思辨了。他的学说代表了哲学史上的转折点。对此，谢林曾在他的悼文中写道："不管那些打着注释家和追随者旗号的人怎样简化或误解他的学说，不管那些苛刻的对手们如何攻击他，康德的精神不会受到丝毫损害。它将以其完美的、无与伦比的形式照亮哲学世界的未来。"

　　那么，康德哲学的核心究竟是什么呢？这个问题的答案并不简单。对康德的哲学，人们已经进行了许许多多、各种各样的解释。然而，我们也许能够正确把握康德的本意，如果我们把下列问题看作是康德真正感兴趣的东西：在可见的现实中以及在这种现实的背后起根本作用的到底是什么？也就是说，在所有有条件的存在中那个无条件的、绝对的、超越了这种存在的东西是什么？这当然意味着，康德的哲学思辨首先是围绕着自古以来被称为"形而上学"的这个范畴展开的，即探究直接现实存在以外的东西，探究现实存在的首要及终极原因。康德自己也曾说，他迷上了形而上学，这甚至是命中注定的："因为人类真正的、永恒的幸福是建立在形而上学之上的，所以人类也不能对这门学科的研究对象置之不理。"

康德在以下三个方面论述了形而上学的范围与任务：人生中绝对、无条件的东西是什么？现实存在中无条件、绝对的东西是什么？普遍、绝对的东西是什么？

人生中，有没有超越这种有限、有条件的生存方式的东西呢？也就是说，有没有超越死亡的东西存在，这个问题涉及灵魂不朽这个哲学命题；现实存在只是有条件的链条，还是在其中间也有无条件行为存在的空间？这牵涉的是自由这个哲学问题；最后，是否有某种东西存在，它是所有有条件存在之总和，特别是世界与人最终也是依它而存在？这就是上帝命题。因此，康德认为，探讨"上帝、自由与灵魂不朽"是形而上学"无法避免的任务"。

康德要搞清楚这些问题。但恰恰在这个领域，所有的一切都是值得怀疑的。在漫长的形而上学史上，哲学家们对这些问题的研究都是些"单纯的摸索"，"未能触及问题本身"。既然如此，我们就不能直接从某个形而上学方面的假设开始，而必须首先提问产生这种怀疑的原因是什么？为什么对这类问题搞不清楚？这就是康德在《纯粹理性批判》中给自己提出的任务。这本书如同一个舞台，所要表现的如同一场人们为了获得形而上学方面的认识而上演的戏剧。演员就是哲学上的种种根本问题，剧情便是人们千方百计地试图得到准确的答案，而这些努力却毫无例外地一一遭到了失败。最终康德发现，在这一领域，人根本不可能得到正确的答案，其原因便在于人的理性的本质之中。也就是说，人的理性不可能深入到可见的现实存在的背后而发现它的根本原因。这一点，可以非常清楚地从"自由"这个问题上看出来：我们可以举出很多具有说服力的理由来证明人是自由的，同时又可以提出一系列同样具有说服力的理由证明人是不自由的。关于"灵魂不朽"以及"上帝"的争论也是如此。这类问题无法借助纯粹的理论理性得到解答。

康德毫不含糊地指出了这一点。他说，碰到这类问题就会"混乱与矛盾丛生"，思维便陷入了"多义与自相矛盾的永恒循环"之中，引起了一场场"丑闻"。更有甚者，"对于人类的理性来说，这些问题全是无底深渊"。意思是说，恰恰在关于上帝、自由及灵魂不朽这类人的精神最感兴趣的关键问题上，人的思维必然误入歧途。最后，康德非常形象地将人的精神在形而上学方面的努力称作是"在浩瀚无际、波浪撼天的大海中的航行。……远方时而出现的雾峰和很快将要消融的冰山，使那些狂热地四处寻找新大陆的海员们觉得目标就在眼前。他们一次次地被这种虚无缥缈的希望所驱使，所迷惑，陷入了一场场的生死冒险之中。他们从来不会放弃这种冒险，而这类冒险却永远也没有个完结。"

但是，康德并没有失望，也没有丧失信心。他坚信形而上学的"新生"就在眼前，而这一新生只能从理性的自我反思中才能产生。人的理性必须看清自己的本来领域和极限在什么地方。按照这一意图，《纯粹理性批判》一书详细地探讨和检查了人的认识能力所具有的"极其混杂的构成"。为了达到这个目的，康德进行了艰难的研究。那种咬文嚼字的老学究特点这时便变成了一丝不苟、严肃认真的科学品德。他指出，如果我们认为现实直接地再现于人的精神之中，那么认识就根本无法得到正确的描述。在相当大的程度上，倒是人把某些决定性的东西，即对时间、空间的想象和其他基本的抽象概念带入了认识过程之中。我们将这些想象与概念应用在通过感官所得到的感觉上，这样才产生了认识对客体的图像。因此，认识中最根本的一部分是由认识者主体本身的参与组成的。

康德由此而得出的重大结论是：人所看到的现实，并不是现实本身，而只是一个表象，依存于人所具有的特殊的认识能力。我们所掌握的，并不是物自体，而只是作为表象的事物。在认识这块领地上，这就是人作为一个有限的生物的命运。因此，那些意在探寻现实存在之外的形而上学方面的努力，本来就已超越了人所具有的相应的认识范围。它们之所以失败的最终原因也在于此。人总在不断地追求，想使自己的认识扩展到自己的极限之外。但这些努力总是以失败告终，人还是被迫回到同一个老地方，即经验的范围，因为只有经验才是可靠的。人总想建造一座"通向天国的宝塔"，结果他还是只能修个简单的"住房"而已。"我们所做的事情都是立足于经验之上，因此对我们来说，这个简单的住房就已经够宽敞高大的了。"

同时代人对《纯粹理性批判》毁誉不一。有人表示狂热地赞同，有人则疯狂地反对。譬如：哲学家门德尔松不无崇敬地称赞康德是"捣毁一切的大手笔"；黑格尔则说这论说是"无穷无尽的狂想之王国"，"败坏青年人的精神，使灵魂变得荒芜"。费希特反驳黑格尔说："您骂康德，说他没有摸索到一点点正确的东西。我的天哪！他根本就没有摸索，他在观察。事物在阳光照耀下，就是和在黑暗中摸索时不一样嘛！"

耶拿大学发生的一件怪事说明，研究学习《纯粹理性批判》有时甚至是很危险的：有位学生对他的一个同学说，这本书很难，你要弄懂它，起码得钻研三十年。对方当然觉得这是门缝里看人，但又想不出其他办法来反击，只好遵循能言善辩不如一剑的古训，要和这位侮辱他的同学决斗一场。

看看《纯粹理性批判》的结论，人们必然会提出这样一个问题：此书要求将人的认识严格地限制在经验范围之内，但这个要求是否就是最终的要求呢？还有，既然这样，人为什么又要如此虽九死其犹未悔地总想超越这个界限呢？这不恰恰说明，单纯在这个现实世界上活动，还不能满足人的根本愿望吗？实际上康德也坚信，人的本质已从根本上决定了，人就是要不断地超越自我，超越这个有限的世界。缺少这一点，人将不成为人，必然坠入野蛮与混乱之中。

因此，康德还必须重新进行一番形而上学方面的思考。纯粹的理论思辨这条路走不通，这一点现在也没有改变。但人不只是个思考者，同时也是个行动者。那些通过单纯的思考难以得到的东西是否正好可能在人行动时以及反思自己的行动时表现出来呢？从人的行动中找到突破口，这是康德的一大发现。这一发现给形而上学带来了一个决定性的转机。

康德相信，恰恰在实践这个范围内能够找到在理论范围内没有找到的那个无条件、绝对的存在。他认为，如果人真心想知道自己应该如何行动，他就会看到，有一个无条件的要求，即绝对的至高无上的命令存在。这个命令阻止他按其主观意志或一时的冲动去行动。超越了所有的理性思维，人会直接地感觉到：你必须如此行动。这样，在有条件的存在中，便出现了无条件的绝对的东西，即："你必须如何如何！"

从根本上步入了"无条件"这个范围之后，康德便着手回答关于上帝、自由和灵魂不朽这些在理论思辨时无法解答的问题。如果现在有了无上的命令存在，人在行动时必然陷入被迫做出决定与选择的境遇之中。然而，只有在自由的前提下，决定与选择才是可能的。因此，当人听到这个无上命令，就会感到自己是自由的。这一点，对形而上学所产生的后果是巨大的。尽管人生活在有限之中，但当他听到这个无上命令时，在随之而来的自由中，他就会感到，在内心的深处自己同时又属于另外一个超感官世界。这也正是人所特有的尊严。在康德看来，人同时是两个世界的公民。从这个思想出发，康德进而试图证明，灵魂不朽与上帝的存在正是人的这种道德存在的两个必要条件。我们很难接受他所提出的证据。然而具有决定性意义的却是：在形而上学受到冲击、人们对此感到绝望的时代里，康德给它带来了新的突破。他以一种前所未有的方式，试图摆脱有限的现实存在的束缚，认识那个绝对的存在。

哲学思辨并不是单纯地找到答案，然后一劳永逸地坐享其成。哲学思辨就是不断提出生活现实中最本质的问题。康德在形而上学方面的答案不是在所有时代都是有效的。康德之后，人类陷入了一场又一场的危机之中，人类对超自然世界的认识受到了一次又一次的冲击。今天更是如此。但不管怎样，康德的下面一段话至今仍然有效。他说："如同我们不会因为不愿吸入不干净的空气而宁愿停止呼吸，要人的精神放弃形而上学方面的思考与研究，简直是不可能的。"

费希特

自由的叛逆

1801年，有人发表了一篇颇引人注目的辩论文章。题目是《弗里德里希·尼古拉的生平和奇谈怪论》。这里受到批判的尼古拉（Nicolai），当时是最负盛名的学者之一，杂志《德意志普通图书》的出版者。同时，他还是位多产的作家，启蒙运动的领袖人物。这篇反对他的文章行文诡谲、结构奇特。作者试图用严格的哲学思辨的形式，从唯一的基本原则出发评述尼古拉的生平及观点。这条基本原则是："在任何一个专业领域里，凡是正确的、有用的东西，尼古拉都想到了。所有不正确的、没有用的东西，尼古拉没有想到，也不会想到。"因此，对尼古拉的批判也是以"我不同意他的观点"这样一个"主语句"开始。提纲挈领，一锤定音：尼古拉的思想中没有一点点正确、有用的东西。

接着，文章便开始以讽刺挖苦的口吻，通过引用尼古拉的自传和作品，叙述尼古拉的一生。劈头盖脸第一段便是："这位新生儿的第一声哭喊曾怎样地震动了整个作家界啊！这一声使文学界的罪人们感到胆颤心惊，就连他的尿布也已开始散发佳趣诙谐的香味。旁边的人们不禁大声惊呼，这个小家伙将会有多大的出息啊！从此以后，这位婴儿便用千古不朽之言记载着尿布散发的香味。"文章接着叙述这位新生儿如何成功地证明了，歌德、席勒、康德、费希特以及谢林等人的所谓伟大的著作与发现"根本没有什么了不起"，而只有他自己"才是当代以及过去和未来最有才华、最有趣味的人"，甚至只有他自己"才是所有哲学家中第一位纯正无欺、货真价实的博学伟人"。文章写到，这位新生儿坚信"自己的著作将流芳百世，永垂不朽"，他就是在这种信仰中告别人世。

这还不够。文章接着问道：尼古拉先生如此不可一世，真本事如何呢？回答是：只不过是些"招摇撞骗的所谓智慧""不值一文的所谓博学""没完没了的胡说八道"和"指鹿为马的高超伎俩"。一句话，尼古拉是个"天生的笨蛋""没有教养的粗鲁无礼的牛皮家"。他的所谓"博学"只是些稀奇古怪的大杂烩。很难相信，"除了语言，在他身上还有什么真正的人的东西"。更难听的话还在后面："我们这位英雄，已经不可救药地成了文学界的臭虫和18世纪的耗子，并且向四周散发臭味，喷射毒气。""毫无疑问，如果人们能让一条狗掌握语言文字，保证它能有尼古拉的厚脸皮，能活到尼古拉的年纪，那么，这条狗同样能获得我们的英雄所取得的那样伟大的成果。"致命的一击在文章的结尾："要读尼古拉的作品，最好是在饭后消化那段时间里，以便可以对那些低级乏味的漂亮辞藻捧腹大笑。要知道，只有这时才会显示出来，这些东西一文不值。"

这篇文章刻薄残忍，无丝毫情面可言。知道了作者的名字，人们更会瞠目结舌：费希特（Fichte），著名的《对德意志民族的演讲》的作者，哲学思想史上最伟大的作品之一《论知识学》的作者，含意深刻而丰富的《极乐生活指南》的作者。一个如此严肃认真的哲学家怎能这样大打出手，漫天骂人呢？

然而，谁要是以为哲学思辨就是单纯地沉溺于苦思冥想之中，他就没有完全理解哲学思辨的本质。自古以来，哲学家就表现了非常奇特的双重面孔：一张脸观察内心，另一张却紧紧盯住现实，狂热地试图从理想出发改造现实。近代哲学家中，这种改造现实的意志在费希特身上比在所有其他人那表现得更强烈，更不可阻挡。他评论自己说："我根本没有能力做职业学者。我不满足于思考，我还想行动。""我有雄心勃勃的宏伟计划。……我引以自豪的是，我将用行动换取自己在人类中的地位。我要将人类和整个精神界的发展变化永远地和我的生存联在一起。"为了达到这个目的，他接二连三地抛出一份又一份宣言、传单，发表一系列的呼吁、讲话。为了达到这个目的，他狂热地投身于对法国革命的辩论之中。就这一个题目，他写了很多文章。其中的一篇的标题就很有代表性，叫作《向欧洲各君主索回他们迄今压制的思想自由》。也正因为如此，他不能满足于以理服人。他要用暴力，迫使人们皈依他的学说。当他的同代人好像总不愿意理解他的真理时，费希特专门为此写了一篇文章。副标题大胆放肆，毫无掩饰：《就最新哲学的本质向广大读者所作的明如白昼的报导》。

费希特本人也很有吸引力。他的一位听众说，费希特"讲话不很精彩，但却一字千金，掷地有声。他的基本原则很严格，很少富有人情味。受到挑战时，他会变得像头雄狮。他的精神好动不安，时刻窥视着在世界上大干一场的机会。他的讲演如同一阵雷雨，有节奏地迸发着自己的阵阵热量。他使人们灵魂激荡。他不想培养好人，而要造就伟人。他目光严厉，步履倔强。他要通过他的哲学领导时代的精神。他的想象力并不丰富，但却有力伟大，比喻并不怎么吸引人，但却大胆冷僻。他能够进入事情深层，在概念的王国里冲杀自如，游刃有余。他要证明，在这块看不见的土地上，他不但是个居民，而且是个至高无上的统治者。"

费希特对待同时代人的态度粗鲁无礼，其原因正是来自于这种如此强烈的想大干一场的欲望。他要讲出"利剑与疾电"，因此也总是个有争议的人物。他不能容忍任何反抗。谁要是和他意见不一，他就会怒发冲冠，大骂一顿，就像对待善良的尼古拉那样，或者干脆剥夺人家的生存权利，就像对待一位名叫施密特的老实人那样："我现在郑重声明，和我相比，施密特先生……作为哲学家已不存在。"干这类捉弄人、侮辱人的营生，费希特乐在其中："谁想看到莱辛的战笔再现，就到我这试试吧。我虽然有更严肃的事情干，不能和从廉价啤酒馆里跑出来的狗浪费时间，但附带地把某条狗棒揍一顿，让别人笑得肚子疼，也不是一件坏事。"因此，著名法学家费尔巴哈的话也没有什么值得大惊小怪的。他写道："和费希特打交道是很危险的。他是一头没有受到驯养的动物，不能忍受任何反抗，将每个不同意他那胡说八道的人看成是反对他的人格的人。我坚信，假如现在还是穆罕默德时代，他就会扮演穆罕默德的角色；假如他的讲坛是皇帝的宝座，他就会用刺刀和牢房贯彻他的《论知识学》。"

然而，这只是这位哲学家的一面。他不但是个伟大的、昂扬激烈的辩论家，同时也是位冷静的、为知识而冥冥苦思的思想家。他说过："我只有一种热情、一种欲望、一种感觉、一个意志。这就是：在我的四周发挥影响。"但他也说过，他"非常喜欢思辨者的生活"："对科学的爱，特别是对抽象思辨的爱是伟大的。如果它占据了一个人的心灵，这个人就没有其他什么愿望了，只希望在宁静之中献身于这种爱。"还有："假如我看到自己还能活几百年，我现在就想按照我的爱好安排这些时间，不会给干革命留下一个小时。"最后，他非常激动地讲起"对永恒的向往"："和不会消亡的、永恒的存在结合在一起，融化在一体，这个欲望是所有有限生存的最深远的根子。……永恒的存在不断地包围着我们，展现在我们面前。无须多费神，我们只要抓住它就行。"

毫无疑问，一个如此矛盾的人，他的生活也不会平平坦坦，一帆风顺。费希特正是这样。他的一生充满了大起大落，完全是高峰与低谷的连续替换。他于1762年生在德国中部上劳伊茨地区的小村庄，家境贫寒。他的第一件营生是放鸭子。可以想象，那时候的费希特已经让那些在他的鞭子管辖下的鸭子们亲身体验到了，它们的主人是如何地乐于统治别人。

费希特摆脱这种家庭环境的过程，完全可以加工成一则小故事，印在台历上。一个星期天的中午，地主来到了小村庄，由于错过了祷告时辰而感到非常沮丧。人们安慰他说，放鸭子的费希特能够一字不差地背诵所有祷词。地主找到了他。小费希特果真把教士的神调和动作模仿得惟妙惟肖。地主大为感动，继而决定出钱让这位放鸭子的穷孩子上学受教育。感谢这一善举，哲学界后来才有幸获得了自己的费希特。

中学毕业，进入耶拿大学时，经济又变得困难了。原因是高贵的赞助人死后，他的财产继承人对先人的这种慷慨举动不以为然。费希特申请奖学金，同样遭到拒绝。没有办法，只好靠给别人补课艰难度日。后来有人介绍他去苏黎世当家庭教师，才使他得以摆脱困境。当然，费希特什么时候都是费希特。当家庭教师时，他认为教育孩子之前，必须先教育孩子的父母。因此他准备了一个日记本，专门记载父母"教育孩子时最明显的错误"，并且迫使孩子的父母同意他每星期从中挑选几段念给他们听。可以理解，做父母的不会总是对此兴致勃勃的。而费希特则威胁说，如不这样，他将辞职。没有办法，主人只好接受这位专横固执的教育家的要求，同意他马上离开。费希特当然不理解这到底是谁的罪过。他写信给弟弟说："一开始，我就必须和这帮顽固不化的人打交道。但我不动摇，强迫他们尊重我。最后我只好宣布辞职。我不能收回成命，因为我太自豪，他们太恶劣。"

不管怎样，苏黎世之行并不是完全没有收获：在这期间，费希特相爱了，并且订了婚。对恋爱时的情况，他当然是一会儿这样讲，一会儿那样写。一方面，他能写炙热的情书："爱情在我的心上荡漾奔腾，就要撕破我的胸膛。我多么渴望，将这滚烫的爱浇灌到你的心上。"他甚至还给恋人写了一首诗，这是费希特一生中唯一的一首诗。另外据他说，他写一段诗起码要用一个小时。这是一面。另一面呢？费希特优柔寡断，疑心重重。他写信给弟弟说："我觉得我有太强大的力量，太强烈的欲望。我不能让婚姻割断我的双翅，将我投入锁链之中而永远不能解脱。"也许由于新娘生性温柔，显然也乐意满足费希特好为人师的愿望，所以他们最后还是结婚了。

家庭教师的生涯结束了，费希特被迫离开苏黎世。他来到莱比锡，想以某种奇特的方式混口饭吃。尽管刚刚在教育这块阵地上跌了一跤，他还是想当当王子的老师，当然没有达到目的。也许是受订婚这件事的启发吧，他准备编辑一份《女性教育杂志》，但没有出版商愿意冒险，将如此的一个题目恰恰委托给像费希特这样一个男人。他还想写悲剧剧本，搞小说创作，运气同样不佳。

一连串的失败，弄得费希特心灰意懒。但就在这时，又一个偶然的机会使他重新振作起来了，诱发了他的性格中的另一面——安静沉思。这是一件对他的未来产生了决定性影响的事情：一位学生请他辅导康德哲学。为了能够胜任，费希特开始全面地学习研究同代哲学家中这位最伟大的代表人物。他在一封信中叙述了这件事："我怀着远大的计划离开苏黎世。……但在很短时间内，这些希望全破灭了。我几乎陷入了绝望之中。百无聊赖，我开始研究康德哲学。……它是如此地令人心花怒放，又如此地使人耗神费力。但我找到了一件既能使心灵感到满足又能使头脑感到充实的事情。我精神中那个不可抗拒的、总想向外扩张的力量沉默了。这些日子是我迄今为止度过的最美好的时光。尽管日复一日我得为面包操心，但我也许是这个博大的地球上最幸福的人之一。"

生活上的窘迫当然还是没有改变。在莱比锡呆不下去了，费希特又在华沙找了个家庭教师职位。和在苏黎世时一样，费希特和学生的母亲合不来。尽管如此，华沙之行还是有点好处的：离职时，费希特得到一笔可观的安慰费。这笔钱使他能够动身去拜访久已仰慕的住在遥远的哥尼斯堡的康德。康德对他非常冷淡，漫不经心地和他交谈。费希特接近康德的方式显然也有点太唐突。

钱不久就用光了。费希特向康德求援，遭到拒绝。山穷水尽之时，又一件幸运事情不期而至。在这位桀骜不驯的哲学家的一生中，这类事实在太多了。四个礼拜之内，费希特写了一篇文章，题目是《试评一切天启》。康德对这篇文章很欣赏，便推荐给了他的出版商。由于一时疏忽，文章发表时没有署上作者名。这下子，全世界都以为这是年迈的康德的又一大作。而恰恰在那时，人们正期望康德对这个问题发表一下自己的高见。甚至颇负盛名的科学杂志

《耶拿普通文学报》都写道："康德的哲学为人类做出了不朽的贡献。哪怕是只读过他的一篇短文的人，也会一眼看出这本书的高贵的作者是谁。"最后人们才知道真正的作者不是康德，而是费希特。为时晚矣。这本书的光芒不会变暗，声誉不会减弱了。费希特一举成名。人们说他甚至写了一本可以和康德齐名的书。

费希特很快就得到耶拿大学的聘请。他受到热烈的欢迎，学生们潮水般地涌进他的讲堂。但好景不长。他那颇带挑衅性的脾气使他又一次步入困境之中。他反对学生联合会，因为他认为联合会的会员们放荡不羁，"不务正业，只想有朝一日成为优秀的击剑运动员"。费希特公开表示不满，学生们便开始在他的课堂上闹事，甚至在大街上侮辱他的妻子。最后，学生们操起了他们的看家本领，捡起大街上的石头，砸碎了教授家的窗户玻璃。费希特火冒三丈，气不打一处来："我觉得他们对待我比对待最可恨的坏蛋还厉害。我自己和我的家人受到这帮混账小子的任意欺凌。"尽管这样，同事们却劝他不要采取什么具体措施。理由也很奇特："教授家的窗户玻璃被砸碎，这是最荣耀、最体面的事情，因为这说明了教授本人如何正直。"在魏玛当部长的歌德甚至借此影射费希特关于自我可以自由地创造世界，即创造非自我的学说。"您看到了，绝对自我现在处于非常尴尬的境地。当然那些非自我的东西穿窗入室，也是非常不友好的，因为我们毕竟创造了它们。神学家告诉我们，万物的创造者和保护者总是和他自己创造出来的东西处于矛盾之中。绝对自我的遭遇也许和这位创造者的遭遇一样吧。"

在另外一个更棘手的问题上，歌德的态度友好多了。费希特的一个学生写了一篇文章，提出非常大胆的观点：单纯的宗教是不存在的，所有的信仰不过是道德罢了。费希特发表了这篇文章，同时又附上了自己的一篇，试图削弱弟子得出的这个有点太偏激的结论。尽管这样，一份匿名信还是指责费希特和他的学生们宣扬无神论思想。事情马上就闹大了。萨克森选帝侯威胁说，将不允许他的管辖区的学生在耶拿学习。这件事本来是可以得到妥善解决的，因为费希特的同事席勒以及在魏玛当部长的歌德都想息事宁人。但是，固执自负、宁折不弯的秉性却使费希特自己抱着宁愿"英勇地遭到毁灭"也不能退让半步的态度。当人们告诉他否则就要驱逐他时，费希特马上给教育部写了措辞强硬的抗议信。教育部当然非常不友好地解除了他的职务。

幸运的是，还有一些君主，在这一点上比萨克森选帝侯开明些。当费希特来到柏林寻找新的职业时，警察机关对这位可疑人物的居留权提出怀疑。就在这时，普鲁士皇帝下令："据说这个人和亲爱的上帝过不去。如果这样的话，那就劳驾亲爱的上帝和他算清这笔账吧。我无所谓。"

这种宽容大度使费希特深受感动。他来到柏林定居。最初他靠作报告度日，后来终于被请到刚刚成立的柏林大学任教。在这里，他的影响大极了。他那精辟深奥的哲学讲座不但使学生着迷，而且吸引了政界和思想界的要人。只是普鲁士科学院迟迟不愿接纳费希特为院士。著名医生胡特兰德气愤不过，便挖苦说：正因为费希特是个哲学家，所以科学院的哲学研究会才没有接纳他当会员。

面对那些年在政治上的混乱，费希特在柏林不能也不愿把自己限制在学校之内。就是在这时，他要让哲学发挥自己的作用。他发表了《对德意志民族的演讲》，积极参与了普鲁士国家的重新兴起。当然他所想象的参与方式还是有点与众不同。战争爆发时，他志愿报名参加，希望以业余传教士的身份和部队一起出征，为的是"用上帝的思想武装战士"。皇帝拒绝了他的请求，安慰他说："也许在胜利之后，可以用到您的演讲才能。"

和平了，胜利了，费希特却未能长寿。他的夫人是战地医院的护士，不幸患上了严重的高烧病。她康复了，却把高烧病传染给了丈夫。费希特死于1814年，享年52岁。

费希特在其一生中，如此急切地想干一番事业，同时又如此地渴望畅游在思想的海洋。回忆这个人的一生，研究这个人的性格，我们就会发现，他的哲学思想同样是行动与思想织成的一张网。一个如此注重实践的人，在其哲学体系中，行动，也就是说行动的自我，必然占有非常重要的地位。另一方面，一个如此地发自内心喜欢沉思的人，现实存在掩盖着的秘密必然向他开启。费希特的哲学思辨正是如此。它以绝对的、无条件的行动开始，以行动的自我陷入上帝的深渊而告终。

就此而言，费希特首先继承了康德的衣钵。康德提出，人的本质是自由。人在自觉地服从于至高无上的义务要求、感知道德律的存在时，就会得知自己是自由的。对费希特来说，唤起自由这个思想的，也是道德的要求。道德本身体现在人的良心中，因此，人的基本属性是这种以自我为基础的自由。

但是，费希特却进而发现，康德的"自由"概念并不彻底。"自我"虽然在其本质上被理解为是自由的，但康德同时也看到，这种"自由"受到很大的限制。在自我的认识过程中，这表现得非常明显。因为在认识活动中，自我依赖于某种非自我的东西。这种非自我的东西当然不是通常所说的表象事物，认识也不是对这些事物的简单映象。康德看到，主观的能动作用是多种多样的，但自我又不是完全从自由出发创造对事物的想象的。它依赖于某种位于自我之外的存在，即依赖于在感觉之中表现出来的"自在之物"。

一个独立存在的"自在之物"限制自我的自由，这是康德的看法。费希特觉得，这一限制是和"自由"不相容的。如果把"自由"看作人的基本属性，那么自我的所有行动，当然也包括他的认识活动，就必然是自我自己的事情。从这样的"自由"概念出发，就不可能承认在自我之外还存在一个完全独立的外在世界。我们所感觉到的世界，所有包围我们的事物，实际上并不存在。它们只是人从自我出发而创造的图像，只是创造性的自我自由创造出来的。当然这种创造世界的行为不是有意识进行的，而是位于所有意识状态之前。但正因为这样，自我对世界的创造才不依赖于任何外来影响，而是绝对自由的。

正因为如此，费希特的思想才构成了德国唯心主义的开端。唯心主义哲学的基本思想是：真正存在的，只有理念性、精神性的东西，只有位于自由之中的自我。现实的世界只存在于我们的想象之中，而这些想象并不是世界创造的，而是我们自己创造的。

在这种哲学思想中，一心想通过行动改造世界的哲学家找到了自己的行动纲领。在他们看来，所有现实都是自我的行动所致，都可以最终归结为自我的自由行动。除此之外，别无他物，因为真正存在的只有自由的自我，绝对自我就是绝对自由。这是非常大胆的思想。只有像费希特这位相信精神的绝对权威并且自身具有这种权威的哲学家，才能提出这个伟大的思想。在这里，人对现实的控制力量达到了顶峰。近代哲学的一大特点，就是人要不懈地努力获得这一权力。

当然，为了将人的自我抬高到绝对的地位，费希特必须付出很高的代价。面对自我的这种毫无界限的自由，现实的所有独立性已成子虚乌有。自我的绝对性将现实世界推进了毁灭的深渊。不仅如此，毁灭还在吞噬着自我本身。如果像费希特那样，将自我思考得如此绝对，这种自由了的自我就变成了空洞的自我。除它之外，既没有上帝，也没有他人，也没有世界。自我本身只好生活在冷冰冰的极度寂寞之中。它虽然是自由的，但是，在一个变得事实上已不现实的世界中，自我又能用它的自由干什么呢？消灭了所有现实存在之后，自我最终也失去了自己的实际性。如果所有存在都成了纯粹的想象，自我就是唯一能够逃脱这种命运的东西吗？思维既然消灭了所有存在，它为什么不能同样消灭自我？到最后，自我不是也成了纯粹想象出来的东西，由人的思维创造出来的"纯粹臆想"吗？而所谓的思维便成了"从虚无到虚无的空洞的游戏"。费希特自己得出的结论是："环顾四周，我不知道什么是存在，也不知道我自己的存在。没有存在，——我自己也根本不知道。我也不存在。唯一存在着的只有图像，图像以图像的方式感知图像。——图像在飘然逝去，在什么东西旁边飘然逝去呢？这个东西不存在。图像和图像连在一起，但图像本身又没有映象什么东西。没有意义，没有目的。我自己只是这些图像中的一个，甚至是其中最模糊的一幅。——所有现实变成了一场奇妙的梦。但既没有被梦想的生活存在，也没有做着梦的精神。现实变成了梦，在梦中梦和梦相互联结。""世界，连同我们自身，全都陷入了绝对的虚无之中。"康德感觉到了这种激进唯心主义的可怕之处。在谈到费希特的《论知识学》时，康德写道："在我看来，这种《论知识学》好像是幽灵。人们自以为抓住了它，但看到的却不是物体，而是人们自己。更甚之，不是自己的全身，只是伸出去抓它的那只手。"

世界连同自我全部消失了。这个漩涡太可怕了。但是正是这种可怕性促使费希特再次深入地研究"人的自由"这一概念。他发现，自由要想逃脱自我毁灭的命运，那它就不能停留在无法无天的绝对之中。自由只有找到了自己本来的界限，只有在绝对之中同时又是有限的，它才有可能逃脱自我毁灭的厄运。

与此相适应，费希特指出，自我直到它的本质的最深处都是绝对的，但同时又是有限的。人不是他最初设想的那样，是什么纯粹的绝对的存在，而是绝对与有限的矛盾体。这样，费希特的思想既大胆地触及了人的绝对自由性这个问题，但又没有完全消失在绝对之中，也就是说，人并没有因此失去人性。费希特并不鼓吹人是具有绝对威力的完全可能超越自我的先知。费希特是研究矛盾的思想家，特别是研究人这个非常矛盾的实体的思想家。

人的有限性最明显地表现在：人必须看到，位于自身之外，还有自己的同类。自我可以把事物理解为自己的单纯的想象，但世界上不只有事物，而且还有其他人。费希特不能把他们也看成是自我的想象吧！正是这一思想，迫使他将所有人看成是自由的人。

这样，费希特就必须承认：除了自由的自我，除了自我依赖自己的创造力所创造的物质世界，还有其他的众多的自我。但这样一来，他是整个思想体系的出发点就必须改变。这个出发点不能再是单一的自我，而是所有自由体的结合，即"精神王国"。

其他人限制着我的自由。但是为了避免自我将自己看成是绝对的这一危险，仅凭这一限制仍然不够。必须在另外一个决定性的方面指出自由的界限。如果将眼光投向自由的起源，这就很明显了。

　　自由的起源是什么？费希特讲，自由根植于人的良心之中。也就是说，我们的自由不是绝对的自由，而是在本源上就规定好的、受到限制的自由。良心规定了这个界限，良心支配自由，良心要求我们不能任意地使用自己的自由。因此，在自由的起源中，存在更深层的必然性。现在，费希特就要试图进入这个本来的、不可捉摸的必然王国之中，探索那个位于自由的根基之中的、难以己见为标准的东西。

　　但是，费希特说，谁要想回到自由的根源，必须首先放弃自身的自由，自由必须转变为纯粹的对自由的起源的解释。为了达到这一目的，自由必须付出自我牺牲的代价，以便在死亡之中，将真正的、活生生的现实即自由的根源表现出来。"只有通过死亡，才能进入生命。这是所有有限存在的无法扭转的命运。有限的存在必然死亡，没有什么能够把它们从自己的命运中解脱出来。""必须彻底地消灭自我。"晚年的费希特认为，这才是人类最紧迫的任务。这是对他的时代而言的，或者说恰恰是着眼于他的时代而提出的。费希特称他的时代是私欲膨胀到极顶的时代。

　　如果人能够毫不犹豫地否定自我的专制独裁，他就能真正地超越自我。谁要是最终放弃了自由的绝对性，他就会发现自由并不是自由本身创造的。他就会在自己的内心发现真正的、绝对的存在：神。"如果人能够彻底地放弃自我，丢掉自己的自由和独立，他将占有……那个唯一真正的存在：上帝。"因此，绝对的神取代了绝对的自我。这是费希特哲学思想中最伟大的、具有决定性的转折。他现在可以说："只有上帝是真正存在的。除它以外，什么也没有。人不是独立的。他的本质是，感知上帝的存在，接受上帝的启迪。"

　　在费希特的这一思想中，绝对自我的专制独裁终于崩溃了。但是，这种崩溃不是毁灭性的，不是暴力式的，而是非常安静和平的。自我沉入神明之中，回到了自己的根源，将自己的自由纳入了上帝的自由之中。"生活在上帝之中，就是生活在自由之中。"这是费希特这位自由的叛逆者的最后结论。

谢林

对"绝对"的钟爱

谢林（Schelling）活了将近80岁。1854年8月20日死去时，他的朋友、巴伐利亚皇帝马克西米连命人在他的墓碑上刻了下面一行字：德意志第一位思想家。盖棺之论，不可谓不高。但早在四年前，谢林最凶恶的对手，哲学家叔本华就断定，谢林"根本没有资格进入人类思想家的行列"。同代人对这位哲学家就是如此地毁誉不一。人类思想家中很少有过像谢林这样有争议的人物。他受到狂热的崇拜，同样遭到恶毒的攻讦；受到人们的爱戴，同样遭到人们的唾弃。

叔本华认为谢林的学说是"伪哲学"，"随心所欲的胡诌"，"厚颜无耻，自作聪明，虚张声势"。许多同代人也异口同声地附和叔本华的腔调，表示了对谢林的蔑视。哲学家费尔巴哈说谢林的哲学"用心不良"，是"19世纪的卡缪斯特罗导演的迎神骗局"。另一位对手甚至称谢林哲学是"在绝对的空虚中……上演的恶作闹剧"。

其他人的评论则完全是另外一种调子。著名的博物学家洪堡认为谢林是"德意志祖国最有才华的人"。普鲁士皇帝邀请他到柏林大学任教，称他为"上帝选择和委派的专门教育这个时代的哲学家"。歌德赞扬说："谢林的伟大天才，我们早就认识，并且非常崇敬。"谢林的思想"博大精深，同时又非常清晰明了，令人心旷神怡"，这句话也是歌德讲的。如果说对手们将谢林比作魔鬼有点太过分，那崇拜者把他看作耶稣再世也难免有点夸张。

可以推测，像谢林这样如此有争议的人物，性格肯定也很复杂，不会像我们通常想象的那样，哲学家通常都很沉着冷静，甚至大智若愚。事实正是如此。谢林是个充满矛盾的人物。他沉着机智，敢于蔑视当时所有的精神权威。这种胆量虽然常常爆发为对他的私敌和反对他的学说的人的满腔仇恨的攻击，但同时也使他能够大胆地步入迄今为止还很陌生的思想领域。刚刚摆脱了僵化神学的束缚，刚刚离开了那些被他讽刺为"哲学上的半瓶子醋"的图宾根大学讲坛上的哲学教授，可以说还没有真正理解康德及费希特思想中具有革命性的东西，他便满腔热情地投入了哲学界的论战之中，接二连三地抛出一份份所谓的思想纲领，对自己的成功充满信心。当时，他才只有20岁。在给好友黑格尔的一封信中，谢林写道："为了从各个方面推动同一事业的发展，最关键的问题是，年轻人应该联合起来，敢想敢干，冲破一切樊笼……胜券已经在握。"自信自负，溢于言表。谢林最有影响的大弟子斯德芬说，人到中年的谢林依然是一身虎胆，"勇敢地、毫不畏惧地和那些旧世界的卫道士战斗"。谢林的女友，即后来的谢林夫人卡洛琳非常了解谢林这种敢作敢为，宁折不弯的性格。她对谢林的评价形象生动，一言中的："他是一块真正的非常原始的自然物。比作矿石的话，就是一块地道纯正的花岗岩。"

和这种强烈地渴望在外界发挥影响的性格相反，谢林同样有寻求隐蔽的欲望。随着年龄的增长，这一欲望愈来愈烈。特别是夫人的早逝，使他"彻底地陷入了精神的寂寞之中"："她现在自由了，我也和她一样，把我和这个世界连在一起的最后一根纽带已经被剪掉了。"此后不久，36岁的谢林说："我越来越希望从此销声匿迹。如果取决于我的话，人们最好不要再提起我的名字，尽管我不会停止为我的坚贞信仰而战斗。"迅速发表了一系列的哲学纲领之后，出现的是长时间的沉默。谢林几乎不再登上讲坛，不再发表本来就不多的作品。逝世的前几年，谢林就写道："真是这样……

年年日日，我只有在与世隔绝，沉浸在写作之中时才能感到某种幸福……我的著作总结了我的一生。它们接近完成之时，我已经预感到了即将到来的永恒的安息。"

这种一面渴望冲向世界，另一面却急切地盼望回归内心的矛盾性格同样决定了谢林与朋友们的关系。在图宾根教会学校学习时，他和一帮朋友关系密切，特别是和黑格尔及荷尔德林。后来在耶拿和德雷斯顿，他和一些浪漫派诗人及作家交往，其中有施莱格尔兄弟、蒂克和诺瓦利斯。他们对精神界出现的新气象感到欢欣鼓舞，感情同样奔放不羁。无数证据说明，谢林的讲话很有吸引力。斯德芬写道，谢林讲课时"明亮的两只大眼放射出不可抗拒的精神威力"。诗人普拉滕说，谢林讲完后，有时会出现"死一般的寂静"，"好像所有在座的人都屏住了呼吸"。

与这种热情开朗形成鲜明对比的，又是那种抑郁悲伤，喜欢寂寞的秉性。朋友们聚会时，他常常表现得行动笨拙、反应迟钝、不知所措。人家兴高采烈地争来争去，他却一声不吭地独坐一旁。诗人席勒抱怨说，和谢林只能玩牌，无法进行深入的交谈。更厉害的是，谢林有时如此伤心，甚至萌发过自杀的念头。卡洛琳想不出更好的办法，只好请歌德多多关照。另外，对朋友的热情时而会转变为粗暴的拒绝。最令人寒心的便是他和黑格尔的关系。早年的同窗好友后来成了残酷无情的仇敌。最后，谢林完全与世隔绝了。一位同代人写道："他寄给我们的，是隐士的教士般的说教，深刻透彻，富有哲理，但却与时代不符，不能引起共鸣，也不能令人动心。"

所有这些不谐，所有这些生活经历中的波澜起伏，都是凡人谢林为思想家谢林付出的代价，因为他的思想正是来自于灵魂的不安与高度紧张。只有经历了生活的坎坷与世态的炎凉，他才能完成自己的哲学使命，才能成为研究那个"无条件存在"的思想家。为了探索"绝对"的秘密，谢林不惜承受了生活的裂变与痛苦。

从一开始，谢林关心的就是何为"绝对"这个问题。起初，他继承了费希特的思想。他也要证明，人的自我才是哲学的最高原则，自我是唯一真实的存在，自我本身是完全自由的。就像费希特所说的那样，这种自我是"绝对的自我"，其他所有现实只不过是自我的想象罢了。

但是，这一立场并不能完全满足谢林的思想。他要进一步研究"无条件"的存在。人应该是哲学思辨的出发点，但恰恰在有限的自我之中，谢林发现了某种不单纯属于人的非有限的存在。他称这种存在为"位于我们自身之中的永恒"。

人在观察自身时就可发现，自我之中有个绝对的基础存在。人有这样的能力，是因为人除了其他的精神与灵魂方面的可能，还有另外一种能力。谢林称这种能力为"理性直观"："我们每个人都有奇妙的、秘密的才能。我们可以摆脱时间的变化，回到自己内心的最深处，摒弃所有外来的东西，回归赤裸裸的自我。这时我们可以根据某种东西将永久不变的规律，看作位于我们自身之中的永恒。"

谢林说，通过这种"理性直观"人就会发现，他在观察自我时碰到的那个自我的基础，要比自我本身丰富得多。这个基础就是绝对，就是上帝本身。因为它不只是人的自我的基础，同时也是所有现实的基础，因此谁要想完成哲学的任务，要想从整体上理解现实，他就必须将自己置身于现实的绝对深层的地位。谢林要求，哲学应该放弃从有限出发解释现实，进而把自己提高到"绝对"的立场。进行哲学思考的人是凡夫俗子，但他同时又必须从上帝的立场出发观察世界。这就是年轻的谢林给自己提出的确实非常伟大艰巨的任务。

谢林这种对"绝对"的钟爱，代表了他所处的历史时代的精神潮流。这股潮流曾经攫住当时所有敏锐的思想家，它的特点是：在精神的各个领域，普遍兴起了对"无限"的渴望与追求。人们普遍认为，所有现实均来自于唯一的永不枯竭的本源。正如谢林所说的那样："无论在我们自身还是外部世界，除了神，再没有任何现实的存在。"这个起初发源于斯宾诺莎的古老思想再次获得了新的生命力。当然，这个神并不是基督教所宣扬的上帝，不是那个创造了世界却又将世界视作陌生存在的上帝。这个神是"位于所有存在之中的无穷无尽的生命力，是在所有存在中发挥作用的内部规律"。

从这个观点出发，首先是自然就会得到崭新的解释。费希特曾认为，自然与所有其他现实存在一样，只对人而言才有意义。自然界只是人类实现自己的道德义务的空间。这种看法无异于最终"给自然判以死刑"。与费希特相反，受歌德和荷尔德林的启发，在年轻的一代诗人和哲学家中爆发了一种崭新的对自然的崇拜。他们要从自然本身出发理解自然，而不是从自然对人的价值出发。同时他们要解释，在自然中神明的创造力是如何发挥作用的。

谢林也是从这点出发观察自然。他发展了一种自然哲学，与费希特蔑视自然的思想抗衡。在当时的历史条件下，这是年轻谢林做出的最伟大的贡献。他对自然哲学的理解当然与今天的不同。他所关心的，不是解释人们把握自然时的概念和方法，也不是总结概括自然科学的研究成果。谢林力图把自然解释为完整独立的有机体。在这个有机体中，所有的存在都具有生命力，死亡的东西不过是消逝的生命。自然的这种内部活力特别明显表现在贯穿整个自然的对立与矛盾，譬如在无机范围内表现为磁力和电力的矛盾，在有机范围内表现为阴性和阳性的冲突。在整个自然界中表现为黑暗与光明的对立。通过这些对立，自然从一种物质状态转变为另一种，显示了一场伟大的富有活力的发展。

自然哲学的末尾，谢林提出问题：这种永不停息的发展最终将走向何处？回答是：向精神发展，因为最高级的自然产品是人的精神。从这个着眼点出发，自然又可回过头来被理解为"发展的精神"，理解为"本来的、还处于无意识状态的精神的诗篇"。但另一方面，精神又超越了自然，并且由此将已在自然中萌芽的东西推向完善。

因此，谢林眼中的自然包括了两个互相交错的阶段：自然的无意识阶段和精神的意识阶段。谢林发现，第一阶段的发展规律同样适用于第二阶段。人的精神同样是在对立和极性状态中实现的，进而在矛盾的斗争与和解中趋向成熟。解释这一点是精神哲学的任务。作为一种补充，精神哲学与自然哲学占有同等的地位。但自然和精神又同时被看成是统一的过程。自然以及精神的所有现象都是"同一个伟大的有机体的各个环节"。"这个有机体的根子扎在自然的深谷之中，再从自然的深谷上升到精神的世界。"

对谢林来说，现在最关键的问题又是：必须用"绝对"的眼光观察自然和精神。目的是要说明在二者之外占统治地位的是具有创造力的神明。这里首先是指自然而言。在所有的自然变化中神明都在发挥作用。因此，每个自然物体，比如一棵树、一只动物、一块矿石，并不单纯是外界可供观察的物体，它们同时也是位于自身之内的神圣生命力的表现。自然是"隐秘的上帝"。

但是，自然又不是上帝的真正表现，只有理性才是"完美的上帝的复像"。因此，着眼于神在所有现实中的存在，精神活动的范围以及精神发展的历史都是神圣伟大的。作为整体来看，历史就是"绝对不断地逐步显现自身的历史"，是一首"大型史诗"。

贯穿在自然和精神之中的，是上帝的自我实现。谢林认为，这一发展过程的终点是艺术。他的艺术哲学是这位思想家最独特、最富有创见性的贡献。观察艺术的出发点依然是神明的发展过程。由此来看，艺术便是一种"必然的、从'绝对'之中直接产生的现象"，甚至是"唯一永恒的神明的显现"。艺术集自然与精神为一体，在艺术之中，二者之间的界线消失了。因此，艺术超越了自然与精神这两种神的表现形式。艺术品是人的自由创造出来的最崇高的产品。从这点来讲，艺术品也是精神范围内的最高级产物。由于艺术品同时又具有物质形式，和自然所具有的必然性有联系，所以通过艺术品，自然与精神、必然与自由得到和解。神明在经历了自然与精神这两个阶段后，在艺术中再次获得统一。"在哲学家看来，艺术是最高级的，因为艺术向哲学家显示了最神圣的存在。在自然和历史中被分开的，在艺术中获得了永恒的原始的结合，如同一堆烈火在燃烧。"

　　如果把所有现实看成是上帝的自我显现，就会不可避免地应该提出上帝是什么这个问题。事实上，谢林的思想正在不断朝着这个方向深入。他在慢慢地寻找着"绝对"自身的秘密。起初，他想把"绝对"理解为某个精神实体，即"绝对自我"。现在他看到，神明不仅表现在精神范围，而且同时表现在自然范围之内。这样，单纯把神明理解为某种主观的精神，显然是不够的。在现在这种情况下，谢林必然把上帝看成超越了自然与精神、自我与非自我、主观与客观的某种存在。谢林所说的上帝是"完全冷漠的存在"或"绝对的同一"，就是这个意思。上帝是一个统一的点，是所有矛盾与对立的共同起源及共同目的。

　　谢林早年的好友黑格尔当然对此不以为然。他讽刺说，谢林那个漠然的"绝对"如同"漫漫长夜，常言道，黑夜中所有的牛都是黑色的"。事实上，这个"将上帝与宇宙合一"的概念也是非常危险的。有限的存在很容易失去独立性。如果所有的存在只有在它们的本质位于同漠不关心的绝对之中这个意义上才是真实的，事物之间的所有区别就会消失，事物本身最终将沦为单纯的表面现象。

　　然而，我们亲身经历的事物却是现实的，甚至是如此地现实，以至于我们必须怀疑我们是否可以从上帝的角度出发来引申与解释它们。就像谢林自己强调的那样，自然中存在"偶然与反理性的东西"，"混乱在毫无秩序地繁殖蔓延"，还有"自然本身的自我毁灭"。在生命范围内存在数不清的丑恶欲望，好像"神统治着充满恐怖的世界"。在人生中同样会出现与神圣精神格格不入的毫无理性可言的追求。人生"充满了丑恶与可怕"，甚至自由这个人作为高级自然的最高贵的特征也是产生于非理性之中，因为"每个人的人性建立在某个无法解释的黑暗的基础之上"。更有甚者，恰恰依赖自己的自由，人可以背叛自己的起源，大胆放肆地试图单纯随心所欲、为所欲为。因此，世界历史的舞台便"上演了一出出绝望索然的闹剧，使我不得不怀疑世界是否还有一个真正的目的，因而也不得不怀疑它是否还有一个真正的起因。"概括起来，谢林最后说："人类的命运本来就是悲惨的。"观察现实，看到的只是"存在的不幸"。

但是，谢林并没有因此得出结论，认为这种值得怀疑的现实根本不可能根源于上帝之中。相反，他现在的看法是：仍然应该一如既往，继续从上帝出发解释现实中那些荒谬的现象。这样就必须修正一下迄今为止对上帝的解释。如果说那些和"绝对"相悖的现象同样来自上帝，那它们必然在上帝中占有一个独立的根子。"给上帝补充上某种消极的东西"也就是不可避免的了。在无损于上帝的统一性的前提下，必须把上帝看成是自相矛盾的。我们必须假设，神明本来就是分裂为两部分的，一部分是黑暗的根子（如同上帝中的自然），一部分是具有意识能力的神圣精神。

上帝的发展就是从这两种原始的对立开始的。谢林苦思冥想，大胆立论，试图穷究上帝是如何从自身出发发展为自己的外部表现即世界的。继承了伟大的神秘学家雅各布·伯麦的思想，谢林要证明，在上帝之中黑暗的部分自由地脱离了与精神的联系，从本来不可分割的上帝统一王国里逃了出来。谢林称这一过程是"上帝的痛苦历程"。上帝感觉到了"自己的本质所带来的恐怖"。但是，正是这段痛苦的经历构成了上帝变为世界的开端。用我们的眼光来看，那个敢于冲破上帝王国的统一，试图完全依赖自己的欲望而存在的东西就是我们看到的自然。

然而，神又努力摆脱这种自我异化，希望重新达到自身的统一。在这一回复过程中，起关键作用的是人。人是"深不见底的深渊，同时又是不可仰视的苍穹"。人可以运用自由，达到所有可能远离上帝的极限。但人同时是以精神，恰恰可以使用自己的自由，重新转向神圣。因此，人标志着从神中分裂出来的那部分开始回归本源，因而也标志着欲望与精神在神中开始重新和解。正因为如此，有限的世界又重新被纳入无限之中。回顾这一发展过程，谢林说："宇宙以及宇宙历史的神圣用意不是别的，只是完全的和解，以便重新消失在绝对之中。"从上帝的角度来看，这是一件无比伟大的事情。通过这个变化，上帝达到完全的自我意识。这个过程是"彻底走向自我意识的过程，是上帝人格化的过程"。

　　生命的最后几十年，谢林将自己完全埋在上帝与世界的秘密之中。他想不断接近事物的真实面目，但同时又越来越急切地恰恰想把事物的真实面目理解为上帝的自我显现，理解为上帝行动的结果，而上帝的行动又是自由的，无法洞悉的。然而，他未能发表他那包罗万象、庞大杂论的手稿。他的话没有引起任何反响。

　　将上帝看作世界的深层原因，思维完全陷入上帝之中，这就是谢林的一生。他曾经说过，为了献身于对"绝对"的钟爱，哲学家付出的代价是很高的："只有放弃一切，同时又被一切所遗弃的人，只有那些对一切都漠然置之，只看到自己与无限生活在一起的人，才能真正找到自身的根源，才能有幸窥视生活的全部底蕴。这是伟大艰难的一步。柏拉图曾把这一步与死亡相比。'步入这个门的人，请放弃一切希望吧！'诗人但丁在地狱门口看到的这句话，在另外的意义上也可以写在哲学的入口处。谁要真正地进行哲学思考，就必须放弃一切希望，摆脱所有的追求，抛开所有的欲望。他不能企求得到任何报酬，也不想了解任何别的事情，只能感到自己在孤独可怜地存在。为了获得一切，必须首先放弃一切。这非常沉重、艰难，类似于离开最后的海岸，驶向广阔的海洋。"

黑格尔

世界精神的化身

　　黑格尔（Hegel），一个平庸、无知、愚蠢、令人讨厌恶心的江湖骗子，大胆妄为、放肆无耻到了登峰造极、空前绝后的地步。但他编造的一大堆胡言乱语，却被那些廉价的弟子们捧为万古不朽的至言，被笨蛋们当作真理科学。黑格尔败坏了整整一代学人。

　　上面这段话，简单明了，直抒胸臆，无须任何解释。但是，它并不是某个人一时糊涂，信口开河瞎编出来的。这段话是作者三思之后写成的，并且准备印发刊行。它的作者也并非一般的无名小辈，而是大名鼎鼎的叔本华。

　　叔本华对黑格尔的咒骂也不是一时愤怒的产物，不是偶尔为之。我们在他的著作中几乎到处都可以找到对黑格尔的不满之词。他称黑格尔是个"可怜的家伙""精神上的怪物""蛊惑人心的江湖大盗"，说他的哲学是"不值一文的陈词滥调""毫无意义的空谈""一场恶心的哲学闹剧""无聊的丧心病狂的叽叽喳喳，在此之前，这些话只有在疯人院里才能听到"。他还说，"这位荒谬论的大师"，"长着一副啤酒馆老板的嘴脸"，"信口开河，无以复加"，"三十年来在德国却被奉为最大的哲学家"。叔本华预言：未来将揭露黑格尔的真实面目，因为他现在已经"一跌千丈，受到人们的蔑视"。后世嘲笑这个时代时，黑格尔将永远充当笑料。

　　后世是怎样评价黑格尔的呢？应当承认，有段时间，人们几乎完全遗忘了他。但接着发生的，却和叔本华的预见完全相反。他的学说的意义越来越大，在近代，只有康德的理论才能与他的哲学匹敌。研究黑格尔的专著浩如烟海、汗牛充栋。全世界都在召开大大小小的黑格尔讨论会。黑格尔的追随者更是五花八门，各式各样。即便那些不愿承认他的学说的人，只要他们还想严肃地研究哲学，就必须老老实实地读读他的著作。更有甚者，通过他的学生马克思，黑格尔甚至间接地影响了这个时代所发生的具体的历史变化。他的思想和其他学说一起，发挥了改天换地的作用。

　　与此相反，叔本华对黑格尔的攻击却被遗忘了。这也不是没有理由的，因为叔本华那种怒不可遏的诅咒也许完全是出自私怨。叔本华相信自己的学说非同凡响，具有无可比拟的意义。在还是个颇有前途的未经正式聘用的大学讲师时，叔本华就想和已经成名的黑格尔抗衡，故意把自己的讲座和黑格尔的安排在同一时间。学生们冷落叔本华，潮水般地涌进黑格尔的教室，本不值得大惊小怪。叔本华可怜地败下阵来，一学期后，就被迫中断讲座。因为在他的讲台前，只有一排排板凳形影相吊。

　　黑格尔如此地受到学生们的爱戴，倒也令人费解，一是因为他的学说深奥抽象，并不易懂，二是因为黑格尔本人不会演说，口才平平。但是尽管如此，他的讲话确实有一种不可抗拒的吸引力。其原因就在于黑格尔的哲学本身，在于黑格尔对哲学的献身精神。一位对黑格尔非常崇拜的学生曾经生动地写道："他疲乏无力地甚至有点抱怨似地坐在那里，低垂着头，缩成一团。在宽大的讲义夹中翻前翻后，翻上翻下，似乎在寻找什么。讲课断断续续，欲言又止，因为他不断咳嗽，还不时清嗓子。每个句子都是单个出现，好像用了很大力气才艰难地蹦出来。每个词，甚至每个音节似乎都不乐意痛痛快快脱口而出。他声音混浊，讲一口地道的施瓦本方言。但恰恰经过他的声道，每个词都会变得异常重要，字字千金。总之，不管怎样，他的讲话还是迫使所有听众深深地崇敬他，感到他的高尚与尊严。他的讲演有战胜一切的严肃，而严肃的东西却又通过幼稚表现出来。我简直无法抗拒他的吸引力，因为在貌似晦涩的外表下，一个伟大的思想在抗争着，漂动着，却同时保持一种巨大的、十分自信的舒适与平静。突然，他的声音提高了，洪亮了，眼光犀利，直射听众，在永不熄灭的火焰中闪烁。与此同时，黑格尔语如泉涌，具有强大吸引力的语言直捣听众的灵魂。"

年轻的黑格尔就善于细致地观察世界，迷上了哲学。早在斯图加特上中学时，他就开始每天记日记。他时而用德语，时而用拉丁文记载了非常认真的认识与思想，显示了他的少年老成。日记的内容包罗万象：对上帝的思考，对幸福的理解，对迷信的看法，还有讨论数学与自然科学以及世界历史的发展，甚至还有一段《论女人的性格》。当然，年轻时的黑格尔并不想和异性保持多么亲密的交往。相反，他对同学们的所作所为感到气愤："这帮小先生们带着姑娘们去散步，以罪恶的方式毁坏自己，浪费宝贵的时光。"但是，一段时间后，黑格尔听了一次音乐会，他在日记中写道："欣赏漂亮的姑娘，也给我们的娱乐增加了不少乐趣。"

尽管如此，高度的严肃认真仍然是黑格尔的个性中的主旋律。上了大学，进了久负盛名的图宾根神学院后，这一点也没有改变。在这所位于施瓦奔的学校中，黑格尔与同龄的荷尔德林以及小他五岁的早熟的天才谢林结为好友。他们狂热地崇拜康德哲学，崇拜法国革命。黑格尔在其一生中忠实地保持了这种年轻时的狂热劲头。崇拜康德，他自己成了哲学家；崇拜法国革命，每年在革命纪念日这一天，他都要独酌红葡萄酒一瓶。三个朋友中，要数黑格尔最能掩蔽自己的狂热激情了，因为不管怎样，别人送给他的外号是"老头子"。

毕业以后，黑格尔经荷尔德林介绍成了一名家庭教师，谢林则在二十岁时就当上了教授。后来，受谢林的邀请，黑格尔来到当时被称为"哲学家摇篮"的耶拿大学，成了一名未经正式聘用的讲师。他举办的讲座哲理深奥晦涩，非常难懂。另外薪水少得可怜，黑格尔被迫定期地写信给在魏玛专管此事的歌德，请求他给些补助。在这里，黑格尔经历了法国人攻占耶拿的场面。当拿破仑来到此城时，黑格尔写道，他看见"世界精神"在马背上驰骋。当然，"世界精神"并不仁慈。黑格尔的家遭到抢劫，最后由于战乱那点可怜的工资也没有了。失了业的哲学家被迫另谋生路。他来到小城班堡当了报纸编辑，不久又对这种为他人作嫁衣裳的"苦役"感到厌倦，到纽伦堡当了中学校长。这位深奥乖僻的哲学家是怎样从事与忍受孩子王这一职业的呢？诗人布伦塔诺在一封信中非常生动地写道："在纽伦堡，我见到了老实笨拙的黑格尔。他在一所中学当校长，喜欢阅读那些古代英雄的传说以及史诗《尼伯龙根之歌》。为了欣赏这些著作，他在阅读时总是先把它们译成希腊语。"

46岁时，黑格尔终于成了教授。先在海德堡，后来又到了柏林。在柏林，他当然需要一段时间适应适应。他觉得柏林太大太远，这一点很烦人。另外他认为，这座城市"活见鬼有这么多专门出售烈性酒的店铺"，也不怎么讨人喜欢。生活品太贵，房租太高。但不久他便觉得住柏林还是很舒适的。特别是一次旅途中他到波恩看了看，一点也不喜欢这个城市。相比之下，更觉得柏林好。在给妻子的一封信中，黑格尔写道："波恩城起伏不平，坑坑洼洼，街道很窄。只是四周风景幽美，眼界开阔。植物园很漂亮。但我更喜欢柏林。"黑格尔的第一位传记作者曾写道黑格尔非常喜欢社交。这也许是他偏爱柏林的原因之一："黑格尔特别喜欢和柏林的女流们来往。女士们也很快变得特别崇拜这位善良、诙谐而幽默的大教授。"

当然黑格尔并不总是如此和善可爱。这位作者接着写道："他发起脾气来可怕极了，因为他认为必须发火时，就会痛痛快快地大发一顿。骂起娘来也很厉害。谁要是碰在他的火头上，就只有四肢发抖了。"因此，有时会和同事们闹点口角与矛盾，也就不是什么稀奇事了。刚愎自用的叔本华前面已经提到，但和黑格尔最合不来的，是神学家施莱尔马赫。尽管出于同事义气，二人经常交换酒肆的地址，但除此之外就有点水火不容了。甚至宫廷里都在议论，说黑格尔和施莱尔马赫在讨论博士论文时大动干戈，手持凶器打了起来。为了公开辟谣，二人想不出其他办法，只好一起到游乐场滑了一次滑板。

这都是些无关紧要的轶闻趣事。重要的是，黑格尔的影响越来越大，不久就成了德国首屈一指的权威哲学家。人们争相听他的讲座，场场爆满，水泄不通，而且不全是学生，还有"陆军少校、枢密顾问"一类要人。和他的前辈费希特的哲学一样，他的学说渐渐成了普鲁士国家的精神支柱，对普鲁士的精神形象发挥决定性的作用。而黑格尔本人，则越来越陷入了冷静的哲学思考之中。

此景不长。1831年，霍乱横行柏林，也夺去了黑格尔的生命，当时他才61岁。他写下的最后几句话的意思是：只有冷静的哲学思考才能给人带来认识，带来欢乐与安慰。

事实上，他的一生都是在冷静的哲学思考中度过的。他要探讨的，是包围着我们的现实存在在其深层是什么样子，而以思考与行动的方式生活在这种现实之中的人又是怎么回事。这是所有伟大的哲学家给自己提出的问题。理解黑格尔时也必须把着眼点放在这一方面。只有这样，才能不落窠臼，避免将黑格尔简单化、庸俗化，避免将他的思想功绩归纳为好像非常易学的辩证法，看成是正题—反题—合题的简单重复。只有从这出发，我们才能将他的思辨理解为活生生的哲学思辨，它源自于现实存在之中的具体问题，进而才发展成为系统的学说，成为西方思想史上最后一套伟大的形而上学理论。

早在研究康德时，黑格尔就碰到了这类具体问题。在他那深奥精辟的伦理学理论中，康德将义务与爱好对立起来，从而将人分成了两半。一半是"本来的自我"。一半是"实践中的自我"。"本来的自我"有意识地服从于道德，"实践中的自我"却带有与道德原则相背的、并不可取的爱好。和康德相反，黑格尔要重新建立"统一的人"，把人看作整体。在爱情中，他找到了这种统一。爱可以说是人的道德本质的表现，但同时又和人的自然爱好相适应。

因此，爱的本质这个问题便成了黑格尔哲学的出发点。通过观察爱，他得出了第一个决定性的发现，奠定了他的整个哲学思辨的基础，因为这个发现不是别的，正是辩证法。后来黑格尔才在整个现实中都找到了这个规律。因此，辩证法的根源并不是抽象的思考，而是完全来自于对具体现象的观察。辩证法不是哲学反思的对象，而是所有现实存在的本质结构。

作为活生生的发展过程，爱有哪些特点呢？首先，必须有一个爱对方的人存在，但这个人又必须同样爱自己，也就是说，他必须肯定自己。从形式上看，这是爱发展总结构中的正题。但是，爱的产生同时要求相爱者抛开自我，将自我异化，献身于对方。但在他这样做时，便否定了起初对自我的肯定，而肯定了对方。因此爱的形式结构中不但有正题，而且还有否定的反题。但这样还是没有完全理解爱这个现象。具有决定意义的是：相爱者通过否定自我重新获得了自己，通过献身于对方而在更深的意义上意识到了自我的存在。"爱的本质在于：放弃自我意识，为了对方忘记自我，又恰恰在放弃与遗忘之中重新获得自我，占有自我。"否定又重新被否定了，异化被消除，爱的人与被爱者之间的合题才能产生。因此，爱的过程是活生生的辩证过程，爱的结构是辩证结构。"被爱者并不是和我们相对立的，我们在他身上看到的只有我们自己。但是，他又不是我们。这是我们无法理解的奇迹。"还有，既然爱是现实中的变化，那同时也就意味着：现实中存在辩证法，现实是矛盾与消除矛盾的过程。

通过进一步观察，黑格尔发现：在整个现实存在中，爱并不是单一的孤立的现象。爱以各种各样的方式主宰整个现实，爱的过程是现实中的基本过程。所有的生活都在爱的关系中反映出来，并且通过爱才得以生存。这个发现意味着：爱中所表现出来的是生活本身。相爱的人也知道这一点。他们被爱情所战胜，并由此感觉到，生命在以看不见的方式统治他们。"在爱中，生命找到了自我。"因此，黑格尔认为，在可见的爱的背后，出现了一个"无穷无尽的宇宙生命"，也就是说，出现了所有具有生命力的东西赖以存在，得以产生的基础。

只有在这一点上，黑格尔的思辨才成为更高意义上的真正的哲学思辨。他现在看到的，不只是摆在眼前的现实存在，他在追寻所有可见的现实能够存在的根源，他看到，在爱中表现出来的"宇宙生命"就是现实存在的唯一基础，它贯穿在所有现实之中。因此，黑格尔也把这种现实存在中唯一的、真实的、最基础的东西称作"绝对生命"，或者简单地称作"绝对"。他认为，所有的现实都源自"绝对"，都是"绝对"的外在表现。这是黑格尔哲学的基本意向。正是这一点使他的哲学思辨带上了形而上学的特点，因为现在的任务便是，从本来的真正存在，即从"绝对"出发，观察分析整个现实。哲学变成了以"绝对"为对象的学说，成了"绝对的哲学"。

黑格尔认为，他所处时代的特征是，"绝对已经从生活的现象中消失了"，"人们感觉到了，上帝已经死亡"。但正是在这种形式下，哲学应该成为"绝对的科学"。因此他说：恰恰在这个时候，最关键的问题是，应该使"绝对"重新获得自己应有的权力和地位。

爱是"绝对生命"的最好表现形式。同爱一样，"绝对生命"本身也具有类似的辩证结构。从相爱者身上可以清楚看到这一点。相爱的人会感到，在他们身上有同一个生命流动，也就是说，在本源上有一个生命的统一体存在。但相爱者同时也知道，他们是分开的两个实体，他们感觉到了分离的痛苦。生命的统一体通过众多的有生命的实体单一地表现出来，分裂由此进入了本来与自身统一的生命之中。"生活以矛盾的形式组成，必然的分裂是生活的要素。"然而，尽管分裂是不可避免的，相爱者却感觉到了互相结合的欲望。在爱情中，"生命找到了自身，这种被找到的自身是原来的倍加，是生命的统一"。因此，在根本上统治所有现实存在的"宇宙生命"本是辩证过程。它处于变化之中，分裂与结合、自我异化与重新统一不断交替。在这种自身所具有的内部节奏中，生命在不断地创造新的表现形式，显示自己的创造性。

因此，黑格尔也可以把这种"无限的宇宙生命"称作"神"或"上帝"。"万物生活在上帝之中"，"上帝"是"无限的生命"。这样，黑格尔的思想便成了披上哲学外衣的思辨神学。哲学的对象不是别的，只是"时代和解释上帝"。"将上帝绝对地放在哲学的顶峰"是哲学的根本任务。

上帝位于万物之中，万物依赖神而存在。当然，这个上帝不是基督教所说的那个人格化了的、具有超验意义的造物主，而是"世俗化了的上帝"。尽管如此，黑格尔还是向基督教所奉行的上帝概念靠近了一步，特别是将自己的上帝概念与传统的认识联系起来。显而易见，黑格尔所理解的上帝是"精神"，因为他认为，在世界上，人的精神最高级、最明显地表现了上帝。但如果神在人的精神中表现得最充分，上帝本身也必然具有精神性。"绝对就是精神，这是对绝对的最准确的解释。"这样，黑格尔就得出了他的哲学思辨中最基本的概念："绝对精神"或"上帝即绝对精神"。

如果上帝即精神，世界只是上帝表现自我的方式，那就必然得出下列结论：世界最终也是一种精神实体。事实上，黑格尔也确实得出了这个非常大胆的结论。我们所看到的一切，不只是人以及人的精神所创造的，而且包括了事物、山脉、动物、植物，简言之，整个自然在其本源上无非都是精神。只是由于我们看待事物的出发点是有限的、片面的，所以我们才以为事物具有物质性。但谁要是正确地理解世界，谁要是以哲学的眼光看待世界，也就是说，谁要是准确观察了世界，他就必然地把世界看成是可见的精神，"因为只有精神才是真实的"。

现在，真正的哲学难题就出现了，哲学必须解释说明上帝是以怎样的方式通过自然以及人的精神表现自己的。更有甚者，上帝是否最终必然表现为世界。黑格尔要解决这个难题。采用的方式是：辩证法在其最高级的阶段即上帝身上同样出现，同样有效。既然上帝不是别的，就是那个"宇宙生命"，那他必然具有和"宇宙生命"一样的内部结构。"绝对精神"这个基本概念就是"绝对精神"通过"与其对立的、但仍然属于自己的那一部分结合而回复到自我之中"。"上帝将自己异化，使自己成为自己的对象，但在这种异化中又完全与自我统一。"黑格尔认为，神明自身具有的这种内部辩证发展过程，就是神明表现为世界的方式。黑格尔以人的精神为例，想更清楚地说明这一点。因为人的精神是上帝表现自我的最完美的形式，因此就可以把人的精神看成是上帝精神的副本。而人的精神最本质的特点是什么呢，黑格尔回答说：人能意识到自我，"从本质上讲，精神就是自我意识"。但自我意识的特点却是：它并不是一下子就完成的。自我意识可以有许多阶段，它是一种成长着的、自我发展的意识。最能直接说明这一点的是，譬如儿童意识自我的方式就和成人的不一样。现在，黑格尔就要证明，自我意识发展的途径是辩证性的，通过三个阶段完成的，就像我们观察爱情及生命这些现象时所看到的那样："精神的发展是经过超出自我、分裂自我、异化自我，同时又复回到自我之中。"

　　人的自我意识的第一阶段是：精神如同处于昏睡状态之中，人对自我还没有特别清楚的认识。这一点，可以从儿童的自我意识上看出来。儿童只是朦胧地感觉到自己存在，这种简单的对自我存在的感觉和辩证法中的正题相适应。但要真正地意识自我，人还必须从这种朦胧状态中醒过来，这是第二阶段。人开始对自我感兴趣，开始发现自我。就像黑格尔看到的那样，现在就发生了一件奇怪的事情：精神看到了自己，却觉得看到的是个陌生的东西。它对自己的眼睛所看到的感到诧异，惊奇地问道：这难道就是我吗？观察自我中，自我发生了异化，分成了观察着的自我和被观察到的自我。这种"自我异化"就是辩证法中的反题。在这个阶段上，人还没有达到真正的、完全的自我意识，因为真正的自我意识意味着：人发现了，我在自我观察时所看到的就是我自己，观察者和被观察者是同一个自我。这样，就像黑格尔所说的那样，人就离开了自我异化阶段，与自己和解，再次回到了自我，这就是自我意识过程中合题产生的时刻。结论是：人的精神是自我意识，自我意识是发展变化着的自我意识，是辩证性的。

现在，黑格尔便把观察人的精神时所发现的原理用来解释上帝精神。上帝精神也是一种发展着的自我意识，它的发展以辩证的方式完成。就上帝精神的第一点讲，黑格尔认为，上帝不是一成不变的，而是自身具有发展的特点。上帝只有发展，才能达到完全的自我意识，这是黑格尔的上帝概念与基督教的上帝概念最明显的不同之处。他的基本哲学思想是：上帝自己也有一个历史的发展过程，它在有步骤地将自己的全部本质表现出来。

下一步，黑格尔就必须说明，上帝精神的历史是怎样以辩证的方式发展完成的，因为所谓的"绝对精神"的本质就是："它永远是一个实体，又变成与自己不同的东西，再看到这种不同的东西实际上是自己的本身。"

这样，就有了第一阶段。在这个阶段，神还没有意识到自己的存在。"绝对精神"如同处于梦幻之中。黑格尔非常大胆地试图用一种新的"逻辑"形式解释上帝这种混乱的自我存在。"逻辑表示上帝在创造自然和创造一个有限的精神之前存在于自己的永恒的本质之中的状态。"

但是，如果上帝要真正地意识自我，就不能永远沉睡在梦幻之中。因此，黑格尔便开始描述上帝达到完全的自我意识这个巨大的过程。首先，上帝必须开始寻找自己，必须经历第二个阶段，即自我异化阶段，必须将自身外在化。它观察自己，将自己分成观察者和被观察者，将被观察者看成是陌生的、外在的东西。黑格尔提出了非常大胆的观点：这种外在化了的上帝不是别的，就是我们眼前所看到的世界。上帝的自我异化就是上帝的世界化。但这也意味着：黑格尔必须从上帝，从"绝对精神"出发来解释整个现实。他的哲学思辨的出发点是上帝，黑格尔成了人化了的世界精神，即：上帝精神变成了人。

　　世界是上帝自我异化的表现。黑格尔试图从我们看到的世界本身进一步说明这一点。世界一方面表现为自然，另一方面表现为人的精神。但在其深处，必须把二者看成是上帝的自我表现。从这个哲学观点出发，就必须把认识自然的人的精神理解为观察着的上帝，而人所认识的自然就是被观察着的上帝。自然是"绝对精神本身的另外一种表现形式"。

　　我们所看到的物质及自然，实际上是上帝本身，而上帝却把这种自我看成是陌生的东西。在黑格尔看来，自然哲学就是上帝的学说，即关于上帝的自我异化的学说。"人的精神认识自然"这句话的意思便是：位于人的精神之中的上帝在认识自我。在这种自我观察的过程中，回归自我已经发生，自我意识的第三阶段开始。这时，上帝看到了，观察者和被观察者本来是统一的，都是自我意识发展完成的根本标志。黑格尔认为，通过人，上帝这种回归自我得以完成。在人身上，上帝完成了自我意识，在人身上，自我意识的辩证发展过程达到了终点。这是怎样发生的，黑格尔在他的巨著《精神现象学》中做了描述。人的精神范围内所发生的一切，人的精神所创造的一切，在其本质上，都是上帝的自我认识。这种自我认识表现在个人的存在之中，同样表现在历史之中，以法律、国家、科学、艺术、宗教的形式表现出来，但其最高形式则是哲学。如果通过哲学思辨，人最终将整个现实理解为上帝精神的表现，这就意味着：上帝结束了自己的世界化的冒险经历，结束了自我分裂的状态，重新回归到了自身。

　　黑格尔所从事的，当然是一项艰难巨大的事业。他要将整个现实解释成"绝对精神"的纯洁完美的表现。他要描述的是"绝对精神"自导自演的悲剧。"绝对精神"永远将自己客体化，在这种状况之中将自己交付给痛苦与死亡，然后又从灰烬中升起，进入辉煌神圣之中："精神的生命，并不是害怕死亡，使自己免遭毁灭，而是忍受死亡，在死亡中保存自身。通过在绝对的分裂中找到自我，精神才能得到真正的自我。"

但是，黑格尔这个大胆宏伟的试验最终还是要失败的。首先是我们所看到的冷酷无情的事实难以证实他的学说。不可否认，现实中也有高大完美的世界伟人，也有完美的有机体，也有合乎道义的国家制度，也有成功的艺术品，真正的宗教，伟大的哲学。黑格尔可以把它们看成上帝的表现。但同样不可否认的是，沙漠浩瀚无垠，上述这些不过是些微乎其微的绿洲。无意义、并不完全的现象在自然界几乎到处可见，还有无数没有成功的实验、白白浪费了的生命、无穷无尽的重复。人的感觉中也有混乱的成分。这些事实很难解释为上帝的自我表现。人类历史上发生了无数无关紧要的偶然事件，它们也是无论如何不能被看成"绝对精神"迈向完美的脚步。这一切说明，世界并不是单纯的上帝的自我表现。世界上存在相反、反上帝、混乱的力量。如果真要像黑格尔那样，非要从上帝出发解释世界，我们就必须承认：上帝是在斗争与矛盾之中成为世界的，它有时也能享受到胜利的喜悦，但也经历了无数次的失败。上帝只是部分地回归到了自我，其余的则消亡了。

黑格尔失败了，但他给自己提出的任务依然存在。寻找能够对世界做出统一解释的点，仍然是哲学的根本兴趣所在。黑格尔在这方面做出了不懈的努力，成了所有哲学家的楷模。从事哲学思辨的人，必须不断试图揭示和思考神明的秘密。黑格尔试图以认识的方式解开这个谜。他的辉煌试验失败了，剩下的只有绝望。但是，伟大的诗人歌德却恰恰把这种绝望视为人的神圣义务："让我们平静地崇拜那些无法捉摸的事情吧！"

叔本华

恶毒的眼光

　　老实说，叔本华（Schopenhauer）并不是和蔼善良之人。他非常厌恶同时代的人，自称"蔑视人类者"。他的母亲、名噪一时的作家约翰娜·叔本华曾非常痛心地说，她的儿子经常"心情恶劣"，实在令她难以忍受。他总是不停地咒骂这个愚蠢的世界，抱怨人类生活的悲惨。他疑心重重，老害怕周围的人会加害于他，卧室里总放着一把利器，值钱的东西总是藏在家中最偏僻的角落里。他从来不让理发师给自己刮胡子，担心他会用刀子割断自己的喉咙。如果有人惹怒了他，他甚至会大打出手。一位善良的女裁缝喜欢唠唠叨叨，某天不幸打扰了叔本华，他便使劲地把她推倒在地，致使这位可怜的女人从此终身残废。叔本华呢，当然得一辈子付给人家抚恤金。和自己的出版商，叔本华也总是吵架，指责他们没有竭尽全力推销他的大作。生命的最后几年，他蛰居于法兰克福，自称是"愤世嫉俗之人"，只有那条可爱忠实的卷毛狗伴随着他。

　　叔本华最痛恨哲学教授，尽管他自己也曾试图挤进大学里混碗饭吃。在柏林时，他自信大学生们最渴望听他讲课，便把自己的讲座和大名鼎鼎的黑格尔的课排在同一时间。然后又觉得不可理解怎么几乎没人来听。仅有的几位后来也逃之夭夭。无可奈何，叔本华只好放弃教书匠这碗饭，甘愿做个民间学者。但他认为，他的失败并不是自己的过错，而是由于其他的哲学教授们恨他、嫉妒他。

他说，一到夜间，这帮教授就像躲避狼人一样避开他。这当然只是他的猜测。实际上这些同事们根本就不可能恨他或者嫉妒他，因为他们从来就没有把他放在眼里。失望之余，叔本华只好用诅咒来发泄自己的一腔怒火。当然为了不惹上法律上的麻烦，他在遣词用句上很小心，还为此专门请教过精通法律条款的人。他痛骂的主要对象是黑格尔，称黑格尔的学说是"纯粹胡扯八道的哲学""毫无意义之空谈""地地道道的伪智假科学""疯子的狂言乱语"。黑格尔其人呢？当然是"编造鬼话之辈""欺世盗名之徒""精神上的食人肉者"。对费希特的咒骂也不亚于此。他的学说在叔本华看来完全是"诡辩学""欺骗术""无稽之谈"。

同代的哲学是如此一文不值，他自己的学说当然不属此列。叔本华觉得，和他的学说相比，过去的哲学家们——柏拉图、康德和少数几位英国哲学家除外——所思考的，全都"淡而无味"，不值一谈。因此，他称自己是"实际上的哲学皇帝"，甚至把自己抬到哲学上的宗教先知的地位。他那为数很少的几位弟子，被他看成是"使徒行者"和"传播福音的天使"。既然同代人中知音难觅，只好诉诸"未来的法庭"："谁要是不知道我阐述了怎样的问题，将来总会有一天，他将被历史看作是不学无术之辈遭到嘲笑。"当他最后到底得到了承认，声誉越来越高时，胜利的心情难以自抑："尽管数年来所有的哲学教授联合起来反对我，但我到底还是成功了。"

除了大学教授，叔本华最蔑视的是女人，尽管他在年轻时和女性们也有过几次愉快的交往。他说："只有那些被情欲所包围、所驱使的男人，才会认为这种身材矮小、肩窄、臀宽、腿短的种类是漂亮的。更准确、更切合实际来说，女性是不能令人产生任何美感的。她们不能理解也不能接受音乐、诗歌和造型艺术。如果她们真要做出这样的姿态，声称她们懂，那只不过是装腔作势，为了讨人喜欢罢了。"女人们的特点是，"近乎疯狂的挥霍浪费"，"出自本能的狡猾阴险"和"无法根除地喜欢撒谎"。总之，女人是"处于从属地位的生物"，"介乎于小孩与男人之间，而只有男人才是真正的人"。

叔本华这种对人类的仇视源自他那种特有、深沉、无所不包的悲观主义世界观。这贯穿在他的全部哲学思想之中。他自己也说，他的哲学抑郁悲伤，没有任何安慰的作用。也正因为如此，他的学说才能在19世纪下半叶红极一时，产生未曾料到的影响。在那个时代，尽管或者说正是由于经济的迅速发展繁荣，类似叔本华这样的思想才有了合适的土壤而能特别吃香。

对人生，叔本华感到特别悲观。他认为，人的一生是在一大堆欲望的重压下度过的。这些欲望难以满足，而新的欲望与要求还在不断产生。没有什么东西可以"填平人心的无底深渊"。因此生活本身就是"不断延续着的欺骗"。既然期待着的愿望永远难以实现，那么到头来，人也就厌烦这种"游戏"了。没有愿望，人又会不可避免地陷入无聊之中，而无聊比愿望的难以实现更折磨人。在这种无聊与难以实现的愿望之中，必然产生痛苦。这种痛苦才是人生的根本特点，它是"多种多样、非常不幸的状态"。"人生历史都是部苦难史。""到了人生的终点，这会非常清楚。因此，人的一生，就是在希望的愚弄中，蹦蹦跳跳地扑向死神的怀抱。""到头来，每个人都船破桅断地进入了死亡的港口。"

因此叔本华认为，人生是集喜剧与悲剧的闹剧。"白天的奔波与折磨，眼下无休无止的打趣嘲弄，每星期的期望与担心，每小时都会有偶然的不幸发生，这些都是些纯粹的喜剧场面。而另一方面，愿望从来不会得到满足，努力总是遭到失败，希望总是被命运无情践踏，不幸的错误贯穿一生，到头来，痛苦不断增加，最终死亡。这一切，又总使人生成为一出悲剧。"

除此之外，人与人之间还互相勾心斗角，总是想使对方的生活变得更苦，因为"人们相互之间的行为都是无理性可言的、极端不公平的、残忍的。""野生动物互相蚕食，受到化服的动物互相欺骗，人却称自己是世界的发展。"人世如同地狱，"在这座地狱中，人一方面是被魔鬼折磨的灵魂，另一方面又是魔鬼本身"。简言之，人生是"悲哀的，根本不值得企望"。因此，在叔本华看来，"乐观主义不仅是荒谬的，而且也是恶毒至极的，是对人类难言之苦的莫大讽刺。"

不光是人生中充满了痛苦与不幸，整个生物界都是如此。自然界就是一场残忍的生存之战，是担惊受怕的动物之间的一场角斗。而这种生存之所以能够存在，就是因为一种生物或动物在残食另一种。在这个战场上，"每个猛兽都是数以千计的自己同类的坟墓，它的存在就是一系列的血腥屠杀。"所有实际存在的特点便是这种"无尽头、来自生活本身的痛苦，世界充满了这类痛苦。"由此看来，"这个世界的角角落落都破产了"。和莱布尼茨的学说相反，这个世界是所有可能的世界中最坏的。人在这个世界上所做的一切都证明了所有的事情都是徒劳无益，证明了这个世界上所有的华丽全是假的。总之，这个世界本来就"不应该存在"。

这种对现实存在的悲观态度也是叔本华哲学思想的出发点。为了解释人生的痛苦，他进行了深刻、形而上学的哲学思考。

叔本华的主要著作《作为意志和表象的世界》开门见山第一句便是："世界是我的表象。"这一句不单单是指出了简单的事实，即人可以想象事物的存在。叔本华的本来意思是：所有的现实存在首先是以纯粹的人表象出来的方式存在。人们所直接看到的，也许并不是事物的真正存在方式，而只是人们对事物的表象。人并不知道树为何物，他知道的只是自己对树的表象。在同样的意义上，叔本华认为人并"不认识太阳，也不认识大地"，人"只是一双能看见太阳的眼睛，两只能感觉到大地存在的手"。换句话说，所有的东西只是某种表象。在这一点上，叔本华是他的老师康德的忠实弟子。另外，他还否认事物有空间、时间、因果的特点，认为这些都是人的精神的属性。这也是步康德后尘的。事物本身并没有时间性、空间性、因果性，这些属性是人们看待事物时的眼光所自有的。这个认为世界只是表象的观点，对叔本华的悲观主义思想具有极大的作用。此是后话。

当然，如果叔本华对存在的看法仅仅停留在此，他将是个地地道道的赤裸裸的唯心主义者。世界嘛，本来就是一种假想，人的精神所做的一场梦幻。然而，当叔本华仔细推敲表象这个概念时，他看到了在表象之后肯定还有什么东西存在，否则就不会有表象。康德也发现了这一点。但康德认为这是"自在之物"，因而无法确定，无法认识，是个未知数 X。叔本华比康德胆大，他要弄清楚那个"自在之物"，要陈述其本质。

在论述这一点时，叔本华绕了一个弯。他首先研究人是怎么知道自己是血肉之躯的。人对自己的肉体的认识是从两方面着手的。一是在人看来，他的肉体是众多物体中的一个，看得见，摸得着，可以被想象。除了这种方式，还有其他途径，即肉体可以直接被感知。在这种情况下，肉体便是人的意志的表现，身体的活动是意志活动的结果。准确来说，身体活动就是外在、可见的意志活动。身体的器官以及身体的形态也被叔本华看成是人的意志的表现形式。由此他得出结论：从本质上来看，人体是化为客体的可见的意志。身体是作为物体表现出来的，在本质上就是意志。这样，叔本华便认为，他在人的存在这个范围内发现了那个被康德称为"自在之物"的东西，即意志。

对人体的这种双重看法是叔本华用来解释一切存在的本质时的万能钥匙。这里也同样有"自在之物"的存在：意志统治事物，事物便是意志的实现。植物的生长，昆虫的形成，磁体指向北极，异性金属接触时发生冲撞排斥，相近物质之间的相斥相吸，分裂结合，甚至石头落地，地球被太阳吸引，这些在所有物质中表现出来的力量全是意志的表现。这样，世界到处都被意志的力量统治。当然这样将自然界的力量比作人的意志是成问题的。但叔本华觉得完全有理由说：从本质上看，世界就是意志，作为意志的表象而存在。

叔本华把这种意志理解为统一、原始的力量。在其自我实现的过程中，它又分裂为许多意志。因此，原始意志和人的意志不同，不是从一开始就能被感知。从本源上讲，它是一种"盲目、不可阻止的冲动力"。丰富多彩、形形色色的现实存在就是这种冲动力创造出来的。在无机界，它是起推动作用的力量，在人体上发展为自觉的意志。在这种自我实现的过程中，原始意志升华为认识，即自觉意志。因此，叔本华说："我的哲学可以一言以蔽之：世界即意志的自我认识。"

这里，贯穿在叔本华整个哲学思想之中的悲观主义又抬头了。因为占据这个世界的痛苦可以从原始欲望出发得到解释，因为叔本华所说的那个原始意志自身充满了矛盾与冲突，对自己大发脾气，因此它的自我实现也只能是矛盾的。它在无机界中表现为对立，在有机界表现为不停息的冲突，在人的生活中表现为无穷无尽的争论与分歧。痛苦就是这种连续不断、无所不在的冲突造成的。这样，原始意志创造了这个世界，而自己也随着陷入了深深的自我分裂之中。它引起痛苦，而忍受痛苦的正是它自己。

建立这个解释宇宙根本原理的学说，叔本华认为是完全必要的。因为人不可能简单地，浑浑噩噩地在这个世界上游来荡去，而对事物没有一个透彻的了解。因为人是具有形而上学思维的动物，具有了解宇宙起源的欲望。这种欲望首先是暂时地在宗教中表现出来，随后在哲学中达到顶点。而哲学正是源自人对世界的惊奇与不理解。当然在这里，又是无处不见的悲观主义在作怪："惊讶促使人们进行哲学思考，而这种惊讶之所以产生，正是由于人们看到了这个世界上的痛苦与丑恶。""毫无疑问，促使人们进行哲学思辨，促使人们对这个世界进行形而上学式的解释的最大推动力，便是人们对死亡的意识，以及对生活中的痛苦与悲惨的观察。"

这里便提出了一个问题：人怎样才能把自己从这种连续不断的痛苦中解脱出来？这并不是不可能的。首先，人应该努力使自己的思想不再受到意志的包围与支配，应该超越对单个事物的认识，而采取对世界与事物只进行单纯观察的态度。这样，他便可以冲破狭隘、充满痛苦的自我以及受这种自我支配的认识方式。这样，他就可以对世界进行毫无私念的观察，进入纯粹的冥思境界，使自己成为一只"透彻观察世界的永恒的眼睛"。

在这个阶段，人所观察到的，已不再是意志的暂时表现形态，而是事物的纯粹的本质，或者就像叔本华借用柏拉图学说所说的那样，是事物的"理念"。这种理念是现实存在的最本质性的、超越了时空限制的原始形式，即石头的原型、树木的原型、人的原型。在现实存在中，这些原型以各种各样的形式表现出来。但是，这些理念本身又是怎么产生的呢？它们是原始意志的纯洁的、先于现实存在的表现形式。原始意志首先在"理念"范围内得到实现，然后才能在可见的现实存在中表现出来。

观察捕捉这些"理念"首先是艺术的事情。艺术所关心的，是世界存在的最本质、最原始的东西，是世界表象的真正内涵。这种内涵是不会变化的，因而任何时候都是可以被认识的。这种对"理念"的认识，首先始于建筑，它将重力与稳定的理念在其对立中直观地表现出来。雕塑则更进一步，它表现纯粹的人体的理念。进而是绘画，它再现现实存在中理念的多样性。然后是文学艺术，它通过表现欲望和行动的有机联系再现人的理念，进而再现所有的世界理念。最高级的艺术形式是音乐，它表现意志本身，从而表现了纯粹的世界的本质。

然而，创造和欣赏艺术作品并不能使人永久地从意志的束缚和它所带来的痛苦中解脱出来，艺术只能使人暂时地摆脱或忘记充满痛苦的自我，所以艺术只是暂时的安慰剂。必须找出别的途径来，使人们能够彻底地从意志和它引起的混乱中解放出来。

要达到这一点，只有从根本上否定只会引起痛苦的意志。而这里便出现了一个新问题：从原始意志里产生的东西都是不可避免的、必然的。人本身是原始意志的产物，他又怎能自由地起来反对意志呢？叔本华非常专横地解决了这个问题。他断定：人虽然处处都被围困在"必然性"之中，但就这一点上他是自由的：人可以否定这种决定一切的"意志"。

　　对此，叔本华也做了一定的解释。他是从诸如责任心、对个人的行为负责、负罪感这类道德事实出发的。这些事实显然以"自由"为前提。但这种自由又是来自何处呢？肯定不是来自行动，因为行动完全受因果关系的制约。这样，自由便必然存在于每个人的自我存在方式之中。人对自己的行为负责，并不是因为他作了这件事或那件事，而是根据他的存在方式他必须做这件事或那件事。这样，叔本华便涉入了神秘思辨的范围。因为一个人必须如此做，必须如此存在，其原因并不在于他的后天秉性，而在于他的理性秉性，即先于所有存在的先天秉性。叔本华的意思是：人在未出生之前就已自由地决定了自己的秉性。在他的生活中，人就是按照这种先天秉性行动的，并要为此担负责任。所以叔本华认为，人虽在其现实存在中没有自由，但究其根底，他本是自由的。由此便可得出结论：意志是可以被否定的。

　　但是，怎样才能否定意志呢？有两个阶段：理论阶段和实践阶段。在理论阶段，人可以认识到，在所有现实存在中占统治地位的是原始意志，它在自我斗争中引起世界上的痛苦。人如果了解了这一点，他便会进一步看到，世界上所有痛苦的事情只不过是原始意志的表象，其本身并非是实际的，因为只有原始意志才是唯一真正实际的东西。这样，痛苦的事情就不会使我们感到沮丧。我们就会在思想中脱离痛苦的现实，我们就不会感到忧虑和失望。灵魂就会奇特地超然不累于物，就会舍弃欲望，否定意志，放弃一切可能扰乱心灵平静的行为。这种超然态度的必然结果便是禁欲，最终就会导致一种彻底的内心和平。意志被完全消灭了，心境如同海水一样平静。

　　这还不是全部。在第二阶段，人通过行动否定意志。主要是：通过同情减轻他人的痛苦。对此，叔本华也做出形而上学的解释：因为所有的生物都被统一在原始意志之中，所有的生物本来就互相联系，甚至同一。这样，自我的束缚就会被冲破，他人的痛苦成了自己的痛苦。恻隐之心，人皆有之，同情便产生了。在同情中，一个人忍受着整个人类的痛苦，甚至所有生命物的痛苦。因此，同情心是战胜利己主义的力量源泉。同情心体现在公正和仁爱之中。甚至可以说：丑恶源自利己，善良来自同情。这是叔本华伦理学的基本原则。按照这个原则，同情的行为就可以否定制造痛苦的意志。叔本华当然只是纸上谈兵。除了对动物，他在自己的一生中很少对他人表示过同情。

叔本华的全部思想建立在彻头彻尾的悲观主义之上。到头来，不管是理论上的否定还是实践中的否定，都未能否定他的悲观主义态度。他还是认为，最好是什么也别存在。"和现实相比，不存在要好几百倍。"他还是渴望着佛教中所谓的"涅槃"境界，渴望消除一切存在的东西。他还是认为，世界和人生的真正目的便是虚无，因为"摆在我们面前的，只有虚无而已"。

克尔凯郭尔

上帝的间谍

风流艳事曾使有些哲学家神魂颠倒。但因女人的缘故才成为哲学家的例子就很少见了。何况这个女人并非大家闺秀，而是年方15岁的普通良家女子。这里所说的是克尔凯郭尔（Kierkegaard）。因为如果没有雷吉娜·奥尔森，克尔凯郭尔就不会成为哲学家，也不会写出那些哲学著作。

24岁的克尔凯郭尔对这位小姑娘的爱慕，属于所谓的一见钟情，因为他马上决定将来要和雷吉娜结为终身伴侣。三年以后，俩人订婚，麻烦也出现了。原因是订婚不久，克尔凯郭尔便顾虑重重，怀疑自己到底有没有权利，将一个女人的命运和自己的联在一起。按照他对婚姻的严格理解，男女双方必须绝对地开诚布公，坦坦荡荡，而他认为自己并不能做到。就像他所说的那样，对有些事他必须保持沉默。想到这，他就感到不寒而栗。他觉得对他这种人来说，缔结婚姻的可能性太值得怀疑了。

现在，可怕的戏剧性场面开始了。克尔凯郭尔想让未婚妻提出解除婚约。为了达到这个目的，他觉得没有别的办法，只有自己尽量表现得令人讨厌，甚至下流卑鄙。他想这样的话，雷吉娜就会主动地和他一刀两断。"为了使她重新获得自由，我所能做的，只有一件事。这就是我变成一个无赖，可能的话，一个大无赖。"最后的一幕真有点不寒而栗："她问我，你永远不想结婚吗？我回答道：要结，不过得在十年之后。等我闹够了，我就需要年轻的血液，以便使我重获青春。"

可怜的姑娘心如刀绞，本在常理之中。克尔凯郭尔自己也开始变得神魂不定，精神恍惚，这就有点令人难以理解了。更奇怪的是，尽管决裂得如此不愉快，他还是希望能够在某种新的基础上继续保持和雷吉娜的关系。在小小的哥本哈根，俩人在大街上或教堂里不期而遇，常常是难以避免的事情。在自己的日记里，克尔凯郭尔详细地记录了每次碰面的情景。他无穷无尽地回想，她是否看了他一眼，是否微笑了一下，是否曾止步不走。但他没有勇气和她打招呼。后来在报纸上看到雷吉娜订婚的消息，他感到非常绝望，甚至在日记里指责昔日的未婚妻对自己不忠。然而到了现在，他还没有完全死心。直到临死前，和雷吉娜的关系依然是他的日记及著作中的重要主题。他在残酷地折磨自己。

克尔凯郭尔认为以诚相见是婚姻的前提。但究竟是什么东西阻碍他，使他如此吞吞吐吐，不能与人以诚相见呢？起因确实是件无关紧要的小事。克尔凯郭尔曾经逛过一次妓院。当然他没有和那儿的女士们发生关系，而是受到了她们的嘲笑。克尔凯郭尔认为这次失败具有某种象征意义，说明了他和他的家庭处于某种难逃的厄运之中。据说，招致厄运的是他父亲。他也曾在男女关系方面有过失足，并且一辈子遭到良心的谴责，尽管后来他和那位姑娘——小克尔凯郭尔的妈妈——结了婚。更严重的是，父亲曾酒后承认自己年轻时咒骂过上帝。克尔凯郭尔在自己的日记里描述了这件事："过去，他还是个孩子，在犹太人的草原上牧羊。经历了无数艰难险阻，常常挨饿受冻。有一天，他登上一座丘陵，诅咒了上帝。这个经历是非常可怕的。直到82岁，他还无法忘记这件事。"克尔凯郭尔坚信，从那时起，无法消除的灾难便沉重地压在了他们全家和他自己的头上。

克尔凯郭尔为什么把这些小事看得如此举足轻重？其原因是，伤感是他的根本性格特征。"我从孩提时代起就深深地陷入了可怕的忧虑之中。整个的现实存在使我感到害怕。从小小的蚊子到投胎转世之类的秘密，对我来说，这一切都是无法理解的。但最不可理解的还是我自己。"克尔凯郭尔内向乖僻，忧郁伤感便来自于此。他总是试图找出这种无法理解的秉性到底有什么意义，但另一方面却善于巧妙掩饰自己的秘密，装出一副玩世不恭的花花公子样子。他穿戴时髦，热衷于去咖啡馆和上剧院，常常在哥本哈根的大街上闲荡或者出入于"蒂沃利"——哥本哈根的娱乐公园。他写了一本书，其中一章叫作《引诱者日记》。他写道："我刚刚离开聚会。在那里，我是聚会的灵魂。口若悬河，滔滔不绝地讲笑话。在座的人捧腹大笑，对我表示钦佩。——而我，是的，破折号应该和地球的半径一样长——而我呢？我走开了，想举枪自杀。"

　　从忧郁悲戚之中，克尔凯郭尔还是找到了一条出路。这就是文学、哲学和神学方面的创作。他文思如泉涌，各种思想接踵而来，不断要求得到表达。他撰写了大量著作，总是将自己的切身问题进行加工，使其客观化。因此，克尔凯郭尔的作品同时也是他的自白。这些著作有《或此或彼》《生命的阶段》《哲学片段》《恐惧的概念》《恐惧与颤栗》《致命的疾病》《基督教文集》。

　　克尔凯郭尔的著作中不乏挑战激烈之词，自然招致很多人的反对。他抨击同代人思想平庸，其他人便用他自己的看家本领——谩骂，来回击他。在哥本哈根的一份颇有名气的漫画杂志上，克尔凯郭尔成了被恶意嘲讽的常客：穿戴时髦，麻杆腿，驼背，穿着裤子的两条腿长短不一。有时他们甚至让他骑在姑娘的背上。克尔凯郭尔受到极大侮辱。但他觉得谁要是不留情地批判所处时代，必然会遭到讽刺谩骂。他自己甘愿做"遭人嘲弄的殉道者"。更严重的是，克尔凯郭尔在思考自己的同时开始思考基督教生活的本质，从而陷入和正统教会的激烈论战之中。他指责教会背叛了基督教。在一系列措辞极为尖锐的文章中，他开始公开向教会，特别是向主教宣战。1855年，他在这场战斗中死去，享年42。克尔凯郭尔的哲学思想就在这块通过忧郁和反思耕耘过的土壤里生长出来。谁要是像他那样坚持不懈地探寻自身的秘密，他的哲学思辨也必然完全围绕人生这个问题。这并不完全是个科学问题，原因是研究者不能把自己置身于问题之外。随着问题的提出，研究者本人也陷入问题之中，因为"所有本质性的认识都关系到人的存在"。所以在思考人生方面，克尔凯郭尔是天才的思想家。也正因为如此，他的哲学所具有的重大意义与影响才能够在我们这个世纪真正表现出来，无论是在神学，还是在哲学方面。在神学方面，继承了克尔凯郭尔思想的是巴特和布尔特曼，在哲学方面则是海德格尔和雅斯贝尔斯。原因很明显：恰恰在我们这个世纪，对人来说，人自己无论在哪方面都变得无法理解了。紧紧围绕人的问题，探寻人生秘密。这对克尔凯郭尔的基本信仰所产生的影响是巨大的。人们经常引用，但同时又往往误解的那句名言"主观即真理"就是着眼于这一信仰而讲的。这句话的意思并不是说一切都是主观的，对人来说都是相对的，没有客观的真理存在。克尔凯郭尔坚决反对从相对主义的立场解释他这句话。他一再重复："主观即真理"的意思是，认识能否成为真理，完全取决于人是否能够满腔热情地把它看作是与自己的生存密切相关。如果真理不能涉及人的生存，改变人生，掌握这个真理便会失去任何意义和价值。

正是基于此，克尔凯郭尔对自己的头号敌人黑格尔进行了无情的批判。他认为，黑格尔在其宏伟的哲学体系中虽然解释了全部现实、自然与历史，但就是忘记了生活在危机之中的人。不管这种宏观哲学多全面，多么包罗万象，对人来说，还是没有一点用处，因为它不能改变人的生存状况。对人来说，只有在他能够将真理变成自己的，并且在自己的具体存在中实现这种真理时，真理才是活生生的真理。克尔凯郭尔对自己的要求也是如此："至关重要的是，找出一种对我来说也是真理的真理，找出一种思想，一种我可以为它而生、为它而死的思想。"

克尔凯郭尔热衷研究的所谓人的存在究竟是什么呢？作为研究存在的哲学家，他只能从自身的经历中获得对人的认识。而在克尔凯郭尔看来，这个经历就是：世界以及我自己对我来说都是陌生的。我的内心四分五裂，如临深渊，充满了恐惧与绝望。克尔凯郭尔并不认为这只是他一人的遭遇。相反，他说他自己的经历也是所有人的经历：人不可改变地生活在"恐惧"与"绝望"之中，生活在"死亡"之中。这是人生的最基本的环境。人必须老实承认这一点，并且必须忍受到底。

克尔凯郭尔的最大发现是：恰恰通过这些人获得了自由的可能性。这是人生的根本特点。恐惧将现实化解为多种可能的结合，面对这些可能人必须做出选择。在做出选择时，人就会发现他并不是一成不变的。人的存在就是可能性的存在，"人得到的最可怕的东西，是选择，是自由"。

从人的这种选择自由出发，克尔凯郭尔发展出关于人生存在可能学说，即人生阶段论的学说。第一阶段是"美学阶段"。在这一阶段上，人虽然具有多种可能以供选择，但并没有真正使用这一选择权。他的举动只是观察性、欣赏性的，而不是具体的行动，因而也是不负任何责任的。他不承担任何义务，满足于体验可供选择的各种可能，追求有趣、能带来消遣的活动。但是，谁要是单纯生活在这样一个"欣赏"阶段，他就会感到生存的空虚。在本质上，他的生存是不真实的。

因此克尔凯郭尔认为，"欣赏阶段"并不是生存的最后一种可能。真正的生存意味着，面对多种可能，人要做出选择，取其一种，抛弃其他。人的自由实际上就是做出选择的自由，因为只有勇敢地做出选择的人，才能进入现实，在生存的现实中占有一席之地。选择和做出决定是克尔凯郭尔观察人生的两个基本范畴。它们是第二阶段，即"道德阶段"的标志。通过具体的选择和决定，人进入了这一阶段，从而才真正地找到了自我，承担起实现自我的任务。

但是，这一切都还没有触及克尔凯郭尔哲学思想的核心。通过进入"道德阶段"，人承担起实现自我的任务。然而人的努力最终还是以绝望告终。最后人才发现了，从自身出发，他不可能真正地成为自我。这种自身的无能为力最深刻地表现了人生的有限性。像克尔凯郭尔那样不懈地穷究生存这个谜的人，最终必然看到，人的存在实在是太渺小了。但是，从这种极端的绝望之中，人还是能找到一条出路的。因为就在这时，会在人的面前出现一种新的、并非由他人引起的可能。通过这种可能，人会感觉到，他自身并不是单一有限的，而是由有限与无限交织而成的奇特的合成物。将人抛入尘世生存的漩涡之中并且使他滞留在此的是人的本质中属于有限的那部分。而另外一部分，即无限，却使人有可能在深沉的思念之中与另外一个世界发生联系。人在其绝望与忧虑之中，将从这个世界得到安慰。同时，这个世界又在有效地指导人的行动与决定，指导他最终成为自我。因此对人来说，关键是在自己的生存中别忘记了无限。谁看到了无限，便步入了生存的第三阶段——"宗教阶段"。

作为哲学家，克尔凯郭尔使用了无限这个概念。作为神学家，他的表达非常直接，人处于上帝的绝对权威之下。这使人的选择与决定变得更严肃了，人的选择与决定就是人在上帝面前的选择与决定。克尔凯郭尔概而言之："最关键的是，人应该敢于完全成为自我，成为纯粹的人，成为独特、与众不同、独一无二的人。这是上帝对人的要求，人只向上帝负责。"

通过思维与心灵无穷无尽的努力，克尔凯郭尔找到了这一点。他终于找到了安慰，因而也能够忍受自己那种抑郁悲戚的心绪。他发现，这种深沉的性格是自己特有的。但这一秉性的本质是：在尘世范围内它是无法得到平息的，特别是与他人的交往也不能战胜它。只有认识到抑郁悲戚的根基位于无限之中，这种心绪才能得到安宁。但这并不等于说这种心绪由此便完全消失了。克尔凯郭尔知道，抑郁不欢、悲戚伤感是自己的无法改变的命运。但当他看到这一秉性的根源位于永恒之中，他获得了力量，开始能够忍受由此带来的痛苦。回顾自己的一生，克尔凯郭尔看到，正因为他是如此地伤感抑郁，才能在心灵的狂热追求中获得永恒："我的生活以可怕的伤感开始。早在我的童年，我的生活就变得纷纷乱乱。我不能相信，我的秉性所带来的这一痛苦会被消除。这样，我就抓住了永恒。我幸福地看到，尽管我在一生中应该如此痛苦，但上帝却是我永恒的爱。"

克尔凯郭尔要求无条件地在永恒之中寻找人生的根源。在他的时代，这当然是非常陌生的，因为那是个信奉"人类进步"的时代，信奉"历史理性"的时代，就像黑格尔宣称的那样。克尔凯郭尔比同时代的大多数人看得更深，因而他对时代的批判便更严厉，更激烈："整个欧洲好像正面临着彻底的崩溃"，"当前的时代是绝望的时代"。"有一种鸟名叫千鸟，能够预报暴风雨的来临。我就是这样一只鸟。如果暴风雨在我们这代人中凝聚，像我这样与众不同的人就会显示出来。"

克尔凯郭尔首先指责他的时代是一个没有真正的激情，缺乏对事业的献身精神的时代。在理性判断的统治下，所有直接的东西消失殆尽了。没完没了的反思，扼杀了行动的勇气和力量。克尔凯郭尔非常清楚地看到了这一点，因为在自己的身上他也感觉到了，过度的回想与反思已经成了危险，达到了自我毁灭的地步。另外，他还看到，对所谓理性的崇拜已使人的生存开始变得难以捉摸。表面上人好像也在行动，总有什么事情发生，但实际上，充其量也只是人对自己的行动和发生的事情进行思考。"不是无条件地献身，到处都是理性；看不到无条件地崇拜，到处都是对理性判断的服从；不是大胆果断地行动，到处都是聪明的讨论；不是积极地创造，到处都是被动地随波逐流。"

克尔凯郭尔看到，这种没完没了的喜欢回想反省的恶习已经使人的生存变得无法捉摸。它阻止个人的积极行动，从而也将人带入致命的危险之中。如果已经没有人敢于做出选择和决定并且通过这种决定成为自我，那在更深的意义上，人与人之间的区别也就不存在了。剩下的只是无聊的千篇一律。"人成了观众"，人与人的结合成了看不见摸不着的无名的"整体"。这个整体的最大特点是"空谈"，每个严肃的言论均消失在"空谈"之中。"没有人敢于自我地做出决定"，大家满足于生活在群体之中，而"群体就是虚假"。

如果这样，对人来说，最重要的便是：不要成为无名整体的一部分，而是勇敢地成为自我。鉴于此，克尔凯郭尔不知疲倦地向他的同代人呼吁：每个人都应力争成为单独、有个性的人，也就是说，一个不懈为自己的生存而奋斗、单独站在上帝面前、只向上帝负责的人。"如果我的学说还有什么意义，那么它的意义是与'个人'这一范畴连在一起的。我意识到了，我的任务就是指出这一点。"这个任务同时也是沉重的负担，但也是非常伟大的事情："没有比勇敢地成为自我更可怕的事情了。但是，谁认识到了这一点，他就会毫不脸红地说，这也是最伟大的事情。"

克尔凯郭尔要求每个人都应成为与众不同的人。他的这个要求，首先针对当时的基督教徒。在他的时代，基督教已经成了大众的事情。人们自以为只要进行了洗礼就自然而然地成了基督的信徒。严肃的基督教变成了一场轻率的游戏。克尔凯郭尔要还基督教以本来的面目。他认为，信仰基督并不是群体的运动，而是每个狂热地追求自身永恒幸福的人的事情。信仰是每个人通过自己的努力才能抓到的，因此信仰不是轻松自然的事，而必然是一场冒险。信仰建立在矛盾之中，因为在信仰中永恒存在受到时间的限制。也正因为如此，人只能通过"跳跃"获得信仰，首先是通过放弃所有自然理性。"信仰意味着为了得到上帝而放弃理解。"正是出自这一信仰，克尔凯郭尔单枪匹马，无情地批判了国家化的所谓官方教会。"如同迈出绝望的最后一步"，他要把"导火索放在现存的基督教上点燃"。

从这样一种信仰出发，克尔凯郭尔解释了他那以抑郁伤感为特点的生存方式："上帝恰好需要这样一个抑郁沉思的人，这样一个与众不同的人，以便在基督教日益世俗化的年代里，通过他再次向世人宣告基督福音的严肃性。""我好像个为某个至高无上者服务的间谍","我的侦探任务是,存在怎样才能与认识、按照基督的要求去生活怎样才能与基督教义相融合。""我的生活是一场伟大的、别人不知道也不理解的痛苦。看起来似乎一切都充满了自豪与虚荣。其实不然。总有某种令人坐立不安的事情如同荆棘插在我的肉体之中。因此我没有结婚成家,也不能担任任何职务。我成了一个与众不同的人。我在工作和紧张中度过白天,晚上便被弃置一旁,这就是我的与众不同之处。"尽管如此,克尔凯郭尔还是认为:"我是如此地抑郁不欢,悲戚伤感,但对我来说,这倒是一件非常幸运的事情。"

费尔巴哈

人创造了上帝

有些哲学家一生春风得意，吉星高照；有些却一辈子举步维艰，命运多舛。费尔巴哈（Feuerbach）属于后一种，尽管在他那不幸的一生中时而也出现过非常幸运的事情。

但不管怎样，刚刚踏上人生之旅时，费尔巴哈还显得比较顺利。父亲是位很有名气的法律专家，经济实力雄厚。因此除了养活一个情人，还能够让自己的几个孩子全部受到相应的教育。年轻的费尔巴哈是模范学生，颇受老师们的器重。他的一张学业证书上写着："性格开朗，遵守纪律，沉着冷静，行为端正，学习用功。"中学毕业后，费尔巴哈带着足够的金钱去海德堡大学学习神学。对这个专业感到失望，继而改学哲学。他的理由是："神学上那些关于自由与附属、理性与信仰之类的大杂烩和我追求的真理水火不容。我的灵魂追求统一、明确、绝对。"后来转学到柏林，受到参加非法秘密团体的嫌疑，但费尔巴哈成功证明了自己无罪，因为他说他的思想不带任何政治色彩。在这里，他开始受到黑格尔的影响。虽然除了一次短暂的欢送告别活动，他和黑格尔只说过一次话，地点是在柏林著名的"路德与维格纳酒馆"。即使是这仅有的一次，费尔巴哈还羞羞怯怯，几乎一个字也说不出来。后来，费尔巴哈在爱尔兰根–纽伦堡大学通过博士考试，渐渐摆脱了黑格尔的影响，25岁时成了大学讲师。在这座城市里，费尔巴哈深居简出，潜心学问。他在一封信中写道："一座像我现在住的房子，静静悠悠，位于大自然的怀抱。上午一杯水，中午一顿普通的午餐，晚上一大杯啤酒，最多再一个白萝卜。如果能永远拥有这些，在这个世界上，我对大地就无所企求了。"除此之外，他最多再喝点咖啡，因为"我整天坐着，咖啡是不可少的"。

就在此时，困难与不幸接踵而至。工作了一段时间后，费尔巴哈对学院生活感到厌烦。决定性的原因有两条：一是他写了一篇题为《论死亡与不朽》的文章。虽然是匿名发表，但不久作者的真名实姓还是被大家知道了。在当时的科学园地里，神学和政治方面的保守反动势力占优势。因此这本小文也就断送了作者在这块阵地上的前程。费尔巴哈写信给他的妹妹说："我被人家当作一个可怕的自由思想家、无神论者。这还不够，一个真正的反基督分子。"另外一个原因是，费尔巴哈痛心地看到，他在讲台上不会成功。他的特长是写作，而不是口头传授。由于这些原因，在爱尔兰根获得教授职位的前景消失了。费尔巴哈放弃了大学的工作。他的解释也是为了自我辩护：在大学里，"科学为了填饱肚子而使劲种植土豆，此外就是虔诚地牧羊"。这种自我安慰大胆放肆，但也不是完全没有道理："正因为我是哲学家，所以我才没有资格成为哲学教授。"他要人们承认他是个超级教授，因而不应该把他降格到"正教授的等级上"。

没有办法，费尔巴哈开始考虑从事其他所有可能的职业：中学教员、宫廷老师、图书管理员、编辑、职业作家，但没有一次成功。很久以来就准备移居巴黎，也由于举棋不定而终未成行。然后，他又不顾食言之嫌，开始向各个大学求职，同样没有结果。所有的努力都失败了。费尔巴哈失望地写道，他生活在"飘摇不定之中，活像吊在绞刑架上的死囚"。

山穷水尽，柳暗花明，一位女性的出现，给费尔巴哈的生活带来了转机。他狂热地爱上了一位少女，其父是个瓷器制造商，家里拥有一座城堡。费尔巴哈给自己的心上人写道："我的灵魂是个死潭深渊。在这个深渊中冲向我耳边的唯一的生命的征象，就是我对你的思念。"姑娘芳名贝尔塔·勒弗。他接受了费尔巴哈的爱慕，不管是因为他才华横溢，还是因为他一表人才。一位认识费尔巴哈的传记作者写道："费尔巴哈中等个头，身材细挑，直至老年仍胖瘦适中。举止文雅潇洒，步履矫健轻快。严肃洒脱的面孔上，浅蓝色的眼睛特别明显，目光锐利而和善。高高隆起的漂亮额头被密密的灰发覆盖着。头发剪得很短。鼻子和嘴长得纤细优美，严肃认真又不乏善良。年轻时蓄着一丛漂亮的小胡子，后来被坚硬的大胡子所代替。"这位作者认为，费尔巴哈有着"不可抗拒的吸引力"。

由此看来，他所钟爱的女士接受他的爱慕也是顺理成章。他们就要结婚了，费尔巴哈可以"脱离单身汉生活的泥潭而进入神圣婚姻生活的澡盆"。这一切，无论是外表还是在内心，都给他带来了极大的安全感。事遂人愿。费尔巴哈现在深居在城堡的塔楼里，物质生活同样得到了保障。一是因为瓷器厂的利润源源不断地流入到他夫人的腰包，二是因为——传记作者特别强调了这一点——他们自己有一个可观的苹果园，一大片森林，野兽野禽出没其间。除此之外，夫妻俩还有一个鱼池。

关于费尔巴哈的生活习惯，这位传记作者的描述近乎有些呆板。他写道，费尔巴哈"生活简朴，堪称表率。他亲自收拾房间，料理家庭琐事。像昔日的帕斯卡尔一样，他也习惯于晚上和白天把床铺整理得干净利落。他的工作间绝对干净，各种东西有条不紊。据说天才们都很邋遢，不修边幅，费尔巴哈却从来没有这类习惯。他衣着整洁，无可挑剔，一大早就穿上一套普通的家用便服，黑色的紧身上衣扣子一直系到领部。一般是再穿件短上衣，看上去像个牧人。所有使人搞到软弱和懒洋洋的衣服，特别是德国学者们不可缺少的睡衣和拖鞋，统统与他无缘。他整日都穿着长靴子，有时还戴顶轻巧的便帽。"这位遁世的未经国家正式聘用的大学讲师就是这个样子。住在岳父大人的城堡里当然很舒适。这是一种颇有点富裕市民味的远离尘世的生活。"当今之世，最好的生活是隐居。因为这个时代只是外表上还显得结实可靠。所有的社会关系实际上已经衰落了。"

在这座世外桃源中，费尔巴哈写出了他的成名作：《基督教的本质》。学术界这才注意到他。对这本书的价值，费尔巴哈当然很清楚。他写道，这本书不是写给"目前这一代完全腐败、完全迷失了方向的人，而是献给未来的、更好更高级的一代人的"。他觉得自己现在成了"最后一位超越了哲学极限的哲学家"。他对朋友们的赞赏感到高兴，但更使他心花怒放的，是农民、旅店老板及普通士兵们对他的大作欢呼雀跃。他们不辞辛苦，长途跋涉来拜访他，给他写了一封封热情洋溢、催人泪下的信件。一次偶然的外遇虽给夫人带来了难以忍受的痛苦，但最终并没有给费尔巴哈的幸福生活投下多大阴影。

就在此时，又发生了新的情况：1848年革命爆发了，费尔巴哈的机会到来了。他积极参加革命，献身民主事业。他的哲学开始产生更加广泛的影响。"国家事务不再是某个特权阶层的事情，而是所有人的事业，人民的事业。这一精神必将获得胜利，因为这一胜利意味着人类历史任务的完成。"费尔巴哈打算到革命的发源地巴黎，甚至不排除移居自由世界——美国的可能。在那儿，有人愿意无偿送他一座农庄。在新的历史中，他想重新进入学术界发挥作用或者出版学术杂志。费尔巴哈成了"为数很少的代表新时代精神的哲学家之一"。海德堡的学生们邀请他去讲演。由于大学当局拒绝费尔巴哈使用学校的教室，他便在市政厅里对学生和工人们发表讲话。当他走上讲台时，全场起立欢迎。当时还是海德堡大学学生的哥特弗利特·凯勒（Keller）参加了这一集会。他称费尔巴哈是"当代哲学界最重要的历史性人物"。凯勒同时指出，费尔巴哈的演讲艺术并不怎么高明。

但此后不久，软弱与气馁又再次战胜了他。"我经历了人生可能经历的最凄惨的困境。我非常渴望回到过去那种简朴然而又令人神往的生活中去。我觉得一切都是如此可怕。当我必须走向讲台时，我觉得自己好像是被迫走向断头台的可怜的罪人。"朋友们试图把他套上革命的战车，遭到他的拒绝。去海德堡讲演之前，他就对一位狂热的革命者说："我现在去海德堡，向年轻的学生们讲解宗教的本质。如果我在那儿播下的种子百年后能够结出几颗果实，我对人类的贡献要比你们通过拳打脚踢所达到的伟大得多。"

这样，费尔巴哈又重新回到了自己的避难所。但这儿的生活也开始变得艰难了。他说自己的住宅是个"令人感伤的地方"。"世界被钉子钉死了，被隔绝了。而每一瞬间，自己都会碰到钉子上最敏感的地方。"失望再次占据上风，他觉得自己"什么也不是，也没有什么成就"。他想，当个伐木工人也比哲学家强。他甚至渴望"走出无休无止的生活"，进入"死亡的永恒王国"。费尔巴哈与世隔绝，并且被人遗忘了。继《基督教的本质》之后的几部作品没有获得值得一提的反响。他变得冷淡，变得麻木不仁。费尔巴哈写道，他成了"一位老人，一位在恶劣的环境中孤立无援的人，一位丧失了工作能力的老头子"，"唯一能做的就是给自己撰写悼词"。

外界的情况同样使人不安。由于政治气候的影响，瓷器厂利润下跌，最终破产。费尔巴哈曾给工厂垫付了很多钱，破产后，他仅有的这点财产也有去无回了。宫殿里的田园生活维持不下去，费尔巴哈搬到了纽伦堡附近。但新居如同一条"噪音汇合沟"。街道上的喧哗，孩子们的呼喊和狗吠使得费尔巴哈连年无法正常工作。生命的晚年，费尔巴哈靠基金会的帮助、社会上的捐赠及朋友们的接济度过。数次中风后，他在很长一段时间内精神迟钝麻木。1872年辞世，享年68岁。

尽管早在学生时代，费尔巴哈就放弃学习神学。但他的一生中，兴趣所至，仍然是些宗教问题。16岁时他就发现，自己"对宗教有着非常强烈的兴趣"。他还说，"严格来讲"，他的著作"只有一个目的、一种思想、一个主题。这就是宗教与神学"。

但接着，费尔巴哈就被黑格尔吸引住了，忙着研究那个主宰所有现实世界的绝对精神。不久他就被这一设想搞得有点昏头转向，因为黑格尔所说的绝对精神并不是费尔巴哈所关心的人的精神，而是上帝精神。因此费尔巴哈认为，黑格尔的哲学和基督教神学并没有本质上的区别，绝对哲学即思辨神学。费尔巴哈开始反对黑格尔了。他和抽象思辨作斗争，抛弃了黑格尔那种"毫无意义的绝对学说"。在他看来，黑格尔式的抽象思辨是"喝醉了的哲学"。他要求"哲学应该再次清醒过来"。

按此要求，费尔巴哈在自己的哲学研究中坚决反对以任何上帝或某种绝对的东西为出发点。他的基本点是单纯的人，现实存在中的人，自然中的人。"人的第一对象是人"，"人是所有事物，所有现实存在的标尺"。因此应该"把人作为哲学研究的对象"。

指出人的存在是唯一、直接的现实存在，即建立一种彻底的人本哲学，这是费尔巴哈的独特贡献。超越了这一点，他还要探讨"宇宙整体中那个真正实际的东西"。他认为，历史上几乎所有的哲学与神学理论都是在追逐幻觉，总喜欢"把某个彼岸的、绝对的世界，某个思想的世界或者上帝的世界看成是本来实际的世界"。费尔巴哈反其道而行之。他所关心的，完全是"此岸、现实、自然、此时此地的人"。他认为这才是唯一的、真正的现实存在。

因此，在费尔巴哈看来，人与其他存在物，特别是与动物的区别，并不像历史上几乎所有的哲学流派所声称的那样，是什么理性。理性总是喜欢超越实际而去胡思乱想，自由驰骋。准确来说，人的最重要的特点应该是他的感官性。费尔巴哈甚至说："感官性是人的本质"，精神或理性只是"感官性的本质，感官性的普遍统一"。因此，感性也是真理的驻地。"真理、实际和感官性三者同一。"回顾自己走过的哲学之路，费尔巴哈写道："我从超验性回到了感性，从否认感性的真实与内容中引申出感性认识即真理。"

抛弃一切超感性的东西，这也是费尔巴哈的无神论思想的核心。在哲学史上，他是第一位精辟透彻地分析和解释了无神论的思想家。"上帝的本质是：一个想象中的、并不存在的幻想出来的东西被看成是现实的和实际存在的。"与传统观点相背，费尔巴哈要

"将上帝人格化"，将"上帝那种超人的、超自然的、反理性的本质还原为自然、永恒、天生的人的本质"。从此出发，就连黑格尔的神圣理论，即绝对精神也同样不过是"一只存在于我们之外的幽灵"和一个"最高级的最粗暴的抽象概念"。费尔巴哈认为，只有单纯地着眼于实际存在中的人，只有这种无神论思想，才是真正的哲学的立足点。

这不仅意味着推翻黑格尔的绝对思辨学说，同时也意味着所有宗教，特别是基督教的末日。对此，费尔巴哈并不感到惋惜，而是表示狂热的欢呼，因为在他看来基督教反正已经处于没落之中。一场"宗教革命"已经发生，我们生活在"基督教的灭亡阶段"。"人应该首先放弃基督教，然后才能成为人"，因为放弃了基督教，人就放弃了幻想的理想之境，才能专心地研究真正的此岸现实。"无信仰取代信仰，理性取代《圣经》，政治取代宗教与教会，地取代天，劳动取代祈祷，物质穷困取代地狱，人取代基督徒。"这种环境必然要求产生崭新的、坦率的、不再是基督教式的、而是彻底的反基督教的哲学。

当然，仅仅指出宗教在当时所处的状况还是不够的。几乎在整个人类历史上，人总是认为有一种被称为神明的东西存在。这是历史事实。费尔巴哈面对这个事实，必须做出解释。而他的解释，也同样是从他的人本主义出发的："人为宗教之开端，人为宗教之中心，人为宗教之终结。"这种最终将神还原为人的思想，必然摧毁上帝这个概念。费尔巴哈断言：根本没有独立存在的上帝。所谓的上帝只是"存在于幻想之中的想象出来的东西，实际上并不存在"。上帝思想源自于人，人把自己的本质，即普遍的、人类作为整体所共有的东西外在化，并把它变成了上帝。"对上帝的认识即是人对自身的认识，对自身的本质的认识。""人的本质被理想化，被看成了独立的实际存在，这就是上帝。"上帝是"外在化了的人"。

费尔巴哈认为，如果观察传统学说中上帝所具有的特征，这就很清楚了，因为按照费尔巴哈的看法，上帝的特征完全来自人的自我认识与自我理解。"上帝无所不知，这满足了人幻想了解一切的愿望；上帝无处不在，这满足了人不想死居一地的愿望；上帝永恒，这代表了人不想为时间所束缚的愿望；上帝无所不能，这代表了人想掌握一切的愿望。"这样，宗教上的神完全变成了人。因此，费尔巴哈发现了下列一条科学理论："神学的秘密是人学。"

当然，单凭这一点还不能解释，人为什么总是试图借助自己的想象去创造一个上帝和一个神圣的宗教。费尔巴哈说，这是心理方面的条件造成的。人的内心活动与力量，首先是人的依赖感，引起了人对上帝的信仰。在人看来，上帝"能够完成人所无法完成的事情。上帝的力量超越了人的力量，因而面对上帝，人感到自己是有限的、无能的。微不足道的。"但如果人以为必须对这种依赖感进行宗教意义上的解释，那就错了。因为我们真正依赖的，并不是上帝，而是自然，而且不只是外界自然，它是"决定生死的力量"，还有我们内心的自然力量，即欲望、愿望、兴趣等等。因此，就像费尔巴哈指出的，依赖感应该理解为依赖世界和依赖自我。他认为，理解了这，人就可以放弃对超人、超世界的存在的假设，因为依赖感并非是对这一存在的依赖。

费尔巴哈还更进一步挖掘了人的灵魂深渊。他发现，从根本上决定人的思想与行动的是愿望，愿望背后是对幸福的追求。这也是解释上帝起源的主题。"人把自己的愿望变成了上帝，上帝就是人在现实中无法实现但又希望实现的东西。"人不可能达到完美的幸福，因此就在自己的想象中创造了完美、幸福的上帝。"上帝是在幻想中得到满足的人的幸福欲望。"

继续推理下去，费尔巴哈发现利己主义是所有信仰上帝的根源，因为对幸福的追求是利己的、自私的追求。人想出了上帝，它能够帮助人满足这种无比强烈的、人靠自身力量无法满足的利己主义思想。因此费尔巴哈断言："利己主义是宗教和神学的基本原则。因为如果一个东西只有和人的幸福有关系时才是值得崇拜的，如果只有一个对人有利有益的东西才是神圣的，这种东西之所以神圣的原因就必然存在于人的利己主义思想之中。利己主义使所有东西和自己发生关系，也只有在这个意义上看重这些东西。""利己主义"这一概念在这里没有道义上值得贬低的意思，它的内涵与"自我肯定"差不多。这种"自我肯定"是单纯以人为中心的、抛弃所有其他存在的哲学思想之基础。这是真正、十足的无神论哲学。费尔巴哈的哲学就是这样一种学说。

费尔巴哈坚信，他的"未来哲学的诞生"标志所有宗教、所有神学以及被神学感染了的哲学的终结，因此他认为自己的《宗教的本质》是"世界历史性的事件"。更有甚者，他声称自己的学说是"世界历史的转折点"。在这一点上，他当然错了。费尔巴哈的无神论哲学并未结束人们对上帝问题的争论。直至今天，这个问题也丝毫没有失去它的紧迫性。

马克思

现实的反抗

　　假如马克思（Marx）实现了自己原来的抱负成了诗人而没有成为哲学家，今天的世界将会是什么样子呢？我们这样开头，并非故作惊人之语。因为马克思年轻时，曾认为自己是个天才诗人。他也有几首诗作流传了下来，光看题目，就知道非常富有诗意：《魔鬼之歌》《侏儒曲》《塞壬之歌》等等。总之，这些诗歌全以古代神话为题，显示了作者的勃勃雄心。有首尽管非常凄楚，但却特别感人的诗作名为《命运的悲剧》，很值得我们抄录欣赏：

　　　少女脸色苍白地站在那里，
　　　宁静、深沉。
　　　天使一般的灵魂，
　　　充满了忧愁厌倦之情。
　　　如此虔诚温柔，
　　　服从上帝的旨意，
　　　如同三女神织就的
　　　一幅天真纯洁的图画。
　　　一位骑士在远方出现，
　　　跨着美丽的骏马。
　　　眼睛里一派爱的海洋。

> 两道炙热的火焰，
> 深深地射入了少女的胸膛。
> 然而，他走了，
> 冲向战场，
> 没有什么能够阻挡。

当然，马克思也描写过另一种完全不同的情调：

> 世界在哭吼，歌唱着自己的下葬曲，
> 我们这帮一位冷酷的上帝的猴子，
> 却在自行其乐。

　　尽管非常痛苦，马克思最终还是放弃了步入诗坛的打算。德语文学是否由此蒙受了无法弥补的损失呢？欣赏了上面的诗句，这个问题可以不答自解。无论如何，马克思的父亲，一位很有名望的律师，曾语重心长地对儿子说："如果看到你将来成了平庸的小诗人，我会非常痛心。"但他同时又建议儿子应该以滑铁卢为题，写一首大型史诗。后来的人，有些在马克思主义中找到了救世良方，有些将他的学说看成世界的灾难。立场不同，看法也就完全两样。前者为马克思最终未能跨上艺术的骏马感到庆幸，后者则对此表示深深的惋惜。

　　卡尔·马克思于1818年生于特里尔。他说这座城市是个"最小最可怜的鸟窝，流言蜚语遍布街头巷尾"，住在这儿的人"非常可笑地喜欢光顾小酒馆"。关于他年轻时的事，我们知道得不多。有趣的是，这位昂扬激烈的无神论者中学毕业时写的论文是《论信仰者联合在基督之中》。后来在波恩学习法律时，他显然不会料理生活。因为不管怎样，他的母亲很为儿子担心。她在一封信中写道："现在你可不能以为好奇多心是我们女人的天性。我非常想知道你是怎样安排你的生活的，是否也考虑到了计划用钱。不管经营大家庭还是照料自己，这些都是无法避免的。另外，我亲爱的卡尔，我还想说说，你可不准把个人卫生和保持房间整洁看成无关紧要的小事。这些事决定着你的健康，影响你的情绪。每星期应该打扫一次房间卫生。你自己呢，我亲爱的卡尔，也应该每礼拜用海绵和肥皂把身子擦一擦。"这些告诫绝对不是没有理由的，因为马克思上大学时的表现和专心致志完全两样。他加入过学生联合会。如果传闻可靠，他还在一次决斗中受过伤。由于"夜间酗酒、干扰他人休息"，曾被关进禁闭室。由于非法携带"管制武器"受到过控告。他还欠了一大笔债。但尽管如此，他还是和来自威斯特华伦的燕妮小姐订了婚。富有的新娘家一再犹豫才勉强承认了这位一无所有的女婿。由于他那"诗人的气质中自有对爱情的狂热与过于浪漫的想象"，父亲也告诫他最好不要过早将一个女人的命运与自己的联在一起。

在波恩学了两个学期后，马克思转到了柏林。在那里，他也算不上是个模范学生。父亲的抱怨肯定是有理由的。他指责儿子"毫无计划地、盲目地涉猎所有的知识范围。在昏暗的油灯下呆呆地傻想。虽然不是端着啤酒杯浑噩度日，但却穿着学者的睡衣不修边幅。另外还放荡不羁，蔑视所有礼节，不喜交际到了可怕的程度。"惊人的经济费用同样使父亲大人感到担心。在大学里，马克思只听很少几个讲座，而且几乎全是哲学和历史方面的，与法律无关。长达几学期的时间里，他甚至很少踏入大学的校园。但不管怎样，20岁时，他还是写了篇哲学论文，并在耶拿大学通过了博士考试，尽管他从来没有在耶拿上过一节课。对他来说，最重要的是，他现在是那些崇拜黑格尔的年轻人们所组织的"博士俱乐部"的成员了，可以在那里没日没夜地参加没完没了的讨论。他的朋友们说他是"思想库"，是"装满了思想的牛脑袋"。当然他也想当教授。但当他看到自己的那些朋友们，那些所谓的黑格尔左派们几乎都因反动政府的阻挠失败了，他也放弃了这个念头。

教授没当成，马克思成了在科隆出版的带有自由色彩的《莱茵报》的编辑。职业迫使他开始研究经济及政治方面的具体问题。他以大无畏、非常自由的精神编辑这份报纸。虽然后来成了共产主义的带头人，但这时的马克思却并不赞成共产主义。尽管这样，在警察方面的一再压制下，马克思不久还是被迫放弃了这份工作。这份被普鲁士皇帝骂为"莱茵河边妓女"的报纸随之停刊。

　　和燕妮订婚数年后，两人结婚了。随后，马克思来到巴黎，和他的朋友阿诺尔德·卢格一起出版《德法年鉴》。一段时间里，他和卢格一家过着一种"共产主义的集体"生活。但由于二人性格不合，"集体"不久就解散了。在巴黎，马克思和海涅以及法国的社会主义者发生了联系。但在这个城市他住的时间也不长。根据普鲁士政府的要求，他被驱逐出境，随后滞留布鲁塞尔。在这里，他发起建立了世界上第一个共产主义组织，共有十七名成员。此后，马克思去了伦敦。1848年革命爆发。以此为契机，马克思创作了《共产党宣言》。为了实现革命抱负，马克思再次回到法国和德国，并在科隆出版《新莱茵报》。不久，他再次被驱逐出境。从此以后，除了几次短期旅行，马克思一直住在伦敦。在巴黎和布鲁塞尔的岁月里，马克思的生活中充满了和其他想法不同的革命者的激烈的、不是特别宽容的论战。同时他还在坚持不懈地进行哲学及经济学方面的研究与写作。这些手稿大部分在他死后才发表。

　　在伦敦，马克思生活在极度窘迫之中。家庭成员迅速增加，经济上常常捉襟见肘。想创办杂志的设想也失败了。马克思几乎全靠救济，特别是好友恩格斯的帮助生活。多数情况下，居住条件也非常差，有时甚至连家具也被送去作典押。衣服被拿到当铺换钱，所以马克思有时连门也无法出。疾病折磨着他和他的家庭，只有几个孩子活了下来。最后债务压身，马克思决定宣告破产。忠诚的恩格斯阻止了这极端的一步。燕妮常常陷入绝望，觉得与其如此悲惨地活着，还不如和孩子们一起去死。家里的女仆更给由于经济困难本来就不怎么和谐的家庭气氛蒙上了阴影。另外还有与战友们没完没了的论战。尽管如此，马克思顽强地写着他的巨著《资本论》，虽然他也曾几度心灰意懒。第一卷在他活着时就出版了。由于几乎没有引起任何反响，他便自己写些赞扬及批评性的文章。但三卷本的《资本论》没有写完，马克思就去世了，1883年，享年65岁。

关于马克思的长相与性格，他的一位俄国朋友曾有一段非常精彩的描述，虽然他忘记了马克思那副浓密壮观的大胡子："他属于那种由旺盛的精力、坚强的毅力和气壮盖世的信仰组成的人，那种就在长相上也非同寻常的人。头上一缕黑色的头发，汗毛盖着双手，上衣斜扣。尽管长相奇特，外表还是给人难以抗拒的威严与力量，迫使人们肃然起敬。他举止古怪，动作粗鲁，但却果断自信。风度习惯与所有礼节标准格格不入，但却也豪放洒脱，蔑视一切。他声音尖利，如同金属撞击，但却非常奇怪地恰恰与他对人对事的偏激判断交相辉映。他讲的话，几乎全用命令式，不容任何反抗。那种自负果断的、几乎使人感到害怕的声调使他的语言变得更加尖锐锋利，所向披靡。这种声调表现了他绝对坚信自己所负的历史使命，表明他要统治所有的精神，要为它们制定行动的法则。站在我面前的，是开明独裁者的化身。直到现在，这个形象还不时地出现在我的脑际。"

从一开始，马克思就把自己的思辨和当时精神界的激烈论争紧密相连。这场论争是围绕着卓越的思想家黑格尔的哲学展开。马克思称黑格尔的学说是"当代的世界哲学"。他从研究黑格尔着手，以便毫不留情地摆脱他。

首先，马克思对黑格尔的历史观提出批判。黑格尔认为，历史并非偶然事件的连续，而是富有意义的发展，有其内部不变的规律。这个规律就是辩证法。具有关键意义的是，黑格尔认为历史发展的本来主体不是社会实践中的人，而是某种至高无上的精神。他称这个精神是"世界精神"或者"绝对精神"，也称它为"上帝"。历史的发展过程是上帝逐渐实现自我意识的过程，是上帝一步步回归自我的过程。

黑格尔认为，经过了历史上所有迷途与弯路，绝对精神终于在他的时代，特别是在他的学说中，达到了自己的目的，实现了它的自我意识。"世界精神终于走到这一步。最后的哲学是以前所有哲学的果实。所有精华都被保存下来，什么也没有被遗弃。经过了几乎两千五百年，精神通过不断的努力完成了认识自我这个严肃的任务。努力的结果就是现在这个具体的理念。"黑格尔的哲学完成以后，就没有无法解释的现实存在了。这就是《法哲学原理》前言中那句著名论断的意思："合理的就是现实的，现实的就是合理的。"理性与现实终于统一起来，二者真正地和解了。绝对精神终于认识到，它自身就是所有现实的本质，所有现实就是它自身的外在表现。

马克思提出强烈抗议。在他看来，黑格尔这种从某个绝对精神出发解释所有现实的观点是毫无道理的"神秘主义"，因为黑格尔的出发点不是具体的现实本身，而只有位于现实之外的一个点。因此，马克思认为必须把哲学再颠倒过来，让它双脚站在地上，着眼于现实。哲学家不能从某个神明的存在出发解释现实。相反，具体的现实应该是所有思维的出发点。在很大程度上，这一要求使马克思的哲学带上了无神论的特征。"历史的任务是：在彼岸的真理破灭之后，建立此岸的真理。"

马克思认为，如果黑格尔说现实与理性已经和解，他看到的就不是具体的现实。黑格尔的学说是思维的游戏，他所说的现实只是想象出来的现实。与黑格尔相对立，马克思认为具体的现实是矛盾的、不可理解的，因而恰恰是不符合理性的。黑格尔在哲学方面的努力失败了，原因就是他无法将这种具体的现实纳入自己那个包罗万象的思维之中。"世界是支离破碎的世界，与自身显得高大完美的哲学体系相矛盾。"

马克思认为，具体的现实就是人的现实。"我们的前提条件是每个真正的人。"因此，与黑格尔相反，和费尔巴哈接近，马克思主张的哲学是关于人的生存的学说。"人的根源就是人本身。"也正因为如此，马克思将自己的学说称为"现实人本主义"。对人来说，第一位、最原始的现实就是人。新的思维应该从人开始。

但是，什么是人呢？马克思和黑格尔不同，他首先不是从人的认识能力出发观察人。在马克思看来，最具有决定意义的是人的实践，即具体的活动。"人必须通过实践证明真理，即证明他的思维的正确性与现实性。""思维应该从真正的、实践中的人出发。"

人的实践活动有什么特点呢？实践只有在人与人的结合中才能进行。如果说费尔巴哈所说的人是孤立的人，马克思就已经明确指出："人是社会动物"，"人，这就是人的世界、国家、社会"。人的社会性构成了马克思思维的出发点："不是人的意识决定他们的存在，而是相反，人的社会存在决定他们的意识。"这段话引起了很多争论。但它的本来意思就是以上所言。

那么，人的社会存在是由什么组成的呢？马克思说：位于第一位的，不是共同的意识，而是共同的劳动，因为人本来就是从事经济活动的主体。经济关系，特别是经济关系赖以存在的生产力是人的生存基础。只有经济关系改变了，人的意识方式才能随之变化。人的意识方式通过"上层建筑"表现出来，包括国家、法律、思想、道德、艺术等等。在经济基础部分，黑格尔发现的那个精神发展的规律同样在起作用。也就是说，经济关系的发展也是辩证式的，首先通过阶级的对立表现出来。因此马克思认为，历史首先是阶级斗争的历史。

到此为止，可以说马克思的所有思想并无什么特别之处，充其量只是众多人类学及历史哲学理论中的一种。哲学史上不乏这类理论。他的学说也许有趣，但也只是许多解释中的一种。什么因素使马克思的学说引起了如此轰动呢？他的学说为什么能够对后来的时代产生不可低估的影响呢？原因显然是，马克思没有停留在单纯的思想范围之内，而是坚定地要求改变现实。"哲学家只是不同地解释了世界，而关键的问题却是改造世界。"按照这个意思，马克思开始批判他所处的时代。环顾四周，他看到，自由、独立、"有意识的自由的活动"，这些人的真正本质无法得到发挥。人失去了自身，失去了真正的作为人的生存可能。这就是马克思所说的人的"自我异化"。这里的意思是，人的世界已经完全"贬值"。

对此，马克思同样在经济关系中找原因。人的"自我异化"的根源在于劳动者和劳动产品的分离。劳动产品不再属于劳动者本人，而是属于资本家，成了"商品"，也就是说，成了某种劳动者感到陌生的东西。为了能够生存，劳动者必须购买这种商品，由此，劳动者本人陷入对劳动产品的依赖之中。"劳动创造的成果，即劳动产品，变成了外在的、与劳动者毫无关系的独立力量。"与此相应，劳动也成了"异化的劳动"。它不再是劳动者劳动欲望的表现，而是生存强加给他的自卫手段。在本质上，劳动成了"强迫劳动"。在资本主义社会，这发展达到了巅峰，资本获得了独立的、脱离了人的功能。

劳动异化进而导致了人际关系的异化。这不仅表现在"资本家与劳动者之间的敌对斗争"之中，甚至人与人之间的关系也失去了直接性。商品以及"万能的妓女"（金钱）成了人际关系的媒介。最终，无产者自己也成了商品。他的劳动力被拿到劳动市场出卖，任凭买方意志的摆布。无产者的"内心世界""越来越穷"。越来越失去了"人的人格与尊严"。马克思认为，这是异化的高峰。无产者成了"失去人格的人"，他的生存已经"完全失去了人性"，人的本质已经"失去价值"。

然而，发展达到巅峰，必然产生突变。马克思觉得他完全可以证明这一点：当无产者意识到自己的异化时，突变就会成为可能。这时候，无产者痛苦地看到"自己在精神及肉体上的贫困，认识到了自己过的是非人的生活，进而他们就要消灭这种生活"。按照马克思的诊断：随着资本主义的发展，资本会越来越集中到少数人手中。失业率增加，大多数人就会日益贫困。这时候，变革就会到来。按照历史发展的"不可改变的规律"，即辩证的规律，革命必然产生，资本成了自己的掘墓人。这场变革的任务是："使人真正成为人。"为此就必须"打碎所有蔑视人、奴役人的生产关系"，建立"真正的自由的王国"，使"人的本质得到最大限度的发挥"，最终战胜异化。

马克思认为，这就是共产主义运动的任务，而且这个时刻已经到来。"共产主义将积极消灭私有财产，消除人的自我异化。因此，共产主义就是通过人将人的真正本质还给人，共产主义就是在迄今为止的全部历史发展中人性的全面归复，就是使人成为社会性的人，即成为真正的人。共产主义将彻底解决人与自然、人与人之间的矛盾，真正解决自由与必然之间的冲突。共产主义就是被解开的历史的谜。"共产主义意味着"真正的人的本质的实现"。随着共产主义的诞生，"人类社会的前段历史将宣告结束"，"真正的人的社会"就会到来。当然，这种社会到底应该是个什么样子，马克思并没有给予更具体的解释。

尼采

虚无主义的威力与无能

平时闲聊，如果有人提到尼采（Nietzsche）这个名字，往往总会有人马上引用尼采的话："你去找女人，可别忘了带上鞭子。"殊不知，尼采在《查拉图斯特拉如是说》中，借老妇之口说出的这句话并不代表他个人对女性的看法。因为恰恰在这方面，尼采有点过于羞怯。在他年轻时，父亲就去世了。从此以后，就剩下几个女人伴随着他：祖母、母亲、两个姑姑、妹妹。尽管如此，也许正因为如此，尼采对女性一直怀有某种难言的恐惧。大学读书时，尼采有次发现在紧闭的更衣室里有位女郎。虽然他在这种情况下也能壮起胆子喝彩一番，却是在其他同学的保护下才敢如此大胆。有一天，由于仆人领错了路，他闯进了一家妓院。弄清情况后，尼采马上逃之夭夭，临行前还给感到莫名其妙的漂亮女士们弹了一段钢琴小曲。还有一次，尼采从远处看见一位女演员，崇拜得要命，便专门为她写了首歌，谱上曲子送到家里。据我们所知，他未能荣幸地得到任何回报。一次旅行时，尼采在路途上结识了一位芭蕾舞演员，但这场平平常常的冒险在火车到达终点站时就结束了。另外一次旅行时，尼采又结识了一位年轻女子，并向她修书求婚，但却是就要动身离去时才写的。信写得很不得体，没有引起任何结果，本也在意料之中。有段时间，尼采非常崇拜音乐家瓦格纳的妻子柯西玛。在瑞士时，他曾邀请了一批值得考虑的女士到家里做客，同样没有结果。但有一次，尼采却是真正爱上了一位女士，而且是一位非常有名的女士，当时才21岁，芳名露·莎乐美。俩人第一次见面时，尼采就问："什么星座将我们带到了一起？"他向莎乐美诉说衷肠，把她看成是唯一值得信赖的人。但是，他又没有胆量主动地亲自求婚，而是把一位朋友推上前去做媒。尼采万万没有料到，这位朋友恰恰也爱上了莎乐美，并且已正式向她求婚。朋友只好告诉他，做媒的结果并不理想。此后不久，由于流言所致，更由于妹妹的挑拨，尼采和莎乐美以及朋友的关系破裂了。无可奈何，尼采只好自我安慰："结了婚的哲学家应该去演喜剧。"到头来，只有他的妹妹"拉玛"陪伴着他，同时也用诡计阴谋迷惑着他。就在尼采死后，妹妹仍想将哥哥占为己有。为了得到他的遗作，甚至不惜大肆篡改他的著作。从这些事情中都可看出，尼采手中的鞭子，只不过是老妪口中的胡诌罢了。

相比之下，尼采在哲学方面倒是非常自信："我是当今第一位哲学家，这并不是没有可能的。甚至可以说，我是位于前后两千年之间的一位具有某种决定性意义和命运的人。"尼采知道自己肩负着"神圣的义务"，这就是以他为界，"将人类历史分为两段"。他认为，"迫使人类做出关系到整个未来的决定"属于自己的历史使命。

尼采于1844年生于一个信奉新教的教士家庭。孩提时代，他肯定已经受到了家庭中浓厚的宗教气氛的熏陶。据说，他能"满怀深情地朗诵《圣经》中的赞歌和演唱其他宗教歌曲，常使听众潸然泪下"。"小教士"是他的绰号。在其他方面，这位小男孩也很超群。10岁时他已谱写了一首圣歌，创作了很多诗。14岁时他已着手写自传。进入瑙姆堡的皇家学校时，他已经是个非常优秀的学生了。特别是在德语作文和音乐方面聪明过人，只是在数学和正确书写两门功课上还有些困难。当时的学校的教育很严格。有件小事可以作证：有一次，尼采当值日生，完全以幽默的口气写了一份值日报告。意思大约是："教室里灯光昏暗，而且时灭时明，同学们都想点燃自己的蜡烛。"或者："高一教室最近刷新了板凳。因此，对自己的占有者，板凳总有一种令人讨厌的依附性。"尼采试图把报告写得轻松活泼一点。效果如何呢？尼采写道："呆板认真的老师们感到非常惊讶。报告如此严肃的事情怎能加入这样一些令人啼笑皆非的笑话。星期六，他们把我叫到办公室，作为惩罚，禁闭了我三个小时，使我失去了几次散步的机会。"

上学期间，尼采就和家庭的信仰疏远了。因此高中毕业后，他没有顺理成章地学习神学，而选择了古代语言，先在波恩，后来又去了莱比锡。一段时间，他加入过当时的学生联合会，还练习过击剑。他经济拮据，钱总是不够用。除了专业学习，他花费了大量时间研究叔本华，这位"有力而昏暗的天才"的悲观主义学说深深地吸引着他："在这里，我看到了疾病与康复，看到了人生流放与避难所，看到了地狱与天堂。认识自我、甚至啮碎自我的欲望无情而有力地攫住了我。"他劝告朋友们应该"闻闻叔本华厨房里的香味"。但是，在他所选择的专业领域，尼采的辉煌天才同样得到了发挥。他的老师，颇有影响的古典语言专家李谢尔思称他为"年轻一代语言学家的偶像"。一段时间内，他曾离开过精神界，应召进了炮兵部队服兵役。有张这段时间的照片颇为英武。头部像个清净寡欲的学者，腰间却佩带着可怕的利剑，一副哲学斗士的样子。尼采说，他当时的任务是"拥抱这里的大炮——当然是仇恨之情大于亲切之感"。

博士学位还没念完，尼采就被聘为巴塞尔大学教授，当时他才25岁。在那儿，他的讲座很受欢迎，影响远远超出了大学的围墙。在此期间，他和瓦格纳（R. Wagner）的友谊达到了顶峰，当然尼采后来和他闹翻了。尽管如此春风得意，尼采还是怀疑自己能否成为"真正的语言学家"。另外，他的第一部重要著作《悲剧的诞生》也没有得到学术界的承认。人们要么根本就没有注意到这本书，要么便是激烈的反对。十年后，他终于放弃了教授职位，原因不光是头痛和眼疾的折磨。更重要的是他心情恶劣，抑郁寡欢，不能和同事相处，对在大学里教书和研究的意义也感到怀疑。

从此以后，尼采像"到处流浪的逃难者"奔波于巴塞尔、德国，以及意大利、瑞士的许多地方。每到一处，总是住在便宜寒酸的旅馆，然后以令人应接不暇的速度抛出一部又一部作品。但是，它们几乎没有引起任何反响。尼采感到非常失望，寂寞越来越难以忍受："我在和迄今为止所有被人们所崇拜和所热爱的东西进行着不屈不挠的斗争。在这场战斗中，我自己也明显地变了，变成了一座地狱，变成了某种被掩盖的东西。人们如果专门出去寻找它，也是再也找不到了。""我认为自己是最后一位哲学家，因为我是最后一个人。没有人和我说话，只能自言自语。我的声音如同一位将要死去的人的呻吟重新又传到了我的耳边。"当《查拉图斯特拉如是说》没有引起任何反响时，尼采写道："吼出这样一阵来自灵魂最深处的呼喊之后，仍然没有任何回音，真是一场令人毛骨悚然的经历。这场经历使我失去了和所有活着的人的联系。"尽管如此，他知道他必须走自己的路。同时他也很清醒："我总是徘徊在深渊的边缘。"

深渊终于张开了血盆大口。45岁那年，即1889年，尼采的精神崩溃了。事情发生在意大利的都灵。尼采哭哭啼啼地把一匹受车夫虐待的马搂在怀里，精神错乱，口齿不清。带回旅馆后，医生诊断是神经麻痹症，由早年染上的梅毒引起的。此后的十一年里，他一直住在母亲家中，由母亲和妹妹照料。神学家欧沃贝克是尼采最忠实的朋友之一。他回忆这段时间时说："有时候，他坐在钢琴旁边疯狂演奏，高声歌唱。只言片语脱口而出，都是和他健康时的思想有关的。另外，他还能说些简短的句子，但声音低沉得无法描述。他认为自己是死去了的上帝的继承人，讲一些自己经历过的非常奇特、非常可怕的事情。所有这些都由钢琴伴奏，阵阵琴声如同标点符号。接着，又是一阵痉挛，爆发出难以忍受的痛苦。但是我已经说过，就我的亲眼所见来看，这类事情只在为数很少的几个短暂时刻发生。总的来讲，他的多数言论与他的职业相符。他认为自己的职业就是充当即将到来的永恒的新时代的小丑。这位无与伦比的语言大师没有能力表达自己的兴奋之情，只好使用一些低级庸俗的词汇，或者通过滑稽的舞蹈和跳动表达自己的思想。"1900年，尼采去世。

尼采的思想与尼采的生活联系非常紧密："不管什么时候，我的作品都是用我的整个身躯和生命写成的。"因此，尼采思想所经历的几个发展阶段同时也是他的生活变化的几个阶段。查拉图斯特拉所说的，也正是尼采自身的写照："我给你们讲解精神的三个变化：精神怎样变成骆驼；骆驼又怎样变成雄狮；而雄狮又怎样最终变成儿童。"骆驼代表精神对理想的崇拜与信仰阶段，精神在耐心承担传统遗留下来的重负。雄狮象征信仰的破灭阶段，精神获得了解放，顽强而艰难地忍受由于信仰破灭而带来的虚无。最后，儿童标志着战胜虚无。这个阶段，是对生活的天真无邪的肯定，一个新的信仰的开始。

与此相呼应，尼采的精神之路也是以崇拜所有过去遗留给当代的文化财富开始的。"第一步：比所有人都更努力地崇拜、服从和学习，把所有值得崇拜的东西汇集起来，并让它们相互排斥。肩负所有的重担。"出于这个动机，尼采极力为艺术，特别是造型艺术和音乐辩护。受叔本华的影响，尼采认为艺术是善良有益的幻想，是凌驾于深渊之上的游戏。现实在其内部则是四分五裂的深渊。尼采在第一阶段就知道了这一点。譬如尼采认为，希腊文化并不像温克尔曼所理解的那样，是什么"高贵的单纯和肃穆的伟大"。他认为，希腊文化产生于已经动摇的大地之上。阿波罗所象征的秩序、完整、比例、协调总是和狄奥尼索斯代表的毁灭与疯狂处于不断的斗争之中，但同时又和具有创造性的伟大力量相互联系。希腊文化中最杰出的成就，悲剧，正是从这二者之中产生出来的。

第一阶段以信仰的破灭告终，传统的文化与价值观念受到怀疑。尼采对待瓦格纳音乐的态度颇能典型地说明这一转变。起初，他对瓦格纳的音乐顶礼膜拜，狂热地认为它标志着新的文化阶段的开始。后来他又在这个音乐中看到了没落腐朽的音符。现在，他觉得自己所处的时代就是一个完全没落颓废的时代："我们生活的这个时代"是"内部激烈崩溃的时代，四分五裂的时代"。无所适从、怀疑一切，是这个时代所特有的。"没有一样东西位于坚实的基础之上，建立在对自身的不可动摇的信仰之中。"

尼采为这个没落时代所选择的最有代表性的词汇，是"虚无主义"。Nihil，即虚无，代替了向来被视为牢不可破、天经地义的传统。"我讲的，是将要到来的两百年的历史。我描写的，是将要到来、必然产生的现象：虚无主义的兴起。现在就可以叙述这段历史，是因为它即将到来的必然性已经产生，是因为这个未来已经通过数百种征象预告了它的降临，是因为这个命运到处都在显示自己。所有的耳朵都已耸起，准备倾听这首未来的乐曲。很久以来，我们的整个欧洲文化就已在这种剧烈的痛苦中摇摆，急不可待地向着灾难的方向前进。它已变得不安、强暴、急躁，如同河流，急于奔向自己的终点。它不再自我思考，害怕思考自我。"尼采知道，自己的命运和这个命运相互交织。他认识到，自己的使命就是亲身体验这种虚无主义。就像他说的，他是"欧洲第一位彻头彻尾的虚无主义者。但是，同时又已经在自己身上将虚无主义推进了坟墓"。

现在，尼采便开始无情地揭露他所处时代的腐朽与矛盾，剖析这个时代如何陷入空洞虚无之中。他称自己的任务是"为人类最深刻的自我反省作准备"。他认为这就是"自由精神"的任务。"第二步：在人们被束缚得最牢固的时候，粉碎心灵对传统的崇拜。精神获得自由与独立。这是沙漠时代。批判所有受到崇拜的神圣不可侵犯的东西。"

自由精神的首要任务是，推翻传统的、根深蒂固的偏见。这个任务包括三个方面：

第一，应该打碎对真理的信仰。这个时代认为自己占有了真理，为科学技术的进步感到自豪。但是尼采却发现，时代的这种意识已经丧失了基础。现在的人已没有能力掌握所谓绝对的真理。唯一老实可靠的认识是："每种信仰、每个自以为认识了真理的观点必然是错误的。"虚无主义首先意味着，真理已经破灭。

第二，虚无主义意味着，道德说教同样不可靠。尼采非常清楚地看到，所谓的传统价值观念是值得怀疑的。这些说教宣扬所谓的基本道德准则，但行动却从不以它们为依据。虚无主义怀疑所有道德准则，"相信价值观念绝对无用"，"相信道德毫无意义"。因此，目无一切地推翻一切道德说教的真正原因恰恰是道德本身。道德反对生活，道德与生活相背，道德成了"反自然的框框"。为了真理，生活与自然应该起身反抗道德。"道德应该自杀，这是唯一合乎道义的要求。"

第三，虚无主义意味着，宗教也不可信。尼采的虚无主义态度，必然导致他无条件地否定宗教，特别是基督教。"现在，谁要是在对待基督教这个问题上态度还不明朗，那我不会伸出半根指头去帮助他。在这个问题上，只有一种态度是诚实的：无条件地否定。"尼采看得更深。因为基督教从开始就背弃了直接的现实此岸生活，所以基督教在其根源上本身就是虚无。这样来看，基督教的毁灭完全是自身造成的，是它所培养的对真理的直觉引起的，是一种自我毁灭。现在，这个毁灭的时刻已经到来："两千年来对所谓的真理的灌输是一场灾难。这场灾难旷日持久，令人敬畏。不允许再继续散布信仰上帝的谎言了。"

宗教在其毁灭中，暴露了自己的真面目：不过是人类粗制滥造的结果，"人的伪劣作品——神经错乱"。因此，在"上帝死了"这句话中，虚无主义得到了最深刻的表现。"上帝何处去了？我想告诉你们，我们把它杀掉了。你们和我，我们大家都是杀害它的刽子手。但是，我们怎么做了这件事呢？我们能喝完海洋里的水吗？我们何去何从？我们不是好像在无穷无尽的虚无中左摇右摆，摸索前进吗？上帝死了！上帝永远死了！我们如何安慰自己，我们这些杀害了元凶的凶手？对我们来说，这个壮举是否太伟大了？为了对得起这件事，我们自己应该成为上帝，因为没有比此更伟大的壮举了。因为这件事，生在我们之后的每个人都将属于更伟大的时代，比迄今为止的所有历史都伟大的时代。"尼采当然知道，上帝的死亡所带来的是"无数、一连串的断裂、毁灭、消亡"。"惊天动地的恐怖"必然发生，"灰暗和日蚀"一定出现。"在地球上，还没有发生过类似的事情。"

最后，尼采提出了人们是否将永远停留在虚无主义之中这个问题。他发现，虚无主义并不是最后一幕，它的积极方面正在于它的过渡性。经过虚无主义，"精神之弦在欧洲被如此辉煌地绷紧了。依赖这张满弓之箭，可以射中最遥远的目标。"这是精神走向第三阶段的转折点。尼采认为，在这一阶段上，最关键的问题是：置虚无主义的继续影响于不顾，顽强地肯定生活。尼采在虚无主义中窥见了"所有戏剧中最有希望的一幕"。"第三步，伟大的决定，能否对生活采取积极的态度，给予坚决的肯定。位于我们之上的，不再是上帝，也不是任何人！创造者的伟大本身知道应该从何处着手，崇高的责任，洁白无瑕的情怀。""我们敢于驶向远方，我们敢于行动。我们的威力迫使我们走向海洋，走向迄今为止所有太阳落下去的那个地方，我们在创造新的世界。"

应该重新创造的，首先是道德，因为旧的道德已经被揭露、被毁灭。哲学家必须将"新的价值标准刻在新的目标之上"，为此则必然要"对所有的价值观念进行重新评判"。达到这个目的，不能依赖对某个超越了现实的外在存在的信仰，而必然纯粹地依赖人。"富有创造力的、具有顽强意志的、发展着的自我"成了"衡量所有事物的标尺和准绳"。生活的价值是这个新的世界秩序中最基本的价值。"在生活面临最陌生、最严峻的难题时肯定生活，不惜牺牲生活的最高形式而保持对生活的意志。为自己的无穷无尽的创造力感到高兴，永远地为生活的发展感到快乐——这种快乐也包括了那种毁灭一切的快乐。"

生活在不断地超越自己。人也处于生活的这种伟大的创造过程之中，"人是过渡，也是消亡"。但是，人的道路通向何处呢？尼采说，人的道路通向某种比人更伟大的东西，但不是通向"上帝"，而是通向"超人"。"超人是黑暗云层间的闪电"，"超人将成为一种新型的、更高级的人种"。当代的人只是"一条位于动物和超人之间的绳索，架在深渊之上的索桥"。

不断超越自我，这个规律不单单是人的生存所特有的。尼采将它理解为所有生命，甚至所有存在的基本特征。因此他认为，所有存在的本质就是"权力意志"。"在我看来，世界是什么呢？是不可思议的力量的凝聚，无始无终，永远不会耗尽，只能转变。它被虚无包围，虚无就是它的边缘。它是波涛汹涌、恣意泛滥的力量的海洋，随着潮涨潮落改变自己的形态，循环无穷。从简单奔向复杂，从冰冷不动走向波澜壮阔。然后，又从复杂还原为简单，从矛盾的互相斗争回归到和谐统一。世界是场不断的运动，不会饱和，不知疲倦为何物。这就是我所说的永远处于自我创造与自我毁灭之中的酒神狄奥尼索斯的世界。你们要给这个世界命名吗？这个世界就叫'权力意志'。不是别的，你们自己也是这种权力意志。除此之外，什么也不是。"

这种永远处于创造与毁灭之中的生活没有意义，也没有目的。因此这种生活在其深层仍是虚无。肯定生活也就是最终肯定生活的虚无主义本质。在尼采看来，"始而往复，永恒循环"是生活的最高级的象征。过去曾经存在的，将会重新再来。"这个在月光下慢慢爬行的蜘蛛、月光本身，还有在大门口交头接耳、低声议论永恒事物的你和我，我们大家不是曾在这儿呆过吗？"尼采的虚无主义思想由此达到顶峰："存在，就像现在这样，没有意义，没有目的，但必将再次到来，不会在虚无中告终。""永恒循环"是虚无主义的极端表现形式。虚无即无意义，却是永恒的。然而，尼采认为，在这一切中，人还是能够从虚无主义中解脱出来，因为要肯定的，恰恰是这种无意义的存在。在无意义中顽强地坚持创造意义。"获得自由的精神怀着乐观、不再陌生的宿命主义态度位于宇宙之中，坚信消亡的只是单一的存在，但在整体上，所有存在都是在消亡中得到了肯定。自由的精神不再否定了。"amor fati，"热爱命运"这句格言非常深刻地表达了尼采的人生态度。

雅斯贝尔斯

有益的失败

　　如果一个和雅斯贝尔斯（Jaspers）不十分熟悉的人，有幸去拜访这位哲学家，雅斯贝尔斯就会笔直地坐在圈手椅中接待客人。这时候的他，如同君主，坐在自己的王位上，自信而仁慈地看着自己的臣民。以这样的姿势，雅斯贝尔斯开始给来访者讲解上帝，讲解人生与世界。居高临下，倒也不是不和蔼可亲，但却明显地给人距离感。雅斯贝尔斯友好地听着客人的话，在恰当的时候或者感激地赞同，或者干脆有力地反对，然后接着发表自己的见解。这种颇有点礼仪性的非常呆板的谈话方式，体现了主人的高贵与尊严，同时又给人冷冰冰的陌生感。

　　以上这个场面，反映了雅斯贝尔斯的某种基本心境。这种心境伴随他一生。这就是寂寞孤独，总有一种难以冲破的与他人之间的距离感，甚至害怕接触周围世界的恐惧感。雅斯贝尔斯自己常常提到，他在上小学时就有了这种孤独感。大学时代同样如此，只和很少几个人成功建立了渴望得到的交往与友谊。即使在后来，他在社交方面仍有一定的困难，纵然是最要好的朋友也经常分道扬镳。这种孤独感之所以产生，主要原因是疾病。很早的时候，这种病就经常伴随着他，迫使他过独居生活，因为病情使他不能郊游，不能骑马，不能跳舞，不能游泳。唯一可以参加的活动是打台球。另外，这种病还要求他必须呆板地严格遵守每天的作息时间。尽管如此，迫使他陷入孤独之中的，又并非完全是疾病。雅斯贝尔斯自己解释说，他之所以无法与他人接近，是因为他没有社交能力，无法参加社交活动。除了公务上的原因，他终生没有参加过集会。从在巴塞尔生活的年代起，直到第二次世界大战，他二十年间只进过一次电影院，看过一次演出，而原因还是他的学生在上演的电影和剧目中扮演了角色。他想通过自己的行动表示对学生的忠诚与尊重。除了教书，他没有担任过社会或科学方面的任何职务，也从来没有和同事们保持过更密切的关系。从这来说，他对哲学家会议的厌恶也是可以理解的。步入晚年，他的文章常常引起轰动。在这些文章中，作者总是以道德说教者的姿态出现。这时候，他的处境就更寂寞孤独了。从左到右，几乎是四处碰壁。

因此，我们也许可以把雅斯贝尔斯对待周围世界的态度看作是说教家与预言家的糅合。不管何处，无论何时，他总是在教训人，而且不只在和同代人的交往中是这样，对待自己的学生更是如此。因而在晚年，有人称他是"德国传教士"。他的学说只有很少一部分是传播知识的。在很大程度上，他的哲学只是自己的一些认识。这些认识是他在寂寞的沉思中得到的，然后又以不容置疑的口气将它们写作发表。因此人们对他的看法也非常矛盾。一部分人受到他的启迪，被他的思想吸引。另外一些人，譬如卡尔·巴特则称这是一场"雅斯贝尔斯闹剧"，甚或指责他"诱惑青年"。爱因斯坦干脆说他的哲学全是"酒鬼的无稽之谈"。这样对待他当然是不公平的，因为有一点是肯定的：雅斯贝尔斯是个非常严肃的人，不管他说什么。也许正因为如此，他才成了孤独的人。"在所有时代的思想中，哲理思考不是最寂寞的思考吗？"

雅斯贝尔斯的哲学思想来自他的切身问题。和少数几个哲学家一样，雅斯贝尔斯的学说直接产生于人的生存，因为他所讲的，从头到尾都和人的问题有关。他的整个一生，都是服务于理想的。很早时候，他就写道："我的研究范围是人。对别的问题，我既没有很大的兴趣，也缺少足够的耐力。"后来他写道："没有任何哲学问题可以脱离人。思考的人、人的基本经历、人的行动、人的世界、人的日常生活态度、从人身上表现出来的力量，这些都无法弃之不顾。"

这种对待哲学的态度同时决定了雅斯贝尔斯哲学思辨的内容。他的思想始终围绕着人，他的最大兴趣是研究人。他学习医学和精神病理学，已经是为了"把人作为整体来讨论"，为了"认识人的可能性的极限"。他那本至今仍然不失其权威性的《普通精神病理学》可以为此作证。通过心理学这条路，雅斯贝尔斯在慢慢地接近哲学问题。五十多年前发表的《世界观心理学》引起了学术界的普遍关注。但就在那时，发生了从此以后他将经常碰到的事情：一方面是狂热的赞同，另一方面却是果断的拒绝。

《世界观心理学》问世后，雅斯贝尔斯开始进入了真正的哲学思考。对人的兴趣始终是思考的主线。他后来的两部巨著中，雅斯贝尔斯表达了他对人生问题的看法，一本叫作《哲学》，一本题为《哲学逻辑》。许多哲学史方面的研究文章同样围绕着人的问题，研究哲学史是为了研究"伟大的哲学家们的著作中所表现的人的自我理解"。

当然，只有那些具有忧患意识、被人生的忧虑所驱动的人，才能将人作为哲学思辨的方向与出发点。因此，雅斯贝尔斯认为哲学就是"为我们自己操心"。这是贯穿在他的所有著作中的基本思想。从这点出发，他坚决反对所有被称为"教授哲学"之类的东西。他认为这类哲学并非"真正的哲学"，因为它所讨论的只是些与我们的生存无关紧要的东西。和这种"教授哲学"相反，雅斯贝尔斯对人的兴趣来自于对当代人生活的生动观察。他看到了，人已经受到了极大的危害。当那些毫无人性的当权者们迫使他放弃在大学里的职位时，当他的妻子面临着将被押送到集中营的危险时，他切身感受到了这一点。然而，危害人的生存的，又不单纯是政治权力。比这更厉害、更隐蔽的是那些构成我们这个时代的基本特征的东西：科学技术的发展，个性的消失，紧张的工作，纯粹的消遣以及不人道的生活关系。雅斯贝尔斯将对人生的忧虑看成是解释我们这个时代的基础。这个观点使他那本在纳粹上台两年前发表的《时代的精神状况》产生了广泛的影响。当然，对于即将到来的灾难，哲学家是无法扭转的。20世纪60年代发表的有关政治问题的一系列文章，同样表现了雅斯贝尔斯对人生的忧虑。在这些文章中，雅斯贝尔斯极有说服力地表达了他对德国民主制度受到威胁的焦虑之情。

进一步思考人的本质，雅斯贝尔斯觉得这是不可捉摸的谜。"人从来没有像现在这样难以捉摸。"人代表了"世界上最大的可能性，同时又是最大的危险"，因而人是很难解释的。我们不可能像观察事物那样以一种中立的立场去观察人。"作为一个整体，人总是大大超越了每个可以把握的客观范围。人好像是无法解释的。"

人是无法解释的，因为人有一种奇怪的天赋能力：自由。"在自己身上，人找到了他在世界上任何地方也无法找到的东西。这种东西无法被认识，难以得到证明，超越了所有科学研究范围。这就是人的自由。"不管是对每个个人来说，还是着眼于处于历史进程之中的人类，均是如此。"没有任何历史规律，在整体上决定事物发展的进程。未来取决于人的责任感，取决于人的决定与行动。"对自由的解释构成了雅斯贝尔斯的基本哲学思想。他所讲的一切，依此成立，或者由此崩溃。如果自由无法被视作具有普遍意义，我们同样也可能把现实中所有的现象看成依必然性产生。"自由既无法得到证实，也无法被否认。"尽管如此，人总还是觉得决定自己的生存的不单纯是外部环境，进而认为自己如何决定完全取决于自己本身。这当然不是理论范围内的事情。自由只会在实践中表现出来。"在具体的行动中，人做出决定，选择可能。自由并非通过我的认识显示自己的存在，而是通过我的行动。"但恰恰在这个领域，人通常会意识到自己是自由的，可以自由地决定自己。"在有些时刻，我可以准确地知道，我现在想要什么，想干什么。这是我自己的自由决定的。""我想这样做，那样干。这种行动和意识属于我自己的。""我知道，我存在，如此存在，因此也如此行动。我同时知道，在采取行动和做出决定时，我自己是我的行动与我如此行动的根源。"

　　然而，什么是自由呢？雅斯贝尔斯认为：自由首先意味着人在自己所处的环境中可以自由地选择这种或那种可能。自由还有更深层的意义：通过自由，人可以把握自己，达到自己的目的，但也可能失败；通过自由，人可以得到自己，但也可能失去自己。这体现了雅斯贝尔斯哲学思想的伦理道德基础。他所说的自由是"最深层的，与人的生存不可分裂的自由"，是"生存的选择"，是"选择自我"，是"在生存中保持自我的这种决定"。最关键的是，人必须把握自己，自由地选择自我，依赖自我，进而实现自我。这是决定一切的中心思想，或者说是哲学思辨的核心。"进行哲学思考的人，思考的是人的自我存在。谁不这样做，他就没有进行哲学思考。"因此，雅斯贝尔斯把自己的学说称为"存在哲学"。"通过这种哲学，人想成为他自己。""存在和通常意义上的生存不同。存在意味着，自我存在代表了人生的最大可能性。"

　　但是，如果以为雅斯贝尔斯所说的自我存在就是不同他人接触，自由就是高傲地将自己孤立起来，哲学思辨就是闭门造车，那我们就误解了他。尽管雅斯贝尔斯自己总是同他人保持距离，但也许正是由于这个缘故，他认为，人应该认识到，每个人的自我存在只有在与他人的交往中，甚或只有在同他人的交往中才有可能实现。他认为这具有非常重要的意义。因此，他也是唯一在婚姻中看到这种可能的哲学家，通过婚姻完全将自己的一生献给另外一个人的哲学家。在自己的传记中，雅斯贝尔斯一再强调他的这个经历，并将此纳入他的基本思想之中。在他看来，与他人的交往是衡量自我存在及自由的最根本的标准。只有另外一个人成为他自己时，我们才能成为我们自己。只有另外一个人得到自由时，我们才是自由的。雅斯贝尔斯对政治提出的要求也是基于这一点而言的。核心问题总是保障他人的自由，并以此为基础正确地建立人与人之间的互相交往。这种交往最终将扩大为由所有有理智成员组成的包括整个世界的理想社会。只有在这种社会里，真正的民主才有可能。从这点出发，雅斯贝尔斯要求从根本上全面改变当今的世界秩序。特别是面临核武器的危险，这显得非常紧迫：人不应该自己毁灭自己。

存在，就是人的自我存在，就是努力成为自我，回归自我。但伴随着这条路的，总是暗障与深渊。看到这一点，雅斯贝尔斯说："失败是必然的归宿。"科学以思考和认识的方式试图在世界中找到方向。但单从这就可看出，科学的进步与发展的极限按其内部的必然性是不可避免的。问题总是层出不穷，部分能够得到解决。但当问题针对宇宙整体时，它们就无法解决了。譬如起源和终结问题、世界的有限性和无限性问题、事物的根源问题，这些都是无法解答的。科学必然陷入二律背反和自相矛盾之中。正视这些问题，我们必然怀疑采用实验科学的方式是否还能找到世界的方向。我们面对的，最终还是"那些根本无法解释的深渊"。从这点来看，如果科学，就像我们经常看到的那样，如果科学以为根本没有任何界限存在，那就是非常荒谬的了。科学，恰恰是科学必然不断前进，但最终它也会看到"生存处于四分五裂之中"。哲学思辨的任务，就像雅斯贝尔斯理解的那样，正是提醒科学不要忘记自己的义务，一直向极限的边缘进军。

回过头来观察自己，试图理解自己的生活，从自我出发创造自己的生活时，人就会更窘迫地意识到生存的界限。这时候，人就会发现自己的生存不同于事物的生存，人就会不自觉陷入危机，陷入雅斯贝尔斯所说的"极限困境"之中。这时候的失败给人带来的打击要比科学达到极限对人的打击深刻得多。在"极限困境"中，人会惊愕地感觉到，依赖自己的力量，人实在是太渺小了。依赖自身的力量，人已经无法继续前进了。人生碰到了绝对的界限。在看到他人的死亡时，在想到自己的死亡时或者看到战争、痛苦、罪过等等是无法避免时，在经历每个人都无法改变的命运时，这种情况都会发生。这些"极限困境"是"最后的困难，它们是无法避免的，是与人的生存连在一起的，无法与有限的生存分离的"。人在寻找自我时，最终必然进入无路可走的境地之中。每一根支柱都将变得可疑，变得非常不可靠。人呢，好像是"自己脚下的大地被搬走了"。"极限困境"如同"我们碰到的一面墙"，它使我们的人生显得"动摇不定、难以捉摸"。存在"彻底失败了"。这使我们对人的认识变得如此模糊。这在当代显得尤为清楚。但是它又不仅仅表现在当代。从根本上看，所有时代都是如此。然而，人生的这种经历又是必要的，因为"只有在极限困境中我们才能意识到人的本质"。

雅斯贝尔斯看到，人生最终面临的是颓丧，得不到丝毫的安慰。他表达了这个看法，但又接着问道，生存是否必然到此为止呢？人最初看不到怎样才能将自身解脱出来。我们觉得好像自己的所有努力只能使我们更深地陷入困境之中："着眼于失败，我好像根本不可能活下去。我对生存的秘密的了解增加了我的恐惧。我看不到任何希望，我被恐惧吞食了。如果这样，那么面对不可改变的事实，恐惧就成了最终的一幕。本来意义上的恐惧就是看到无路可走时的恐惧。"在恐惧之中，我会"陷入最终的、无法解释的深渊之内"，只能看到"一场凝固着的空洞洞的黑暗"。这是虚无主义式的绝望。

面对这种情况，人应该承认这种境遇，应该忍受这种状况。"虚无主义表现的是每个诚实的人直面人生时不可避免地碰到的事实。"因此，人必须承认自己的生存是无法解释的，进而应该对死亡、搏斗、罪过和命运持肯定态度。假如他认真地这样做了，人便会恰恰通过忍受这类极限困境达到自己本来的存在。"睁大眼睛，坚持下去，我们就会成为我们自己。"这同时也是"哲学思辨的更深一层的根源"。

雅斯贝尔斯主张的这种忍受承认人生命运的态度，当然不是某个连续不断的发展过程而带来的必然结果。相反，只有通过一个突变，这才是可能的。这个突变是从绝望中一跃而起成为自我的突变，是"回归自我，认为我为自由"的突变，是从恐惧到镇静的突变，是"人所能做出的最伟大的事情"。但是，这个突变又是人单纯依赖自己的力量无法完成的。那么，这个突变是怎么产生的呢？

这里牵扯到雅斯贝尔斯哲学思想中新的、更深层的范畴。人可以通过突变跳跃的方式获得自我与自由，恰恰是因为在面对绝望，显得无路可走时人会遇到一个特别的经历：感觉到有位于自我之外的存在在帮助我。失败之时，人就会感觉到，所有他依赖自身无法创造的，都是外在的力量奉送给他的。"恰恰在看到自身存在的根源时，我意识到了我并不是我自己创造的。当我回到本来的自我时，回到我永远不会理解的黑暗之中时，我才可以看到，在我完全一人时，我不再是只身一人。"我觉得这个本来的"我自己"好像是通过自我而独立存在的，但这个思想同时又使我感到不可思议。譬如：在完成某个行动时，我会知道单独依赖我自己的力量我是不会完成这个行动的，我不可能再重复这个行动。当我完全受自身的欲望支配时，我的自由同时又是现存的另外一种力量赋予我的。我感觉到自己处于"某种无法解释的保护之下"。

雅斯贝尔斯接着说道：奉送、赋予的前提条件是有一个奉送者、赋予者存在。这也是人的基本经历的一部分。在面临失败的极限困境中，人会得到某种帮助。这种帮助既不是来自于周围世界，也不是来自于人自身。雅斯贝尔斯称人遇到的这种存在为"超验"，有时也称它为"上帝"。着眼于此，雅斯贝尔斯便可以说："存在之中并非没有超验。"人在命运的冲击下能够保持内心不变，即使面对死亡也毫不动摇。人能够做到这些并不是依赖自己的力量。在这种情况下人所得到的，是不同于世界上所有援助的另外一种援助。人能够坚持下去，应该感谢"那只无法解释的、人在自由之中才能感觉到的来自超验范围的手"。这样，哲学也就随之进入了自己最崇高的范畴。哲学是"为奔向超验范围作准备的思维。它提醒我们注意这一点，并在严峻的时刻完成这一任务"。哲学是

"围绕着超验范围的旋转"。

这对雅斯贝尔斯的思想非常重要。他称这是"哲学信仰"。这是对超验的信仰，所以能够带来"无法解释的可靠性"。"哲学信仰是所有哲学思辨不可缺少的根源"。对于上帝，雅斯贝尔斯认为，我们无法再得到更多的认识。"通过思考上帝，上帝的存在只能显得越来越可疑。""上帝存在，这就足够了。"在这方面，真正的知识就是"知道我们无知"。哲学"从不直接地接近被掩盖的上帝"。

尽管如此，雅斯贝尔斯还是做了某些形而上学方面的解释，只是这类解释并非针对上帝，而是针对上帝所决定的世界。通过"哲学信仰"，所有现实，不管是事物还是人生，都可得到某种理解。所有现象都可看成是某种征象，某种符号，甚至可以看成是"超验自身的密码"。"每个东西都代表了一种密码，所有存在都有某种无法确定的振动与语言，好像是要表达什么。只是，它们在为谁说话，要表达什么，这些都难以确定清楚。世界，无论自然还是人生，无论是星球还是历史，都不只是简单的存在。所有存在的东西都应该同时被看作是某种超验存在的面相。"

雅斯贝尔斯用下面一段话概括了他的哲学思辨的意义："哲学思辨表达的是无须任何天启的信仰，是向走在同一条路上的人发出的呼吁。它不是位于迷途之中的客观路标，因为每个人所得到的只是他通过自身的努力能够得到的。哲学思辨敢于闯入一个范围，这个范围能够使生存中的眼光变得闪烁乐观。在一个一切都变得非常可疑的世界中，我们试图通过哲学思辨把握方向，却不知道目的是什么。"

海德格尔

关于存在的神话

　　理解一位思想家，考虑他的出身环境非常有益。要了解海德格尔（Heidegger）更是如此，因为他的出生地同时也是他一生活动的地方。他1889年在阿尔曼地区的迈斯柯尔希出生，一辈子几乎全是在黑森林和位于黑森林脚下的弗莱堡度过的。在费尔德尔山的半山腰，他有座小房子。屋内设备简陋，只有几只木头凳子，床铺也简单得像斯巴达人的行军床。水要到附近的井里汲取。小屋前放着长凳，海德格尔经常长时间坐在那里眺望远方的山脉。天上的朵朵云彩无声地移动，思想也随之在海德格尔的胸中发展成熟起来。有时，他来到山脚下的酒店，和邻近的农民聊天，谈些他们关心的事情。谈吐斯文，一字一顿，不紧不慢，这是生长在那里的人们特有的习惯，海德格尔也是如此。阿尔曼人的气质不仅表现在海德格尔对大自然风光的眷恋和对黑森林地区人民的钟爱上。他的思维方式同样体现了这一秉性：迟缓谨慎、深邃抑郁。孤独寂寞始终包围着他，使人感到在他身上有种轻微的忧伤。

　　就在外表上，海德格尔也有些"土气"。据说，有一次，有位维也纳的哲学家做了一场论述海德格尔的学术报告。会后，他非常自豪地说，他觉得自己讲得很成功，有条不紊，通俗易懂。原因是坐在第一排的个头不高的农民一直看着他，好像全都听懂了。后来才弄清了，这位小个子农民就是海德格尔。这也许是个传说吧。但只要看看照片，我们就会直接感到，这位哲学家的确有点土气：身材不高，穿着偏民族服装式样的西服，头上戴着尖顶帽，健步走在山地草坪上。因为对这片土地的偏爱，他两次拒绝了柏林大学的聘请。他不喜欢大都市的喧嚣和文化生活，宁愿住在当时还非常安静的小城弗莱堡或者漫步在"田间小路上"。在《林中路》中，他曾对这里的小路赞不绝口。

年轻时，海德格尔是狂热的滑雪爱好者，技巧娴熟，甚至专门作过这方面的讲座。那些当年的弟子们永远不会忘记，海德格尔怎样先在弗莱堡大学讲解柏拉图，接着踏上雪橇，传授滑雪技巧。有时出点小小的意外，当然是无法避免的。有一次，海德格尔在做单橇转弯示范时，不慎跌倒在雪地上。这一跤大煞风景，几乎断送了他身为人师的表率作用。我们可以想象，雪地上的这一跤也许比哲学上的任何可能的失误都更深地刺伤了他的自尊心。学生们呆呆地站着，显得有点不知所措。海德格尔自己也有点精神恍惚。但是，随后他还是一跃而起，恢复了常态。学生们也就平静下来了。

并不是作为滑雪教练，而是作为哲学家，海德格尔产生了巨大的影响。他的讲话没有激昂之情，也不讲究修辞。没有多余的词句，声音嘶哑，发音吃力，喉音很重。强调每个单词，但句子常常不完整。尽管如此，他自有特别的魔力。他举办讲座或演说时，大学里的所有教室都显得太小。在他的课堂上，学生们看到的是思维的艰难与紧张。他紧扣主题，但从不回避任何提问，对草率的答案不屑一顾。早在弗莱堡当讲师时就是这样，后来成了马堡和弗莱堡的哲学教授也同样如此。特别是早期，他对自己的学生特别关心。到了今天，这些当年的学生有很多已经登上了哲学教授的席位。他们肯定还记得在海德格尔家里的聚会：老师和学生们打着灯笼在花园里跳来蹦去唱民歌，当然也少不了严肃认真的讨论。

海德格尔认为，思想不能单纯停留在思想之中，思想必须干涉和改变生活，而且不只是个人，同时也包括社会生活。这个观点促使他有段时间认为纳粹国家社会主义实践了他的学说，即走向死亡的存在必将重新英雄般地复活。由于这个错误，他失去了大学教授的职位。从此以后，他便远离日常政治。在后来的岁月中，他几乎完全遁世，只在某些神秘的、只有很少人参加的场合露面。即使在这种场合，海德格尔仍一再显示了他的思想特有的深度与力量。

海德格尔哲学思想的影响经历了两个高峰。一是在20世纪20年代，二是在第二次世界大战以后。第一阶段以《存在与时间》开始。这部著作，尽管当时只出版了第一部分，但却轰动了哲学界。对海德格尔来说，这本书是他的突破口。他从研究天主教神学和新康德主义开始，逐渐形成了自己独特的思想体系。当然他也受到伟大的现象学思想家胡塞尔的影响。

在《存在与时间》中，海德格尔重新挑起了对存在这个问题的讨论。柏拉图曾说过，这方面的讨论是场"争夺存在的巨人大战"。中心问题是，什么是"存在的意义"？当我们说存在这个词，说到这棵树存在、人存在、上帝存在，我们指的到底是什么？初看起来，这个问题似乎是本体论中的某个抽象问题。但如果进一步仔细研究，我们会发现，这个问题将把我们引入思维的极限，使我们如临深渊之感，关于"存在的问题，使我们徘徊在黑暗的边缘"。

然而，到底怎样才能开始讨论这个问题呢？在什么情况下，人才能接触到他所提出的存在这个范畴呢？海德格尔说，答案要在对存在的理解中去寻找。这句话的意思是：不管如何，也无论怎样，人似乎已经理解存在是什么意思。我们可以在语言中看到人对存在的理解。这种理解也会在人与事物以及人与人的接触与交往中表现出来。

通过揭示这种已有的对存在的理解，海德格尔进一步分析了人，因为人是理解存在的中心点。在分析人时，海德格尔不是从抽象的人，而是从具体的、实践中的人以及人的自我理解和自我经历出发。他也不是以某种超人的东西为着眼点来研究人，譬如从上帝或者某种绝对精神的角度，而是从人的角度开始。也就是说，在人看来，人自己是怎么回事呢？海德格尔指出，人不是像石头或树那样存在，人可以按照可能性设计自己的存在。和自笛卡尔以来的近代哲学不同，海德格尔没有把人放入单纯、人为的独立存在之中。他更多强调，每个人都有各自的"世界"，同时又和其他生物和其他人共同存在。人"在世界中存在"，"与其他事物共同存在"。

但与其他类型的存在不同，人的存在之特别之处在于，只有通过人，世界才开始得到打开、观察、认识、感知。没有人的参与，世界只能停留在混沌状态。通过人"参与到整个存在之中"，整个存在才被"显示"出来。海德格尔称此为人类存在的"超验性"。这个概念并不是说，人把自己与某种超验的事物或者某个超验的世界联系起来。在海德格尔的语言习惯中，"超验性"的意思是：着眼于存在，人本身已经超越了其他所有的存在。人的存在同时构成了所有理解、感觉及认识的标尺。海德格尔所说的"生存"这个词也是同样的意思。他经常把这个词写成 Ex-sistenz，给中间加了半字线。意思是，生存并不意味着人的赤裸裸的生存，就像石头或者树那样简单存在。确切地说，人才是真正的存在方式，人的生存就是真正地从自身向外延伸，即超越已经理解到的其他生存方式。

存在就是"存在于世界之中"。海德格尔从人的日常生活环境出发解释了这个观点。首先，在大部分情况下，人并不属于自己，而是属于周围世界，他并不是他自己，而是普遍的人，受到普遍的制约。尽管如此，人的任务却是：将自己从这种复杂的缠绕中解脱出来，真正成为自我。当人处于某种基本的心理状态，他就会感觉到这一点。这种基本的心理状态会使人看到，他自己到底生活在怎样的环境之中，并且促使他从浑浑噩噩的生活中清醒过来，抛弃幻想。继承克尔凯郭尔的衣钵，海德格尔认为恐惧首先是这种基本的心理状态之一。生活在恐惧之中的人，不会被所有的现实所迷惑。生活在恐惧之中的人必然看到死亡是无法抗拒的。世界也许是完全的虚无。在恐惧中，所有暂时的生活支柱就会失去支撑的力量。表面的掩饰将被揭开，人会觉得自己"被投入了死亡的怀抱"，被

"束缚在虚无之中"。这时，良心就会呼喊，要求人摆脱存在的这种可怕性，将他从平庸的日常生活的束缚中，从非自我的泥潭中解放出来，使人赤裸裸地面对终于成为自我的可能。而这种可能，要靠人的自由决定和自我选择才能得以实现。在准备死亡的决心中，在准备承受"无聊的存在"时，人才会发现和成为自我。他决定不再服从于陌生、外在的法则，而要从自我出发，从最切身的利益出发而生存。这样，人才能真正地成为自我。

显而易见，这种对人生的理解恰恰拨动了两次世界大战之间那段历史时期的时代脉搏。在这段时间内，所有传统的思想体系受到了极大的冲击，时代处于难于自拔的危机之中。时代要求哲学对人生做出进一步解释，时代在寻找某种新的精神出路。海德格尔一夜成名，成了那个时代哲学运动的先锋，这的确顺理成章、不足为奇。弟子与崇拜者从四面八方蜂拥而至。

但是，海德格尔所研究的，并不是简单地叙述了人的存在境况。他进一步问道：上面所表达的生存关系对理解人的本质这个问题意味着什么？他的结论是：人的存在的基本结构是时间性。这样便引起了对时间这个历来争论不休的现象的新的解释。时间并不是公式和框框。事物也不是按照这个公式发展的。在本源上，时间本来就不是客观的存在，而只是表达了人的生存的有限性。人不只是能够预感到死亡，在所有每个日常行动中，人也总是走在"自己的时间之前"。他会束手等待未来的降临，并让未来决定自己现在的存在。也就是说，人总是按照未来的可能造就设计自己。同时，在每个时刻，人又被过去束缚、统治，没有自我的参与，人被投入了具体的存在形式之中。这样来看，人的存在又是"业已存在"。还有，人又是现时的，他在将周围存在的事物不断地现时化。这样，人的本质中又有了"现时存在"。这三点，"时间之前"、"业已存在"和"现时存在"构成了人生特具的时间性。海德格尔说，这三点是人的生存中"如醉如痴"的地方。也就是说，它们是人的生存从本身出发向外延伸的方式。通过这三点，人实现了他的本质中所具有的有限性。它们也是人们认识时间的根源。

继《存在与时间》之后，海德格尔迅速发表了系列论文。部分论文研究哲学史，包括阿那克西曼德、柏拉图、笛卡尔、康德、黑格尔，尤其是尼采。尼采的思想本就带有难以确定的多义性。在自己的论文中，海德格尔对尼采哲学提出了某些崭新的、但也有点令人咋舌的看法。其他文章是文艺评论或作家介绍，特别是对诗人荷尔德林的研究，也包括里尔克、格奥尔格、特拉克尔、哥德弗里特·本等人。在曾经引起很大轰动的《什么是形而上学？》以及《关于人道主义的通信》和深奥的《同一与差异》等著作中，海德格尔主要探讨了如何建立新的哲学体系的问题。另外，通过一系列文章，海德格尔还对某些在今天看来仍然非常迫切的问题提出了自己的看法，例如语言问题、艺术问题以及科学技术的本质等等。

所有这些著作表明，海德格尔已经意识到，通过首先研究人和人的存在这条路不可能达到他的哲学所追求的最终目的，即本体存在这个问题。因此，现在的任务便是完全改变研究的着眼点。既然从人和人对存在的理解出发不能解释本来的存在，就应该从本体存在出发看待人和所有有限的现实。基于此，海德格尔要求"改变思考的方向"。几十年的时间里，他单枪匹马，试图解决这个问题。

在这场非常紧张的思考过程中，一个非常重要的认识诞生了：如果中心问题是本体存在，人只能是无足轻重的边缘现象。因此，与近代的主观主义哲学以及当代的存在主义相反，海德格尔否认人在这些哲学体系中所占据的中心主导地位。当代社会的主要标志——科学技术的发展——同样也是歧途末路。科学技术是人的主观性的最后凯旋，因为在科学技术中，同时又通过科学技术，人类开始专横自负地支配世界。晚期的海德格尔主张：在谈到人时，不能把人看作某种独立的存在，而只能把人与本体存在联系起来看待。人之所以存在，并不是由于人是自由的。着眼于本体存在，人的存在才有意义，因为通过人，本体存在完成了它的自我显示过程。

　　但是，海德格尔不厌其烦地急于指出的这种本体存在到底是什么呢？谈到这时，海德格尔使用的几乎全是神秘语言："然而本体存在——什么是本体存在？它就是它。未来的哲学必须解释和表达这一存在。"这样一来，海德格尔所说的存在就更加神乎其神，不可捉摸了。要想澄清这一概念，我们必须首先考虑到：海德格尔坚决拒绝把他所说的本体存在理解为某个神明、上帝或者任何一种世界的起因。更不可思议的是，在他看来，本体存在根本不是某种存在的事物、某个东西或者其他什么。我们也绝对不能把这种存在看成是有形有体的。海德格尔对此很重视。他说，我们首先必须把存在和存在者区别开来。这是"本体差异"，是"存在与存在者之间的分裂"。按照海德格尔的观点，所有迄今为止的形而上学恰恰忽视了这一点，所以它们全部走向了死胡同。更要命的是，它们产生了非常严重的后果，因为"西方世界的厄运"的根源就是忘记了这二者之间的差异。

　　但是，正面来讲，本体存在是什么呢？对海德格尔来说，这个概念的意思大约和"明显""去蔽"差不多。我们只有在看到某个事物，看到它存在的关系时，我们才能说这个事物"存在"，而且是如此这般地存在。因此海德格尔认为，"存在"并不是说反正有这个东西。确切来说，"存在"的意义是去蔽，能被人看到，处于光亮之中。存在就是这种明显化的过程。

　　然而，世界是怎样显示出来的呢？海德格尔的第一个回答是，通过发现虚无。在恐惧状态中，我们会感到虚无，而虚无的感觉会使我们对整个世界视而不见。但如果我们没有感觉到虚无，不知道所有存在的东西也可能不存在，那我们根本就不会注意到存在。"在恐惧这个明亮的黑夜里，存在才能作为存在的东西显示出来。"存在这个问题的紧迫性以及存在的可能性都是从经历虚无中产生出来的。

　　按照海德格尔的这种看法，最核心的是，虚无并不是由人们自己引起的，而是虚无袭击战胜了人，就像人会感到恐惧，但不会自己使自己陷入恐惧之中。用不太确切的话来说，虚无本身是主动的、积极的。海德格尔有一句名言："虚无使人变得虚无。"尽管如此，我们又不能把虚无想象为超验的主体。虚无是过程。它不是别的，只是使人生变得虚无的状态。

海德格尔追求的本来是"存在"，所以到此为止他还没有达到目的。现在的问题是：虚无是否就是人能感觉到的最终的东西？照此看来，是否虚无主义才是真正的思维方式？海德格尔否定了这种看法。他不否定虚无主义是西方世界的命运，但他认为，虚无主义终究不是人类的久留之地。这可以从虚无的本质特点中看出：虚无只是"存在的面纱"。因此必须追问：我们是否能在虚无的背后发现存在。

海德格尔认为，存在与虚无具有同样的基本结构。存在也是过程，是"基本状态"或"发生的事件"。因此，和虚无相同，存在也应该被看成是处于动态的、积极的。就像前面提到的，存在是向外延伸的过程。在这个过程中，存在的事物以及人被显示出来。存在是在运动中趋向明显，存在是自我完成。意思是说：在世界上，存在以无数、各式各样的方式显示自己，存在就是被照亮。现在，最重要的是：作为自我显现的过程，存在是从自身出发，暴露在人的面前的过程。和虚无的特点类似，存在也不靠人的恩赐生活，而是从自身出发产生作用。存在不是"人的粗制滥造"。它是世界显示过程中的主体，自身具有活力与主动性。它的自我完成并不是为了人或者其他存在的事物，而是纯粹为了自身。存在本身具有意义。

按照这种方式，在历史的不同阶段，存在便在不同的方面显示了存在的事物和存在的人。因此海德格尔说有一部"存在的历史"，也就是说，有一部存在的自我完成的历史。按照这种解释，中国人、希腊人或者中世纪时的存在和现代人的存在所指的意思是不同的。在现代人的生活中，存在以某种消极的方式显示自己。

原因是现代人太看重存在的东西了。所以对现代人，存在首先是以"震荡所有现实存在"的方式、通过"无家可归"的方式显示自己。科学技术的发展异化了现代人，存在变得"无家可归"，这是现代人的命运。在我们这个时代，存在几乎被遗忘了。因此我们这个时代是"存在被遗弃"的时代。正因此，这个时代才是虚无主义的时代。虚无就是"存在已不复存在的历史"。

存在在当代遭受的这种被遗忘的命运是可以被战胜的，当然不是通过人和人的参与。存在必须从自身出发，重新面对误入歧途的人类，以便使人能够有可能重新感知存在。这是海德格尔对未来的希望。但在眼下还不能这样。现在的办法是：人不要错过机会，应该倾听"存在的呼唤"，应该重新认识到自己是"存在的牧人"。人必须为存在立言，高声传播"存在这个神话"。这是人的"最高任务"，这是人特有的尊严。然而，是否能够达到这一点，又不取决于人。"存在的到来，位于存在的命运之中。"

海德格尔认为，如果我们认真严肃地做到了这些，当代所处的这种"远离上帝的黑夜"便有可能被驱除。新的上帝就会在存在之光中出现。如果我们来到了"存在的附近"，我们就会认识到，"上帝及上帝们是否会失去它们的作用，怎样失去其作用，黑暗是否会永驻不去，神圣升起的地方，是否会重新开始出现上帝及诸神，又是怎么开始的。"然而，这又不是人之所能为。这是存在自己的任务。

讨论这些，已经不是传统意义上的哲学思辨。海德格尔也知道："未来的思考不再是哲学思辨。思辨正在走下坡路，陷入了目前这种本质的贫穷之中。思辨将会把所有语言集中在那个简单的神话之中。"在目前的情况下，对人来说，最关键的是学会忍耐，"继续在无声无息中存在"。

罗素

哲学即抗议

　　罗素（Russell）生于1872年，是某个古老的贵族家族的后裔，晚年自己也得到伯爵的封号。他的自传是这样开始的："三种极普通，但却非常强烈的热情决定了我的一生：对爱情的向往、对知识的追求、对人类痛苦的莫大同情。"对爱情的向往被放在第一位，自然并非偶然。罗素对此作了详细的解释："我向往爱情，一是因为爱情可以给人带来一种如醉如痴的幸福。只要能够享受到几小时这种狂热的幸福，我甚至愿意献出剩余的全部生命。我向往爱情，二是因为爱情可以把人从寂寞中解脱出来。寂寞是很可怕的，因为在寂寞之时，人的意识就会孤独、胆颤心惊地来到世界的边缘，望见那阴森森、死沉沉、无法测量的深渊。我向往爱情，三是因为在爱的结合中，我看到了圣人及诗人们描绘的那种对天国的憧憬。爱的结合是这种妙不可言的乐园的缩影。"

　　罗素一生的实践可以为这段话作证，他从小就显示了自己是个哲学家的胚子。12岁时，有位同学向他传授爱情方面的启蒙知识。罗素听后，马上总结出普遍准则："只有不受婚姻约束的自由之爱才是唯一、合乎理性的爱。婚姻只是基督教迷信说教带来的必然现象。"当然在实践中，罗素并不怎么讨厌这种迷信说教。他一生结了四次婚。

　　第一位夫人是罗素17岁时认识的，名叫爱丽丝，当时是个非常解放的、起码在理论上笃信自由恋爱的大学生。俩人发誓坚守贞节，订婚好长时间后才结婚。根据报刊上的启事来看，爱丽丝才貌出众，属于那种"人们可能想象到的最漂亮的女人"。但几年之后，罗素独自一人骑自行车旅行时，发现爱情的火焰已经在自己身上熄灭了。此后，罗素和名叫奥托琳的已婚女士相爱。奥托琳放不下丈夫、孩子和家产，所以两人的恋爱时间虽长，最终还是没有结婚。经历了几次短暂的露水恋之后，一位名叫柯莱特的女士进入了罗素的视野，将"温暖带到了生活的每个角落"。但她也没有成为罗素太太。他的第二任夫人叫多拉。认识罗素时，她就信誓旦旦地声称："不管我将和谁有孩子，但绝不会和你生儿育女。"话虽这样说，实际上她还是和罗素育有一子一女。罗素的次子是第三任夫人生的。这段婚姻的寿命也不长："1949年，夫人说她厌烦我了。我们的婚姻也就随之寿终正寝。"最后，80岁的罗素结了第四次婚，夫人名叫埃蒂特。谈到这次婚姻，罗素说自己最终还是找到了他一生追求爱情所要寻找的东西。当然这并没有阻止他同时还和另外某些漂亮的女士交往。

罗素在如此繁忙多变的生活中，还能有时间进行范围极广的科学研究，发表大量的文章，确实令人惊叹。但他认为，写作本来就是他的使命。很早，特别是在柏林的动物园森林里散步时，他就决定终身从事这项工作。除了写作，他有段时间还是剑桥大学、巴黎大学以及美国很多高等学府的教师。另外还在世界各地就很多问题做过讲演。

开始时，罗素研究数学问题，和哲学家怀特海写了一部三卷本的《数学原理》，艰难晦涩，被称为现代数学的基础教材。写作过程中，罗素当然费了很大力气，苦思冥想，绞尽脑汁，甚至想自杀。但是，恰恰是数学使他摆脱了这种心境："数学是一块安宁之地。如果没有它，我简直不知道应该怎样活下去。"

在罗素的数学论著中，他的哲学兴趣已经表现出来了，因为他感兴趣的，首先是数学与逻辑的关系。后来他才开始全面系统研究纯粹哲学问题。在这方面，他的论著很多，涉及的范围极广：哲学史、认识论、伦理学。

尽管如此，使罗素名声大震的，却是他的社会活动。早在年轻时，他就积极投身于政治活动。因为支持妇女解放，参加集会时常常有人向他扔死耗子、投臭鸡蛋。他非常同情社会主义思想，"大彻大悟"之后，又成了坚定不移的和平主义者。当然第二次世界大战中，在推翻希特勒独裁统治时，他修改了自己的这个观点。不管他在哪里登台，总有抗议伴随，甚至有人大打出手。他反对英国参加第一次世界大战，支持拒绝服兵役的人。在这个地球上，他与所有他认为丑恶的东西进行不懈的斗争。他反对凡尔赛和约，反对希特勒的专制独裁，反对斯大林的残暴统治，反对顽固不化地仇视共产主义，反对滥用私有财产，反对核战，反对入侵越南，声援和帮助受到迫害的人。为了这些，他不知疲倦地到处登台演说，发表电台讲话，写信拟电，组织委员会，召集各种会议，发起捐款活动，起草决议宣言。他的足迹遍及俄国、中国、日本、澳大利亚，还在美国住了很长时间，利用这些机会四处阐明自己的立场。所有这些，都在他那些拥有众多读者的著作中留下了烙印。在教育方面，他想创立带有温和专制色彩的学校，同样引起很大轰动。这些活动当然也给他带来了无数的敌人。

总之，罗素总是和这个世界闹矛盾。他失去了在美国的教授职位，因为，就像一位起诉代理人在法庭上所说的，因为人们认为他的作品"淫秽、放荡、纵欲、猥亵、充满色情与病态、放肆虚伪、目光短浅、蔑视道德、有伤风化"。在剑桥的教授职位也被取消了，因为他支持那些不愿参战的人。第一次世界大战中，他公开反对自己的政府，甚至为此坐了半年牢。当然是头号牢房，囚犯可以读书写作。经济上也常常捉襟见肘。虽然继承了一笔可观的遗产，但罗素非常仗义慷慨，乐意帮助穷人和许多政治组织。结果是他自己最后只能靠写作生活。由于稿费收入不很正常，罗素有时甚至穷得连张公共汽车票也买不起。

但是，荣誉不久就铺天盖地而至。他从英国国王手中接过英国最高级的功勋奖章，获得了诺贝尔文学奖，还和思想界及政界几乎所有名人保持联系，会见过爱因斯坦、卢瑟福、尼尔斯·玻尔、艾森豪威尔、肯尼迪、赫鲁晓夫、尼赫鲁、周恩来。他誉满全球，经久不衰，直到1970年死去，活了97岁。尽管如此，寂寞还是伴随着他："我们站在大西洋的边上，对着茫茫的夜空喊去，时而也会从黑暗中传来一个声音，但那是一个快要淹死的人的呼喊。顷刻之后，沉默又重新降临了。"

罗素早年对认识的可靠性特别感兴趣。正是这个问题，促使他试图通过数学之路寻找哲学的入口。认识的可靠性对所有的哲学思考具有决定性的意义，罗素觉得，只有数学才能提供这一保证。他对科学发展史的研究，就是要证明这一点。11岁时，罗素就开始如饥似渴地阅读欧几里得，着迷的程度不亚于初恋。但就在那时，他已经对数学中的前提产生了怀疑。以后几十年中，他始终设法准确严格地把握什么是前提这个关键问题。

对数学的研究，使罗素直接进入逻辑问题领域。他发现，所有的数学公理都可还原为逻辑原理。通过揭示数学本身所具有的这种逻辑基础，便可阐明数理哲学以及数理逻辑的起源。但这样一来，逻辑学的传统本质就变了。它不再单纯着眼于主词与宾词之间的联系，而是以所有可能存在的联系为对象，成了普遍的"关系逻辑学"。为了保证它的绝对精确性，罗素发明了特别的语言符号，因为普通的口语无法达到这种精确程度。罗素感兴趣的是纯粹逻辑学。它不是来自于主观，而是具有普遍的客观意义。在罗素的一生中，这一兴趣始终占着统治地位："按照我的解释，哲学最根本的任务是逻辑分析，然后是逻辑综合。"

罗素没有单纯停留在逻辑学方面的研究。他是全面的哲学家，因此他也提出了"哲学有何价值？"这个问题。哲学显然没有通常意义上所说的"实用性"，它的目的是"认识"。但困难却恰恰在于，我们在哲学方面无法达到"任何明确、无可置疑的认识水平"。"相反，哲学的价值恰恰在于它自身所带有的非可靠性"。但罗素认为，正是这"具有非常重要的意义"："谁要是还从来没有产生过某种哲学念头，那他无疑是枉度人生。所谓健全理性造成的偏见包围着他，他的同代与民族惯有的成见左右着他，他自身产生的未经高贵理性检验的看法束缚着他。他的一生如同是在监狱里度过。"

罗素的下一个任务是，寻找从逻辑到现实存在的过渡，因为从逻辑本身来看，它与现实存在并没有什么联系。罗素问道："在这个世界上，到底有没有不可否认的、每个理性健全的人都不会怀疑其正确性的认识？"在这方面，罗素的标准是很高的。虽然我们觉得眼前看到的桌子确实存在，但罗素指出，准确来说，存在的也许并不是桌子，而只是"某种感官材料"，譬如只是某种随着观察点的变化而不断变化的颜色或形体。因此，是否有一张实际的桌子存在，这个问题很难得到肯定的回答。"外界也许只是一场梦幻。"这个可能让人觉得荒谬。但罗素强调："谁想成为哲学家，就不能害怕荒谬的看法。"

"我们假设，有实际的桌子存在。"罗素研究的，就是这个假设的原因。就像他认为的那样，桌子存在这个看法并不能得到"严格准确的证明"。生活如同一场梦，我们在梦幻中从自己的想象出发创造了具体的世界。这个看法在"逻辑上不是不可能的"，但逻辑上的可能性并不意味着这个看法就是合乎实际的。还有，"确实有物体存在，它们非但不依赖我们，而且会在我们身上引起感觉"。这个观点不是普通的看法，而是并不非常简单的假设。罗素的立场是，我们只能简单地肯定外部世界的现实性。简单地肯定意味着我们还有怀疑。

引起感官数据的这种实际存在是什么呢？在这方面，思维陷入了困境。首先，物体的空间性就很成问题，因为真正存在的，并不是我们观察事物时看到的空间，而是事物的"物理空间"。但我们又无法知道这个空间"本身是什么样子"。着眼于具体的物质对象也是如此。"我们无法希望直接了解物体本身那些使其显示为蓝色或红色的特征。"罗素坚定站在怀疑主义这边：确实有真实的东西存在，但到底什么是真实的，我们无法知道。

根本原因在于我们认识事物的方式与途径。罗素将认识分为两个类别：由具体接触得到的认识和通过描写得到的认识。第一种认识是直接的，第二种是间接的。属于直接认识的有：感官材料、内心感觉，另外还有回忆，在某种方式上也包括自我。这些东西我们可以直接得知，因为它们本身是真实存在的。从描写得到的认识不仅有直接得到的，而且还包括了事物与事物以及人与人之间的联系。它们即这些联系本身不是真实的，它们的真实性各自以直接的认识为基础。"我们能够理解的每个句子，都必须是由我们已经了解的各个部分组成的。"

因此，罗素便开始观察各种原理。借助这些原理，我们可以从具体看到的东西中得出结论，从而扩大我们的认识。在这方面，特别是归纳法起着很大的作用。但归纳法最终只能提供显然性，不能提供绝对的可靠性。不能因为直到现在太阳每天都出来过，就绝对地肯定太阳明天也将升起。自然规律只具有显然性，原因是自然规律成为规律的前提是，我们认为自然现象具有单一的重复性。我们的这个认识是显然的，但同时又是不可靠的。"因此，所有我们以经验为基础得出的对自己没有亲身经历过的事物的认识全部建立在这种信仰之上：我们的这种认识既无法得到证实也无法被否认。至少在它的具体应用中，这种认识和许许多多的经验一样，显然是深深地根植于我们自身之中。"

另外，在我们的经验之中，也有一系列直接明了的原理在起作用，譬如逻辑公理或者几何定理。它们表明，"我们可以得到某些无须置疑的、并不以感觉数据为基础的认识"。在某种意义上，某些被罗素称为"一般概念"的东西也属此列，譬如"相似""正义""黑色""三角形"或者"现在"。这些概念不单单存在于我们的意识之中。在很大程度上，它们属于"那个独立的世界，思维虽然可以解释这个世界，但却无法创造它。"

基于这种彻底的怀疑主义观点，罗素自然不能赋予形而上学这个哲学核心以非常重要的认识价值。但在年轻时，他还是一度研究过此类问题，也对宗教发生过兴趣。他曾发现自己有折磨人的负罪意识，年轻时特别喜欢的歌曲是："大地太累了，背着沉重的负罪的包袱。"15岁到18岁之间，他扔掉了这个包袱。后来罗素说，他当时已经失去了对上帝、自由和灵魂不朽这三大形而上学研究对象的信仰。他在寻找科学的理由解释这类问题，理由没有找到，罗素便成了无神论者。

后来的罗素一直不怎么喜欢形而上学："通过形而上学，我们好像不可能得到对宇宙的整体认识。"形而上学的答案也许不能令人满意，但罗素并不想因此就放弃提出这类问题："尽管找到答案的希望如此渺茫，哲学的任务仍然是继续解决这些问题，使我们意识到它们的意义，试验所有可能解决这些问题的办法与途径，始终保持对世界的超验兴趣。如果我们将自己限制在现成的认识之中，这种兴趣显然就会被抹杀。"

在认识论方面，罗素始终保持清醒的头脑。在伦理学方面更是如此。对他来说，伦理学并不是要建立"教条呆板的说教理论"。伦理标准不应该是纯粹主观性的，而应该在某种方式上具有客观意义。因此，在他的伦理学中，处于主导地位的并不是对人的幻想，即人应该如何，而是实际中的人到底是什么样子。与此相联系，罗素将人理解为实体，他"必然试图通过一定的努力来满足自己的欲望"。因此对伦理学来说，重要的并不是纯粹的理性，倒应该是感情。伦理学"最基本的现实"是"感情与感觉"。这当然不是说理性完全被排除了。它的意思是：理性的根本任务是想出满足欲望、达到目的的手段，而理性本身不能确定目的。因此，从道德的意义上讲，欲望要求的，就是善良的。和欲望相背的，就是丑恶的、不好的。罗素所说的欲望并不单纯是对自己的幸福的追求。"爱情与友谊"和"艺术与科学"同样属于所追求的欲望满足的范围。另外还有些完全是利他主义式的欲望，譬如父母对其子女的祝愿与希望，还有"同情与怜悯"。"和满足自己的欲望一样，使他人的愿望得以实现也是善良的。"这句话可以看作罗素的道德准则。道德行为的根源是欲望，但欲望又不单指对个人幸福的追求，同时也指众人的幸福。两者应该尽可能地统一。从这点出发，罗素提出了具体要求："更值得追求的，是爱而不是恨，是合作而不是竞争，是和平而不是战争。"

由此，罗素便涉及了人类应该如何共同生活这些非常现实的问题。他的政治热情以伦理道德为基础，源于非常直接的切身感受："痛苦的哭喊回响在我的心中。儿童被饿死，受压迫的人遭到严刑拷打，老年人孤独无援，他们的孩子成了令人厌恶的负担。整个世界充满了遗弃、贫穷、痛苦。这一张张被扭曲的画面，无疑是对人类理想生活的极大讽刺。"

罗素参与政治的内心动机是对人类生存的担忧："在人类历史上，我们现在达到了这样一个阶段：人类是否能够继续生存这个问题，第一次完全取决于人类在多大程度上能够学会服从于道德的思考。""我们的时代是昏暗的。我们感到害怕。但也许恰恰是这种害怕，能够成为智慧的源泉。要想使此成为现实，人类就必须在即将到来的充满危险的年代里，试图摆脱绝望的想法，清醒地保持对一个比过去任何时候都更加美好的未来的希望。这并不是完全没有可能的。只要我们去追求，这一点就会成为现实。"罗素一再地提醒世人，为此做出了终生不懈的努力。然而，政治离不开哲学，罗素便又回到了哲学的领地："为了幸福，世界急需的是认识！"

维特根斯坦

哲学的没落

历史上不乏重道轻财的圣人，他们倾已所有，接济穷人。哲学家中，很少有这类伟人，但总算还有，并且非常慷慨大方。维特根斯坦（Wittgenstein），1889年生，维也纳工业巨豪的公子，将其数百万遗产送给了别人。可惜他没有送给穷人，除非我们把里尔克和特拉克尔这两位诗人算作穷人之列。他们俩曾得到维特根斯坦非常大方的馈赠。维特根斯坦把自己的大部分财产分送给了已经腰缠万贯的兄弟姐妹。为什么做出这种奇怪的事情，原因他没有透露，也许希望由此达到精神上的独立，不为财富所羁。但通过这一点，维特根斯坦证明了自己是个真正的哲学家。

维特根斯坦在父亲的庄园和别墅里长大。至少表面看来，这段生活无忧无虑，但实际上却并非如此简单。23岁的维特根斯坦承认，有九个年头他感到非常寂寞，总是徘徊在自杀的边缘。一生中这类低沉的基调始终陪伴着他。他总是担心在自己的著作没有写完之前会失去理智或者突然死亡。"生活中，人总是绊一跤，跌倒了，再绊一跤，又跌倒了。只有自己爬起来，试图继续走下去。至少我在自己的一生中必须这样做。"

维特根斯坦的父母家里，文化氛围极为浓厚，特别受到青睐的是音乐。克拉拉·舒曼、马勒和勃拉姆斯是他家的常客。维特根斯坦自己也酷爱这门艺术，且不乏天赋。有段时间，他曾打算成为指挥家。后来，他的音乐才能当然只限制在为朋友们演奏交响曲及举办小型音乐会。估计朋友们也不会总是不满意的。

中学毕业后，维特根斯坦来到柏林工业大学，学习工程技术，这也属于他的爱好。还是个小孩时，他就设计过新型缝纫机。后来他转到曼彻斯特大学，开始学习当时刚刚兴起的航空技术，由此又对数学特别感兴趣。为了听罗素的讲座，他去了剑桥。在以后的年代，他一直和罗素保持真诚的朋友关系。罗素说："认识维特根斯坦是我一生中最令人激动的精神历程之一。"他称维特根斯坦是"最完美的典型天才"。

维特根斯坦在大学的时间并不长。第一次世界大战爆发的前一年，他在挪威的一个孤零零的农家度过。尽管由于身体虚弱已被免除了服兵役的义务，但1914年他还是自愿报名参加了奥匈联军，以军官的身份参加了东线和南线的战斗。后来被关进了意大利的战俘营。在这里，他完成了自己的第一部重要著作——《逻辑哲学论》。

战后，维特根斯坦陷入了难以自拔的思想危机之中。在某个乡村小书店里，他看到托尔斯泰论基督福音的书，受到极大震动，决定从此以后过简单朴素的生活。在奥地利，他做了乡村教师。一位传记作者这样描述他的乡村生活："羞羞怯怯、深居简出、穿戴破烂。住在一座小房子里，墙用石灰粉过，活像某个修士的小屋。他有时也住在其他人的某个小破屋里。有一次，他借住的旅馆经常跳舞，他便搬到学校的厨房里住了段时间。后来又搬到一位老农家，住在无用的窄小洗衣室里。"不管怎样，村民非常尊敬这位乡村老师。他的技术知识派上了用场：为工厂修理蒸汽机，还常常为妇女们修理缝纫机。对学校的工作认真负责，试验新型的教学方法。但是，他却和同事们合不来。

几年后，维特根斯坦辞去了学校的工作，抑郁寡欢，再次陷入了生活的危机之中。有段时间，他曾考虑出家当修士，后来在一家修道院当了助理园丁，晚上就睡在工具房里。在朋友们的督促下，他终于又回到了剑桥。通过博士考试后，以研究员的身份举办讲座，几位同事也经常参加。有位听过他的课的人曾这样描述了维特根斯坦上课时的情形："在屋子的中间，维特根斯坦坐在简易的木椅上。一眼就可看出，他正和自己的思想搏斗。他经常说，他思考不清楚。还常常说'我是个傻瓜'，'你们有位可怕的老师'，'我今天简直太笨了'之类的话。有时他公开承认无法把讲座继续下去，但又很少准时下课。这种聚会被称为讲座可以说是很不确切的，原因是：第一，所谓的讲座开始时，维特根斯坦自己心里没底，他还在继续研究，对某些问题正在思考着，就像他独自一人时那样；第二，这种所谓讲座实际上是个座谈会。维特根斯坦习惯于先向在座者提问题，然后再对他们的回答做出反应。对话常常成了'讲座'的主要形式。但有时候，当他试图归纳自己的一个想法时，他的手会坚决有力地挥动一下，禁止任何提问或补充。课堂上由此会出现长时间的沉默。教室里静极了，只能听到维特根斯坦自己时而的自言自语。这种时刻，维特根斯坦总是精神高度集中，目光凝重，面部表情生动，双手的动作非常吸引人，语言表达晦涩难懂。我们所看到的，是精神正在高度集中之中艰难而紧张地思考着。"讲座一结束，维特根斯坦便显得精疲力竭。他急急忙忙地钻进任意一家电影院，去看任意一部影片，暂时忘却哲学。

任教期间，维特根斯坦依然保持着简单朴素的生活习惯。他的办公室里，既没有舒适的圈手椅，也没有台灯，四面墙壁光秃秃。穿戴装束与剑桥的牌子形成明显的对比：一条灰色的灯芯绒裤子、一件衬衣、一件棉衣或皮夹克。他的传记作者写道："维特根斯坦穿西装，系领带，或者再戴顶帽子，这一切都是不可想象的。""饮食方面，他也是喜欢简单行事。很长一段时间里，他的食品就是面包和奶酪。"维特根斯坦自己曾说，吃什么东西他完全无所谓，哪怕一辈子总吃同一种食品。

在剑桥期间（这个时期还在挪威住了一年），维特根斯坦开始撰写他的第二部著作《哲学研究》。这本书在他死后才发表。同时，他得到了哲学教授职位。当时正值第二次世界大战爆发前夕，维特根斯坦再次自愿报名参战。先在战地医院抬伤员，后来在医学研究所当试验员。战后，维特根斯坦再次回到剑桥，随即放弃了教授职位。照他的话说，担任"哲学教授这个荒唐的职务"无异是"被活埋"。此后，他搬到爱尔兰的农舍，开始专心致志地潜心于他的研究工作。后来由于病魔缠身，他才住到都柏林的旅馆里。1951年，维特根斯坦死于癌症，活了62岁。他的最后一句话是："请您告诉他们，我度过了美好的一生。"

维特根斯坦哲学思想的形成经历了两个阶段。第一阶段的代表作是《逻辑哲学论》，这本书对在英美世界非常流行的逻辑实证主义产生了决定性的影响。第二阶段的标志是《哲学研究》，对同样也是在英美颇有影响、近年才在欧洲大陆兴起的语言哲学流派产生了极大的推动作用。

《逻辑哲学论》是十分晦涩艰深的著作。在枯燥的、几乎是数学定理式的形式下，掩藏着热烈的执着。书中包含具有开拓性的哲学思辨。在这本书中，维特根斯坦力图要澄清"世界是什么"这个问题。在他看来，要老老实实地进行哲学研究，就必须从这个问题着手。世界是什么呢？维特根斯坦说：是"事态"，"世界就是事态的综合"。这样，世界不再是传统意义上的物质，而成了事态。这个区别可以用一个例子来说明。譬如：一张桌子是一个物质或者一种事物，而"桌子是灰色的"或者"桌子在房子里"则是一种"事态"，也可称作"事态的存在"。事态就是"各种事物之间的联系"，它们"构成世界的本质"。在世界上，又存在复杂事态和简单事态。复杂事态可以还原为简单事态，而简单事态本身则不能再被还原下去。本来的、原始的实在存在于简单事态之中。

事态是语句的对象。复杂事态是复杂句的对象，简单事态是简单句的对象。因此简单句又叫作基本句。这样，我们便可以通过分析句子达到了解事态世界的真实情况之目的。因为在这里复杂句可以还原为简单句这一内在联系同样成立，而简单句则是"由名词之间的直接联系构成"，所以基本句和简单事态之间的联系便反映了世界，为我们提供了准确把握实在的基本出发点。维特根斯坦没有对此做出进一步的说明，而是把它看成基本前提。但以此为出发点，他便可以说，"找出所有真正的基本句就可以完整地描述世界"，因为从基本句中可以引申出所有真正的句子。"所有的句子都是对基本句进行正确演绎的结果。"

通过引入"图像"这个概念，维特根斯坦对句子和事态之间的联系作了进一步的说明："我们得到的是事态的图像"，"句子是现实存在的图像"。当然，"图像"并不是照相意义上所说的图像，它更多地意味着：句子反映了事态本身的逻辑结构。因为无论对世界还是对描写世界的句子来说，它们二者的逻辑形式是公有的。因此，维特根斯坦便可以说："句子表现现实存在的逻辑形式。"

这样，哲学的阵地就被限制在很小范围。"哲学的目的，在于对思想进行逻辑解释。"与此相同，维特根斯坦认为："只要是可以思考的东西，就可以清楚地想出来；所有可以表达的东西，都可以得到清清楚楚的表达。"这个原理，当然最终只适用于自然科学。因此维特根斯坦也就特别强调"所有真正的句子的总和就是全部的自然科学"。但"哲学并不属于自然科学"，因而所有超越了这一点的科学，特别是超验的形而上学，都是应该被抛弃。原因正是这类问题既无法思考得清清楚楚，也无法得到清清楚楚的表达。"迄今为止就哲学问题所写的大部分句子和命题并不是错误的，而是没有意义。"这样，维特根斯坦不但不承认形而上学式的答案，而且拒绝提出和讨论这类问题。维特根斯坦在《逻辑哲学论》的前言写道："这本书论述哲学问题，并且指出（就像我自己坚信的那样），提出这些哲学问题本身便是误解了我们的语言的逻辑。"在这类问题上，适用于《逻辑哲学论》中那句著名的结束语："对于说不明白的事情，最好保持沉默。"总结起来就是："哲学上唯一正确的方法本来就应该是只说明那些可以说明白的问题，即那些自然科学上的句子，也就是说那些与哲学毫不相干的句子。此外别无他求。还有，如果有人硬要说某些超验之类的话，就应该向他说明，他的句子中的某些符号根本没有意义。对有些人来说，这个方法也许不能令其满意，他们甚至没有感觉到我们在和他们讲哲学，但严格来讲这种方法是唯一正确的方法。"

　　当然，维特根斯坦并不糊涂。他不会振振有词地声称不能用自然科学的方法证明的东西便是不存在的。"我们知道，即使所有可能的自然科学方面的问题都解决了，人生这个问题还是根本没有涉及。"而严格来讲，这类问题又是无法思考清楚，无法表达清楚的，但哲学还是总想尝试处理它们。"哲学应该把可思的问题与不可思的问题区别开来，通过可思考的问题将无法思考的问题限制起来。"这种无法思考但仍存在的东西维特根斯坦称为"神秘性"的东西。它们是不可理解的，但却不断地表现出来。

　　属于这种可见而不可思不可言的神秘范畴的首先是道德。它本身不是事态，但却不可否认地自我表现出来。第二是生活。它本身就是神秘的。维特根斯坦说："生活是个谜。它处于时空之内，答案却在时空之外。"第三，自我也属于这一神秘范畴："自我不属于世界，而是世界的界限。"自我是神秘的，但它的存在却是不可否认的。"自我，自我充满了神秘性。"第四，整个世界的存在也是神秘的。"世界是怎样的，这并不神秘。神秘的是，世界存在。"第五点，世界的意义也是不可知的："世界的意义必然存在于世界之外。"

　　维特根斯坦也用神明即上帝这个概念表示世界的意义。"信仰神明意味理解生活的意义，信仰神明意味着看到世界上还有没有解决的问题，信仰神明意味着生活还有意义。"这样，神明这个在科学上无法捉摸的神秘的概念便表示世界存在的意义。因此，维特根斯坦强调指出，我们无法在现实世界中找到上帝。"上帝不在现实存在中显示自己"，但又是现实存在的超现实。维特根斯坦有时也把上帝理解为"世界的总和"，"所有事物的存在就是上帝"。严格来讲，这当然是不可思议、无法言明的。但人们又可以设想如此的上帝，因为人类的依赖性这一客观事实证明，这个神秘的、自我显示的上帝确实存在。"在某种意义上"，我们不是独立的，而是"依赖某种东西，这种东西我们可以称之为上帝。从这个意义上看，上帝便是，简单地说，命运或者不依赖我们的意志而存在的世界。两者都是相同的。"

　　《逻辑哲学论》写完以后，维特根斯坦认为"所有的问题已经从根本上得到了解决"。然而随即又发生了奇怪的事情：维特根斯坦对自己的著作产生了怀疑。世界被分解为事态，这个观点显得有点太自然而然了。他现在想，人们同样可以说世界可以分解为事物或事件。也就是说，在分析现实时可以有各种不同的可能，而不止只有某种唯一正确明了的方法。但这样一来，《逻辑哲学论》中的最基本的前提便失去了意义，被抛弃了。另外，在把句子分解为简单句的过程中，句子的意义便只有一种，这个观点也不符合语言的多义性这个事实。这样，对句子的分析并不绝对意味着正确地把握了现实存在。除此之外，维特根斯坦还觉得，复杂事态与简单事态、复杂句与简单句之间的区分也有问题。事实上根本就不存在什么绝对的简单。由此，图像理论也无法成立了，因为既然没有绝对的简单事态、简单事物和简单句子，那么也就不能说简单句子反映了简单的事态或事物。最终，维特根斯坦也放弃了世界的神秘性这个学说，《逻辑哲学论》的大楼也就随之倒塌。

现在，维特根斯坦被迫去寻找新的出发点。在《哲学研究》中，他这样做了。他是从下列事实出发的：哲学研究的困难和哲学思想中的"混乱"状况源自于语言的多义性。为此，维特根斯坦便开始转向语言学研究，不过他现在所关心的，不再是逻辑语言，而是日常用语。日常用语是最原始、最直接的现实，人就是在这种现实中生活的。哲学可以，也必须以此为准绳。借助于此，我们便可以避免使用哲学上的术语。"我们将词汇从对它们的超验用法中解放出来，还它们以日常的用法。"

语言句子之所以有多义性，是因为它们根据使用场合的不同改变它们的意义。这样，我们便无法给任何一个词赋予单一、明确的哲学意义。"词是怎样发挥作用的，这无法猜测。我们必须分析它的实用场合而从中学习理解它的意义。"根据这种说法，统一的时间概念是不存在的。时间这个词根据它的使用场合不同，就会产生各种不同的特别的意义。当我和某人约会时，当我看表时，当我测定时间的长短时，时间这个词的意义总是不一样的。总之，"词的意义就是它在语言中的作用。"

在这种情况下，哲学就应该出面干涉，发挥自己的作用。哲学就是澄清语言词句的各种不同意义。语言这个工具迷惑了我们的理解，哲学便是同这种迷惑战斗。这种"迷惑"特别表现在人们习惯于将某种普遍的概念如"虚无"或"精神"看作具体的事物，就像柏拉图那样假设有理念马，所有实际中的马都与它有关。维特根斯坦认为这是根本性的错误。马这个词，可以用来表示木马或草原上的马，所意指的并不是统一的理念马。起决定作用的不是同一或统一，而是差异。人们所猜测的相同的本质性可以简单地还原为一个词在不同的场合中使用时所具有的"家族相似"。

这样，在日常生活中便有无数的语言使用场合，有无数语区。语区不同，词语的意义随之改变。譬如"你"这个词，用在男女相爱的场合是一种意思，用来威胁别人时又是另外一种意思。维特根斯坦称这种改变词语意义的生活场合为"语言游戏"。它们就像各种不同的圈，每个圈都有各自的语言表达方法。维特根斯坦列举了几个例子："命令与服从命令——根据观察或测量描写某个物体——根据描写制造某个物体——对某件事发生过程的报告——对发生过程提出假设——提出假设并给以检验——用表格和图像的方式表述实验结果——杜撰和阅读一则故事——演戏——跳舞唱歌——猜谜——编笑话和讲笑话——解决一道实际的运算题——从一种语言翻译为另一种语言——请求、致谢、咒骂、问候、祈祷。"

按照维特根斯坦的理解，哲学的任务便在于想办法使思考摆脱语言给它设下的陷阱。传统遗留下来许多哲学问题上的"混乱"，消除这类可怕的混乱的出路，在于揭示和描写这种"语言游戏"。"我们要摧毁的，是那些空中楼阁。语言曾经站立在大地上，我们将把这块地基重新打扫干净。"这样，哲学的任务并不是解决和探讨那些最终无法解决的问题，哲学是"纯粹描述性的"，即描述词语的使用。"所有的解释必须被抛弃，取而代之的是描述。"维特根斯坦的最终意图是："让所有的哲学问题统统见鬼去吧"！传统哲学的时代已经结束，哲学的末日已经来临。

结束语
上楼与下楼

到此为止，我们使用了三十多次哲学的后楼梯，拜访了三十多位哲学界的伟大人物。当然，我们只看到了哲学家居住的那层楼的小部分。读者将会为没见到某些哲学家而感到遗憾，这说明这本书是不完整的。

尽管如此，哲学的后楼梯并不是完全没有用处。三十多次似有以偏概全之嫌。但它们也许给我们指出了某种可能：和走前门相比，怎样能够更直接地接近哲学史上发生的重大事件。就像前面走过时看到的那样，哲学的后楼梯是不完美的。这里的原因也许最终位于事物本身：在人生中，哲学思辨是无穷无尽的，又怎么可能达到完美的程度呢？

此外，跟着我们上楼的人，别忘了下楼，这非常重要。如果他不想无所谓地走下来甚或掉下来，那他就应该记住上楼时经历到的事情。只有这样，我们在哲学家居住的那层楼得到的知识，才能对居住在底层的日常生活甚至对地下室的生活也有益处。

如果这个要求达到了，下楼和上楼就具有同样的哲学意义。因为在后楼梯上，赫拉克利特那句有点难以捉摸的话同样可以得到证实：

"上升之路和下降之路，是同一条。"

出版后记

《通向哲学的后楼梯》（*Die philosophische Hintertreppe*）自1966年出版以来，至今已历半个世纪，仍然长销不衰，广受各类读者欢迎，已成为德语学界重要的哲学启蒙读物。

本书作者威廉·魏施德（Wilhelm Weischedel，1905—1975）为德国存在主义哲学家、柏林自由大学教授，海德格尔及门弟子。思想上从有神论存在主义出发，处理怀疑论和虚无主义问题。主要著作有：《伏尔泰和历史问题》《哲学家的神：虚无主义时代哲学神学的基础》《怀疑的道德》等。《通向哲学的后楼梯》是他写作的哲学入门读物，接引了一代又一代的青年学生步入哲学殿堂。

诚如书名所示，本书最大的特色在于经由"后楼梯"，穿堂入室，呈现的不是正襟危坐的教科书知识，而是随性真实的伟大心灵。作者从哲学家的生平轶事出发，如数家珍地谈论了34位重要哲学家，从泰勒斯到维特根斯坦，每位都尽量介绍他的生平事业、生活习性，包括某些平常不太注意的有趣故事，并从这里引入哲学思想。作者像与老朋友聊天那样，不拘一格，开怀畅谈，将他有关哲学的所思、所想娓娓道来，使读者在轻松、愉快的氛围中，进入哲学的殿堂，感受哲学的魅力。

本书在中文学界至少有三个译本，相比之下，李文潮先生的译文最为精准，与原作文气最为贴合。因此，本次再版以李文潮旧有译文为底本，修订了旧有人名和少量术语的译法，订正了书中原有标点、文字的排印讹误。李文潮先生也在百忙之中拨冗对译文进行了全面认真的核校。本书初版时叶秀山先生曾为之作序，斯人虽已去，斯文却长存。本次再版，叶老序言一仍其旧，以示对先生的尊重和怀念。

　　本书尤其适合作为哲学通识教育的入门读物使用。我们希望，无论是哲学专业的学生，还是其他热爱哲学的读者，都能从中感受到哲学的魅力，有所受益。

　　服务热线：133-6631-2326　188-1142-1266
　　服务邮箱：reader@hinabook.com

后浪出版公司
2018年2月

© 民主与建设出版社，2023

图书在版编目（CIP）数据

通向哲学的后楼梯 / (德) 威廉·魏施德(Wilhelm Weischedel) 著；
李文潮译. — 北京：民主与建设出版社，2018.4（2024.8重印）
ISBN 978-7-5139-1882-4

Ⅰ. ①通… Ⅱ. ①威… ②李… Ⅲ. ①魏施德—哲学—著作 Ⅳ. ①B516.39

中国版本图书馆CIP数据核字(2017)第315407号

Title of the original edition: Die philosophische Hintertreppe. 34 große Philosophen in Alltag und Denken
Author: Wilhelm Weischedel
© 1966 by nymphenburger Verlag at F. A. Herbig Verlagsbuchhandlung GmbH, Munich
www.herbig.net
Chinese language edition arranged through HERCULES Business & Culture GmbH, Germany
本书翻译中文版权归属于银杏树下（北京）图书有限责任公司。
版权登记号：01-2023-2052

通向哲学的后楼梯
TONGXIANG ZHEXUE DE HOULOUTI

著　　者：[德]威廉·魏施德　　　　**译　　者**：李文潮
筹划出版：银杏树下　　　　　　　　**出版统筹**：吴兴元
责任编辑：王　颂　　　　　　　　　**特约编辑**：陆　炎
营销推广：ONEBOOK　　　　　　　　**装帧制造**：墨白空间
封面设计：许晋维
出版发行：民主与建设出版社有限责任公司
电　　话：（010）59417747　59419778
地　　址：北京市海淀区西三环中路 10 号望海楼 E 座 7 层
邮　　编：100142
印　　刷：天津中印联印务有限公司
版　　次：2018 年 4 月第 1 版
印　　次：2024 年 8 月第 9 次印刷
开　　本：889 毫米 ×1194 毫米　1/32
印　　张：10
字　　数：260 千字
书　　号：ISBN 978-7-5139-1882-4
定　　价：48.00 元

注：如有印、装质量问题，请与出版社联系。